다산에듀

한눈에 펼쳐 보는
한국사 대 세계사 2

초　판 1쇄 발행 2013년 9월 30일
개정판 1쇄 발행 2024년 12월 2일

기획 문사철
집필 강응천 백성현 김덕련 김형규
펴낸이 김선식

펴낸곳 (주)다산북스 **출판등록** 2005년 12월 23일 제313-2005-00277호.
주소 경기도 파주시 회동길 490 다산북스 파주사옥 3층
전화 02-702-1724 **팩스** 02-703-2219 **이메일** dasanbooks@dasanbooks.com
홈페이지 www.dasanbooks.com **블로그** blog.naver.com/dasan_books

부사장 김은영
콘텐츠사업본부장 임보윤
책임편집 장종철 **책임마케터** 양지환
콘텐츠사업8팀장 전두현 **콘텐츠사업8팀** 김상영, 김민경, 장종철, 임지원
마케팅본부장 권장규 **마케팅2팀** 이고은, 배한진, 양지환 **채널팀** 권오권, 지석배
미디어홍보본부장 정명찬 **브랜드관리팀** 오수미, 김은지, 이소영, 서가을
뉴미디어팀 김민정, 이지은, 홍수경, 변승주
지식교양팀 이수인, 염아라, 석찬미, 김혜원, 박장미, 박주현
편집관리팀 조세현, 김호주, 백설희 **저작권팀** 이슬, 윤제희
재무관리팀 하미선, 윤이경, 김재경, 임혜정, 이슬기, 김주영, 오지수
인사총무팀 강미숙, 김혜진, 황종원
제작관리팀 이소현, 김소영, 김진경, 최완규, 이지우, 박예찬
물류관리팀 김형기, 김선민, 주정훈, 김선진, 한유현, 전태연, 양문현, 이민운
아트디렉터 가필드 김원용 **이미지 총괄** 정연경 **지도 일러스트레이션** 임근선
표지 디자인 어나더페이퍼 **디자인** ns-pole **검토** 김진아 강준선 신영희 김경미

교열 교정 북스튜디오 토리
용지 신승아이엔씨 **인쇄** 민언프린텍
제본 제이오엘엔피 **코팅 및 후가공** 다온바인텍

ISBN 979-11-306-6085-1 (04900)
ISBN 979-11-306-6083-7 (세트)

이 책을 읽는 법

1 왼쪽 면에는 한국사, 오른쪽 면에는 세계사의 사건들을 나란히 배치해 같은 시간대에 한국과 세계에서 일어난 역사적 사건들을 한눈에 비교하며 볼 수 있게 했다.

2 시대 구분은 한국사의 흐름에 맞추었다.

3 서기 1년 이전의 시대는 교과서에서 쓰이는 '기원전' 대신 '서기의 앞 시기' 라는 뜻에서 '서기전'으로 표기했다.

연대 | 이 펼침의 한국사와 세계사 시작 연도를 표시한다.

사건 소개 | 제목과 내용으로 구성된다. 중요한 사건은 제목을 굵은 글씨로 표시하고, 덜 중요한 사건은 내용 없이 제목만 적었다.

한국사 | 한국사의 로고

권별 색상 | 1권은■, 2권은■, 3권은■, 4권은■, 5권은■으로 구분했다.

주(註) | 본문 내용을 보완하거나 내용에 덧붙일 사항을 서술했다.

791

KOREAN HISTORY

정효공주묘비
유려한 한문 문장으로 유학에 밝았던 공주의 일생을 기리고 있다.

1 정효공주묘 | 정효공주묘는 정혜공주묘와 더불어 발해 문화와 풍속을 연구하는 1차 사료이다.

792년 **정효공주묘[1] 비가 발해의 수준 높은 문화를 드러내다**

발해 문왕의 넷째 딸인 정효공주가 먼저 죽은 남편과 어린 딸을 따라 세상을 떠났다. 15년 전 둘째 딸 정혜공주를 여읜 문왕은 조회도 열지 않고 침전에 틀어박힌 채 부부 합장을 준비시켰다.

정효공주묘는 중경현덕부(지금의 중국 지린성 허룽시)의 서고성 부근 용두산 고분군에 마련됐다. 이 무덤은 복합적인 발해 문화의 특성을 잘 말해 준다. 벽돌로 마련한 무덤칸은 전통적인 중국식이고, 긴 돌을 계단식으로 쌓아 만든 천장은 고구려 방식이며, 무덤 위에 탑을 쌓은 것은 발해만의 독특한 풍습이었다. 무덤 벽에는 12명의 무사, 시위(侍衛), 악사 등이 그려져 있다.

정효공주묘비에 새겨진 글에는 발해 문화의 특성이 잘 드러난다. 문왕을 '황상'이라고 표현하고 문왕의 명령을 '조(詔, 황제의 명령)'라고 표기해 발해 안에서는 임금을 '황제'로 받들었다는 것을 알 수 있다. 발해가 2대 무왕부터 독자적인 연호를 쓴 것도 스스로 황제의 나라임을 내세웠기 때문이다. 또 『춘추』, 『논어』 등 유학 경전을 이용한 중국식 문장을 사용해 발해의 유학과 한문학이 발달해 있었다는 것을 알려 준다.

정효공주묘의 벽화
벽화에 그려진 시위는 아름다운 얼굴과 화려한 의상으로 볼 때 남장 여자라고 추측하는 학자도 있다.

793년 **발해 4대 대원의가 즉위하다**

발해 3대 문왕이 죽고 그의 족제(族弟)[2]인 대원의가 왕위에 올랐다.

2 족제(族弟) | 먼 친척으로 아우뻘 되는 남자

793년 **발해 5대 성왕이 즉위하고 도읍을 다시 상경용천부로 옮기다**

발해 4대 왕 대원의가 살해당하고 3대 문왕의 손자인 대화여가 왕위에 오르니 성왕(재위 793~794)이다. 연호를 중흥(中興)이라 정하고, 대원의의 근거지였던 동경용원부를 떠나 상경용천부로 다시 도읍을 옮긴다.

794년 **발해 6대 강왕이 즉위하다**

발해 5대 왕 성왕이 죽고 3대 문왕의 막내아들인 대숭린이 왕위에 오르니 강왕(재위 794~809)이고 연호는 정력(正曆)이다.

34

4 한국사의 연대는 1895년까지는 음력, 태양력을 도입한 1896년 이후는 양력으로 표기했다. 세계사의 연대 표기는 중등 교과서에 따랐다.

5 한글 맞춤법과 외래어 표기는 중등 교과서와 국립국어원에 준하되 편집의 필요에 따라 부분적으로 변화를 줬다.

6 중국의 인명과 지명은 1~3권은 한자의 우리말 발음으로, 4~5권은 현지 발음으로 표기했다.

대륙 구분 | 해당 사건이 일어난 지역을 기준으로 색깔을 나눠 대륙을 표시했다.

세계사 | 세계사의 로고

연대 | 이 펼침의 한국사와 세계사 끝 연도를 표시한다. 1~3권은 일부 예외를 제외하고 한 펼침에 10년씩, 4~5권은 한 펼침에 1년씩 다뤘다.

WORLD HISTORY

800

아시아

794년 **일본에서 헤이안 시대가 시작되다**

나라 시대 말기에 정쟁이 계속되고 특히 불교 세력이 지나치게 커지자 고닌 천황은 불교 세력이 약한 헤이안쿄(지금의 교토)로 천도했다. 이때부터 1185년 가마쿠라바쿠후가 들어설 때까지를 헤이안 시대라 한다. 헤이안 시대에는 불교 세력과 귀족들의 토지 독점이 심해지면서 천황의 힘이 점차 약해진다. 일본이 중국 문화의 영향에서 벗어나 가나 문자를 발명하는 등 문화적 독자성을 강화한 것도 헤이안 시대였다(894년 참조).

풍류를 즐기는 헤이안 시대의 귀족들
헤이안 시대는 대토지를 소유한 귀족들의 힘이 강해진 시기였다. 부유한 귀족들을 중심으로 화려한 귀족 문화가 꽃피기도 했다.

유럽

800년 **교황이 카롤루스 대제를 서로마 황제로 선포하다**

교황이 로마를 외적으로부터 지켜 준 데 대한 보답으로 프랑크왕국의 카롤루스 대제를 서로마제국의 공식 후계자로 선포했다. 교황과의 관계 강화에 힘쓴 카롤루스 대제[1]는 오랫동안 로마시(市)를 위협한 롬바르디아를 평정했을 뿐 아니라, 교황이 정치적 반대파로부터 위협받을 때 피난처를 제공하기도 했다.

이 무렵 카롤루스 대제는 새로 정복한 영지 주민들의 충성을 끌어낼 수단을 찾고 있었다. 서로마제국 황제가 된다는 것은 곧 신으로부터 서유럽의 지배권을 인정받는다는 뜻이므로 이 칭호는 그에게도 반가운 것이었다. 카롤루스 대제는 이후 서로마 황제라는 칭호에 걸맞게 로마 고전 문화를 적극적으로 장려했다. 수도 아헨에는 수많은 학자와 문인이 초빙돼 고전을 연구했는데, 덕분에 '카롤링거 르네상스'라 불리는 문예 부흥이 일어나고 서유럽에서 사라져 가던 로마 문화가 되살아났다. 크리스트교와 로마 문화의 결합으로 이루어진 오늘날 유럽 문화의 기초는 이때 마련된 것이다.

교황이 새로운 '황제'를 임명한 것은 그동안 크리스트교 세계의 유일한 황제로 군림하던 동로마제국 황제에 정면으로 도전장을 던진 것이었다. 730년의 성상 숭배 금지령으로 갈라서기 시작한 동로마제국과 교황은 이 사건을 계기로 돌이킬 수 없는 관계가 된다. 이에 따라 교황과 프랑크왕국을 중심으로 한 서유럽 세계는 독자적인 발전의 길을 걷게 된다.

1 카롤루스 대제를 가리키는 이름들 | '카롤루스 대제'는 라틴어 표기이고, 프랑스어로는 '샤를마뉴(Charlemagne)', 독일어로는 '칼 대제(Karl der Große)'라고 한다. 영어권에서는 '찰스 대제(Charles the Great)'라고 하지만 일반적으로 '샤를마뉴'라고 부르는 경우가 많다.

카롤루스 대제의 대관식

35

사진과 사진 캡션

지도
역사책에는 낯선 지역이 자주 등장한다. 그 정보를 지도로 보완해 역사의 입체적 이해를 도왔다.

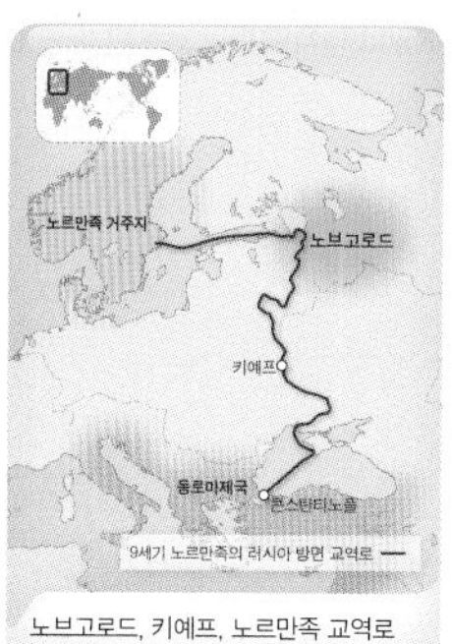

노브고로드, 키예프, 노르만족 교역로

세계 지도 속의 해당 지역
일부 지역만 그리면 이곳이 세계의 어디쯤 있는지 알 수 없는 사례가 있다. 이런 맹점을 피하기 위해 해당 지역이 세계 지도에서 차지하는 위치를 별도로 보여줬다.

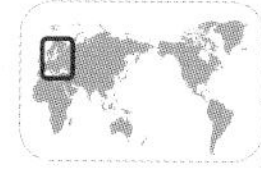

도표와 그래프
수치와 복잡한 관계망을 가진 정보는 알기 쉽게 시각적으로 재구성했다.

주요 국가의 여성 참정권 도입 시기	
뉴질랜드	1893년
오스트레일리아	1902년
핀란드	1906년
노르웨이	1913년
러시아	1917년

머리말

한국사와 세계사를 함께 알아야 한다는 목소리가 높습니다. 한국사와 세계사를 함께 서술한 역사책도 나오고, 학교에서 배우는 역사 교과서도 한국사와 세계사를 함께 다루고 있습니다. 그동안 역사 교육과 역사 서술이 한국사에 치우치면서 한국인의 눈과 귀를 가로막고 세계화 시대에 걸맞은 한국인을 길러내는 것을 저해했다는 반성 때문이지요.

『한국사 대 세계사』는 한국사와 세계사를 같은 시간의 흐름 속에서 비교하며 살펴볼 수 있도록 만든 책입니다. 한국사와 세계사를 함께 다룬 역사 연표는 이전에도 있었습니다. 그러나 연대와 사건의 제목만 나열되어 있는 연표는 자료로 쓸 수는 있을망정 한국과 세계가 함께 호흡하며 나아간 역사의 흐름을 이해하며 읽기는 어렵습니다. 그래서 이 책은 역사적 사건들을 항목만 표시하는 데서 벗어나 최소한의 역사적 흐름을 살펴볼 수 있도록 사건의 내용과 역사적 맥락을 서술했습니다.

『한국사 대 세계사』는 한국사와 세계사를 1 대 1로 비교하며 서술했기 때문에 같은 시기에 한국과 세계에서 일어난 일들을 쉽게 대비하며 살펴볼 수 있습니다. 책을 펼치면 왼쪽 면에는 일정한 시대에 한국에서 일어난 사건들이 서술되고, 오른쪽 면에는 같은 시대에 세계에서 일어난 사건들이 서술됩니다. 조선 시대까지는 대개 10년 단위로 한국과 세계의 역사가 비교 서술되고, 1876년 개항 이후에는 1년 단위로 한국과 세계의 역사가 함께 펼쳐집니다.

이처럼 똑같은 시간대에 한국과 세계에서 일어난 일들을 비교하며 살피다 보면 놀랍고 흥미로운 사실을 발견할 수 있을 것입니다. 한국사와 세계사에서 따로따로 알고 있던 일들이 같은 시대에 일어난 일이거나 서로 관련되어 있는 일이라는 사실을 새삼스럽게 발견할 것이라는 말입니다.

예를 들어 한국에서 신석기 시대가 시작되었을 때 세계 곳곳에서도 농경과 목축을 특징으로 하는 신석기 시대가 일어났다는 사실을 쉽게 알 수 있습니다. 그리고 지금처럼 교통과 통신이 활발

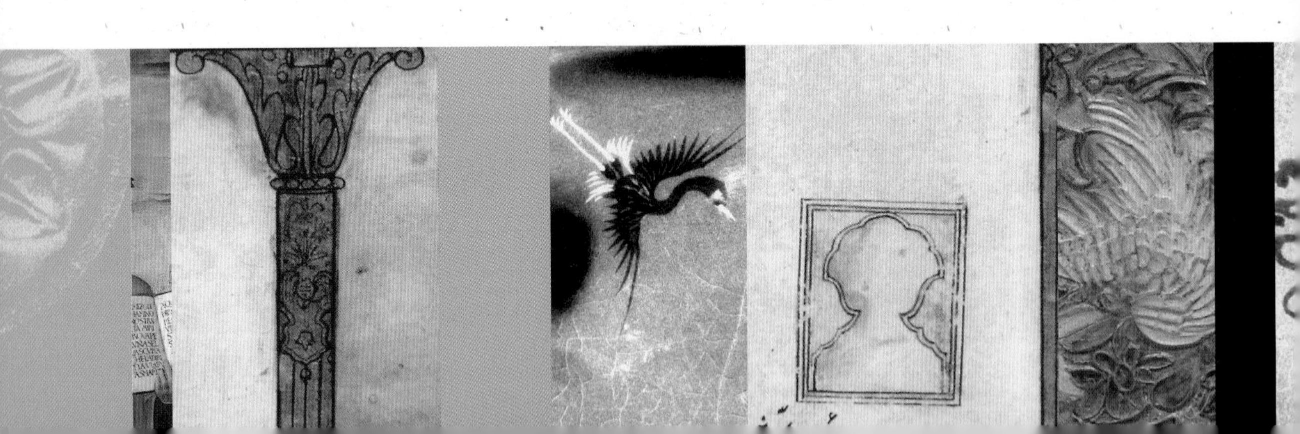

하지 않던 시대에 멀리 떨어진 곳에서 비슷한 일이 일어나는 것을 보고 흥미를 느끼기도 할 것입니다. 신라가 백제와 고구려를 멸망시킨 뒤 당나라마저 몰아내고 삼국을 통일한 것도 당나라가 마침 토번(지금의 티베트)과 싸우느라 정신이 없었던 덕분이라는 사실을 알게 되면 역사를 더 쉽게 이해할 수 있을 것입니다. 또 서로 관계되어 있는 일들이 엄청나게 긴 시간을 두고 떨어져 있는 것을 발견하는 일도 있을 것입니다. 한국에서는 오랜 옛날부터 사용하던 종이가 유럽에서는 중세 이후에야 쓰이게 된 사실을 알면 묘한 쾌감을 느끼기도 할 겁니다. 물론 그 반대의 사례도 많지만 말입니다. 한국이 세계와 더욱 밀접한 관계를 가지고 움직이던 근현대사에서는 이러한 비교가 더욱 유용하게 다가오겠지요.

세계사는 한국사보다 내용이 엄청나게 많고 복잡한데 한국사와 세계사를 1 대 1로 비교하는 것은 적절하지 않다고 생각할 수도 있습니다. 하지만 지구가 우주의 미세한 일부라고 해서 우리가 지구에 대한 공부보다 바깥의 우주에 대한 공부를 더 많이 할 수는 없습니다. 아무리 작아도 지구는 소중한 우리의 터전이니까요. 마찬가지로 세계사가 한국사의 커다란 배경이라고 해도 한국사와 세계사를 객관적인 비율대로 공부할 수는 없습니다. 우리는 세계라는 무대를 한국인으로서 살아왔고 앞으로도 그러할 테니까요. 『한국사 대 세계사』는 2013년에 나온 『세계사와 함께 보는 타임라인 한국사』를 더 많은 독자와 만날 수 있도록 체재를 가다듬은 개정판입니다.
자, 이제 한국사와 세계사라는 두 마리 토끼를 잡으러 떠날 준비가 되었나요? 이 책과 함께라면 적어도 두 마리를 다 잡는 길은 활짝 열릴 겁니다. 그리고 더욱 드넓은 역사의 바다를 항해하고픈 유혹을 느껴 보세요.

2024년 가을 『한국사 대 세계사』를 만든 사람들

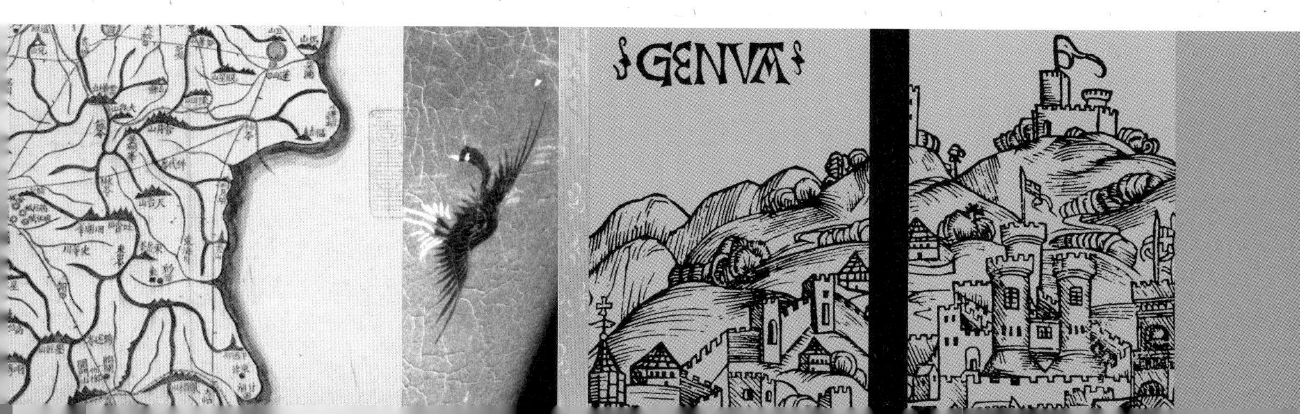

차례

8 세기

701~800

통일신라의 이상형이었던 석굴암 본존불

남북국 시대가 막을 열고,
이슬람제국이 날개를 펴다

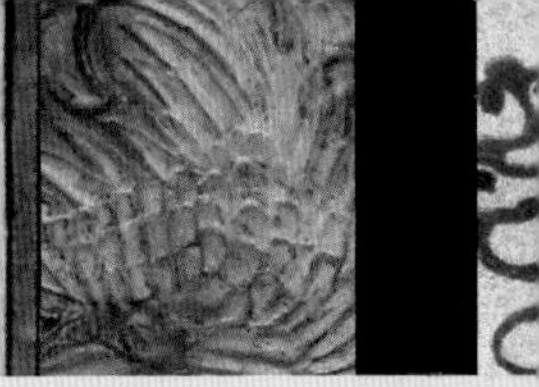

8세기의 한국과 세계

남북국 시대가 막을 열고, 이슬람제국이 날개를 펴다

발해는 당나라의 방해 공작을 이겨 내고 통일신라와 함께 남북국 시대의 문을 열었다. 통일신라와 발해는 당나라가 주도하는 동아시아 황금시대의 주역으로 참여해 문화의 꽃을 활짝 피웠다. 남북국의 출범과 비슷한 시기에 고대 국가 체제를 확립한 일본 역시 두 나라와 교류하면서 나라 시대, 헤이안 시대로 불리는 고대 문화의 황금기를 일구어 나갔다.

장안을 세계의 중심 도시로 일으켜 세운 당나라는 7세기 '정관의 치'에 이은 '개원의 치'로 중국 역사상 가장 화려한 문화를 한껏 뽐낸다. 그러나 고구려의 후손인 고선지가 탈라스강에서 아바스왕조에게 패한 뒤 서역 세계의 패권은 이슬람제국으로 넘어간다. 이슬람 세계는 세 대륙으로 팽창해 가면서 바그다드를 중심으로 일찍이 없던 황금시대를 맞이한다.

이슬람제국이 서유럽으로 쳐들어가자 프랑크왕국의 카롤루스는 이를 막아 내고 로마 교황으로부터 서로마 황제로 인정받는다. 프랑크왕국이 다음 세기의 도약을 기약하면서 8세기의 해는 서쪽 바다 너머로 저물었다.

	705년	무측천 물러나고 당 왕조 부활
	710년	일본, 나라 시대 개막
	711년	이슬람, 이베리아 정복 시작
진국, 발해로 국호 변경	713년	당 현종, '개원의 치' 시작
	720년	『일본서기』 편찬
신라, 정전제 실시	722년	
혜초, 『왕오천축국전』 집필	727년	
	726년	동로마제국, 성상 숭배 금지
	732년	프랑크왕국, 이슬람 침입 격퇴
신라-당나라 국경 확정	735년	
	747년	고선지, 서역 원정
	750년	아바스왕조 성립
신라, 불국사와 석굴암 창건	751년	
	751년	탈라스전투
	755년	당, 안사의 난
	756년	에스파냐에 후(後)우마이야왕조 성립
	762년	아바스왕조, 바그다드 건설 시작
신라, 대공의 난 96각간의 난	768년	
신라, 성덕대왕신종(에밀레종) 완성	771년	
	786년	하룬 알 라시드 즉위, 아바스왕조의 전성기
신라, 독서삼품과 실시	788년	
	794년	일본, 헤이안 시대 시작
	800년	카롤루스, 로마 황제 대관식

702년 **신라 33대 성덕왕이 즉위하다**

신라 32대 효소왕이 아들 없이 죽고 그의 동생 이융기가 성덕왕(재위 702~737)으로 즉위했다. 왕권 강화를 위해 노력하고 정전(丁田)을 실시해 많은 세금을 거둠으로써 재정을 안정시킨 왕이다(722년 참조).

702년 **화엄종의 아버지 의상이 숨지다**

당나라에서 화엄종을 들여와 신라의 정신세계를 지배한 승려 의상이 열반에 들었다. 화엄종은 당나라의 두순이 창시한 불교의 교파로, 이 세상의 만물은 비로자나불(석가모니)이 비친 모습이라고 주장한다. 이 세상이 부처의 품 안에서 통일돼 있다고 가르치는 것이다. 삼라만상의 통일을 강조하는 화엄종만큼 삼국을 통일한 신라에 적합한 사상은 없었다.

부석사
경상북도 영주시 부석면 경내에 국보가 4개나 있다.

진골 귀족 출신인 의상은 661년 당나라에 유학하여 중국 화엄종 2대조인 지엄의 수제자가 되었다. 중국 불교계에서 의상의 이론적 수준과 명성은 매우 높았다. 신라와 당나라 사이가 나빠졌을 때 신라 왕실의 부탁을 받고 귀국하지 않았다면, 의상은 중국 화엄종의 3대조가 됐을 것이다.

704년 **『고승전』, 『화랑세기』[1]의 저자 김대문이 한산주 도독이 되다**

신라의 저술가 김대문이 한산주[2] 도독으로 임명됐다. 김대문은 삼국 시대 이래 유명한 승려들에 관한 기록인 『고승전』을 썼고, "어진 재상과 충성스러운 신하 …… 훌륭한 장수와 용감한 병사"를 배출한 화랑들에 대해 기록한 『화랑세기』도 썼다. 안타깝게도 이 훌륭한 책들은 오늘날 전하지 않는다.

1 『화랑세기』 | 조선 시대 이래 없어진 책으로 여겨져 왔으나, 1989년 갑자기 필사본 이 공개됐다. 학계에서는 이 필사본이 진짜인가 가짜인가를 놓고 논쟁을 벌이고 있다.

2 한산주 | 지금의 황해도, 경기도, 충청도 일부를 포함하는 신라의 지방 행정구역

705년 **진국(훗날의 발해)과 당나라가 대립을 끝내고 사신을 교환하다**

아시아

705년 무측천이 물러나고 당 왕조가 부활하다

천하를 호령하던 무측천이 노환으로 앓아누웠다. 그러자 재상 장간지 등이 독단적 정치를 비판하며 무측천에게 물러날 것을 강요했다. 무측천이 물러나자 아들인 당나라 4대 황제 중종이 다시 즉위해 당 왕조가 부활했다.
무측천은 자신을 황제가 아닌 황후로 장례 지내고 묘비에는 한 글자도 새기지 말라는 유언을 남기고 그해 12월 죽었다.

아시아

705년 다마스쿠스에 대(大) 마스지드[1] 건립이 시작되다

우마이야왕조의 왈라드 1세가 칼리파 자리에 오르자마자 다마스쿠스에 대(大) 마스지드(사원)를 세우기 시작했다. 다마스쿠스는 우마이야왕조의 수도로서 당시 절정의 번영을 누리고 있었는데, 대 마스지드는 곧 그 번영의 상징이 된다. 예배 의식의 중심인 미흐라브[2]를 최초로 설치해 이슬람 사원의 원형을 제시했고, 예루살렘의 바위사원과 더불어 초기 이슬람 미술의 걸작으로 꼽힌다. 715년 완공된다.

아시아

710년 일본에서 나라 시대가 개막하다

겐메이 천황이 수도를 헤이조쿄(지금의 나라)로 옮기면서 나라 시대[3]의 막이 올랐다. 겐메이 천황이 수도를 옮긴 것은 호족 세력이 강한 아스카 지방에 수도를 두어서는 중앙 집권화가 어려우리라고 여겼기 때문이다. 새 수도 헤이조쿄는 당나라 수도 장안을 모방한 신도시였다. 당나라처럼 황제의 힘이 강한 나라를 건설하고 싶다는 천황의 의지를 드러낸 것이다.
나라 시대에는 율령 정치가 최고조에 이르고 대륙 문화의 영향이 강했다. 화폐를 만들고 역사책을 펴내는 등 중앙 집권 국가의 위상에 걸맞은 각종 사업들이 시행됐다. 또한 불교가 국교로서 크게 확산됐다.

1 마스지드 | 이슬람교의 사원. 영어로는 '모스크'라고 한다.

2 미흐라브 | 메카를 향한 벽에 설치된 아치형의 벽감(壁龕)으로, 이슬람 사원의 중추이다.

다마스쿠스 대 마스지드 내부의 미흐라브

3 나라 시대 | 일본사에서 수도를 헤이안쿄(교토)로 천도한 794년까지의 84년간을 가리킨다.

도다이지 대불전
도다이지는 나라 시대에 세워진 절이다. 지금의 건물은 18세기에 복원한 것이지만 본래의 건물은 더 컸다고 한다. 나라 시대에는 불교가 정부의 후원으로 급성장하며 독자적인 세력까지 갖기 시작했다.

713년 진국이 발해로 국호를 바꾸다

당나라 황제 현종이 최흔을 진국에 사신으로 보내 고왕(대조영)을 '좌효위대장군 발해군왕 홀한주도독'에 봉했다. 고왕은 이를 받아들이고 나라 이름을 진국[1]으로부터 발해로 바꿨다.

협상 과정에서 당나라는 진국을 말갈족의 나라로 보아 '말갈'이라는 나라 이름을 원했고, 진국은 고구려의 계승자라는 뜻에서 '고려'라는 나라 이름을 원했던 것으로 알려졌다. 그러나 합의가 이루어지지 않자 당나라와 진국 사이에 있는 발해만으로부터 이름을 따 '발해'라고 부르게 된 것으로 보인다.

이로써 당나라는 발해를 공식 인정하게 됐고, 당나라와 발해 사이에는 외교 관계가 수립됐다.

1 진국 | 나라 이름을 진(震)처럼 외자로 짓는 것은 한(漢), 당(唐)처럼 중국 정통 왕조의 몫이었다. 그래서 당나라는 진국에 나라 이름을 바꾸라고 요구했던 것이다.

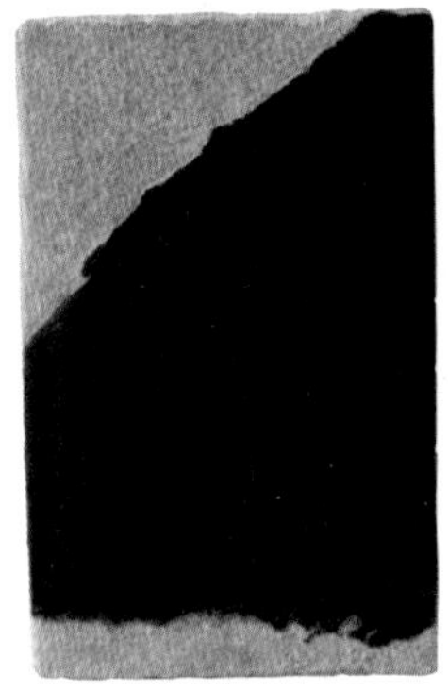
최흔이 남긴 비문

717~718년 신라가 의(醫)박사와 산(算)박사를 두고 누각을 세우다

신라의 성덕왕이 의학을 담당하는 의박사와 계산과 통계 등을 담당하는 산박사를 두었다. 또한 처음으로 물시계의 일종인 누각을 세웠다. 이처럼 기술 계통의 관직을 두고 시설을 세운 것은 체제를 정비하고 백성의 삶을 돌보기 위한 조치로 보인다.

한편 백제는 이미 6세기에 의박사와 누각을 두고 있었다.

719년 발해 2대 무왕이 즉위하다

발해 시조 고왕(대조영)이 죽고 그의 아들 대무예가 2대 무왕(재위 719~737)으로 즉위해 연호를 인안(仁安)으로 정했다. 일본과 국교를 맺고 당나라와는 무력 대결을 벌인 왕이다.

711년 우마이야왕조가 이베리아반도 정복을 시작하다

북아프리카 전역을 제패한 우마이야왕조가 지브롤터해협을 건너 유럽에 첫발을 내딛었다. 이베리아반도의 최대 세력인 서고트왕국은 헤레스에서 우마이야군에게 대패하고 왕마저 잃었다.

서고트왕국이 무너지자 이슬람 세력은 순조롭게 정복을 계속해 718년까지 반도의 대부분을 점령한다. 이슬람 세력은 이후 7세기 동안 이베리아 지방에서 세력을 유지한다.

이베리아 정복을 묘사한 13세기 이슬람 그림

713년 당 현종이 '개원의 치'를 시작하다

당나라 6대 황제 현종이 연호를 개원(開元, 713~741)이라 고치고 개혁 정치를 시작했다. 이 시기 그의 통치는 당나라의 경제적 번영을 최고도로 이끌며 '개원의 치'란 이름을 듣게 된다.

현종은 요숭, 송경, 장구령 등 유능한 신하들의 도움을 받아 불필요하게 많았던 관리와 승려의 수를 줄였다. 또 사치금지령을 내려 귀족들의 낭비를 축소하고, 균전제가 약해지면서 기반이 무너진 부병제를 모병제로 바꾸기도 했다.

이러한 개혁 덕분에 사회적인 낭비가 줄고 생산 활동이 장려되면서 백성들의 생활이 풍족해지고 재정도 크게 좋아졌다.

부병제와 모병제

부병제는 농민에게 군역의 의무를 지우는 징병제인데, 농민들은 그 대가로 균전을 할당받았다. 그러나 부호들의 토지겸병으로 균전에 할당할 토지가 부족해지면서 현종은 이를 모병제로 바꿨다. 그러나 모병제로 인해 전문적인 군사 집단이 출현하자 이들은 독자적인 세력을 형성해 점차 정부를 위협하기 시작했다.

화청지 전경
현종이 양귀비와 함께 목욕을 즐기던 곳

720년 『일본서기』 편찬되다

『일본서기』는 일본 최초의 정사(正史)다. 일본 고대사 연구에서 가장 중요한 사료로 인정받고 있으나 천황의 권위 강화를 목적으로 만들어져 조작된 부분이 많다. 이 책은 고대 일본이 한반도에 식민지를 건설했다는 임나일본부설의 근거로 이용되기도 했다.

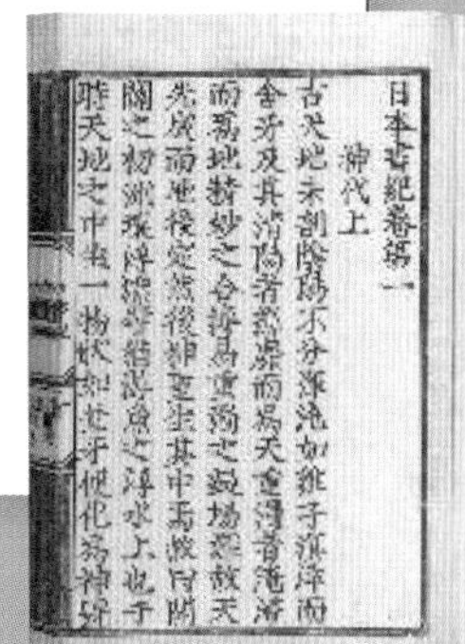
日本書紀巻第一
神代上
古天地未剖陰陽不分渾沌如鷄子溟涬而
含牙及其清陽者薄靡而爲天重濁者淹滯
而爲地精妙之合搏易重濁之凝竭難故天
先成而地後定然後神聖生其中焉故曰開
闢之初洲壤浮漂譬猶游魚之浮水上也于
時天地之中生一物狀如葦牙便化爲神號

日本書紀
慶長己亥
季春新刊

『일본서기』

1 정(丁) | 신라의 촌락 문서에 따르면 일할 수 있는 나이의 남자와 여자를 가리킨다.

722년 신라가 정전제를 실시하다

신라의 성덕왕이 농민들에게 토지를 나누어 주고, 그것을 바탕으로 세금을 받는 정전제[1](丁田制)를 시행했다. 당나라의 균전제(均田制)와 비슷한 것으로 보이지만 정확한 내용은 알려져지 않았다.

726년 발해가 흑수말갈 문제로 당나라와 대립하다

당나라, 발해, 흑수말갈의 위치도

발해 동쪽 흑룡강(헤이룽장)에 살던 흑수말갈이 당나라에 복속하게 되었다. 당나라가 앞뒤에서 발해를 압박할 수 있게 되자 발해 무왕은 동생인 대문예를 시켜 흑수말갈을 공격하게 했다. 평소에 당나라와 대립하는 것에 찬성하지 않던 대문예는 흑수말갈과의 경계 지역에 나아가 무모한 공격을 중단하도록 해 달라는 편지를 무왕에게 올렸다.

화가 난 무왕은 대일하를 보내 흑수말갈을 공격하게 했고, 쫓겨난 대문예는 당나라로 망명했다. 무왕은 당나라에 대문예를 보내 달라고 요청했으나, 당나라는 이를 거절하고 대문예에게 '좌효기장군'이라는 벼슬을 하사하며 환대했다.

727년 혜초가 『왕오천축국전』을 쓰다

신라의 승려 혜초가 인도의 5천축국을 답사한 경험을 담아 『왕오천축국전』을 썼다. 이 책에는 인도 및 서역 각국의 종교와 풍속·문화 등에 관한 기록이 실려 있다. 절을 지을 때 아내와 코끼리까지 바치는 신자들 이야기, 나체로 살아가는 부족, 여러 형제가 아내 한 사람과 함께 사는 풍습 등 색다른 풍속이 소개되고 있다.

『왕오천축국전』

727년 발해가 고인의를 대사로 한 첫 번째 사절단을 일본에 보내다

아시아

723년 일본에서 삼세일신법이 공포되다

일본에서 인구가 증가해 농지가 부족해지자 겐쇼 천황이 농지 개간을 장려하기 위해 '삼세일신법'을 제정했다. 삼세일신법이란 새로 개간을 한 땅은 3대까지 세습할 수 있도록 허용한 법이다. 이 법으로 농지 개간이 활발해져 농지 부족 문제가 다소 해결된다. 그러나 토지의 사유화가 심해져 국가의 토지 관리 능력에 바탕을 둔 율령 체제가 흔들리게 된다.

유럽

726년 동로마 황제 레오 3세가 성상 숭배를 금지하다

성 소피아 성당 내부 장식

동로마 황제 레오 3세가 예수나 성인들의 모습을 새긴 성상 사용을 금지했다. 성서에서 우상 숭배를 금지하고 있는데 성상은 곧 우상이라는 것이 이유였다.

당시 교회는 게르만족을 상대로 활발한 포교 활동을 하고 있었다. 문맹인 게르만족에게는 성상을 보여 주면서 교리를 가르치는 것이 효과적이었다. 따라서 교황도 성상이 우상은 아니라며 그 사용을 묵인하고 있었다. 동로마 황제가 이를 트집 잡은 것은 곧 교황의 정책을 트집 잡은 것이었다.

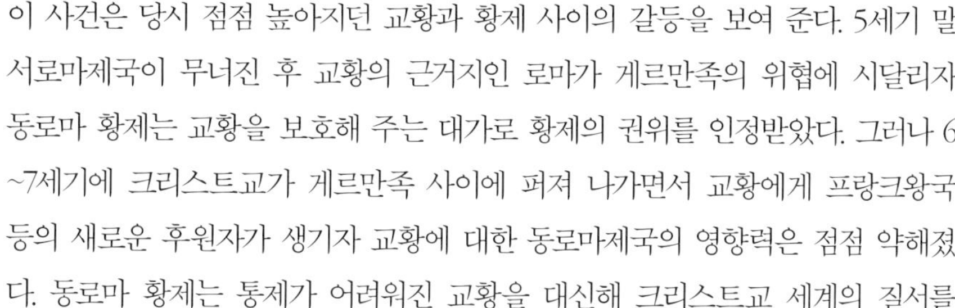

이 사건은 당시 점점 높아지던 교황과 황제 사이의 갈등을 보여 준다. 5세기 말 서로마제국이 무너진 후 교황의 근거지인 로마가 게르만족의 위협에 시달리자 동로마 황제는 교황을 보호해 주는 대가로 황제의 권위를 인정받았다. 그러나 6~7세기에 크리스트교가 게르만족 사이에 퍼져 나가면서 교황에게 프랑크왕국 등의 새로운 후원자가 생기자 교황에 대한 동로마제국의 영향력은 점점 약해졌다. 동로마 황제는 통제가 어려워진 교황을 대신해 크리스트교 세계의 질서를 자기 중심으로 다시 짜려 했다. 성상 숭배 금지령은 교황의 오류를 지적해 그의 권위를 깎아내리고 황제 자신을 그리스도교의 새로운 권위자로 세우려는 시도였다.

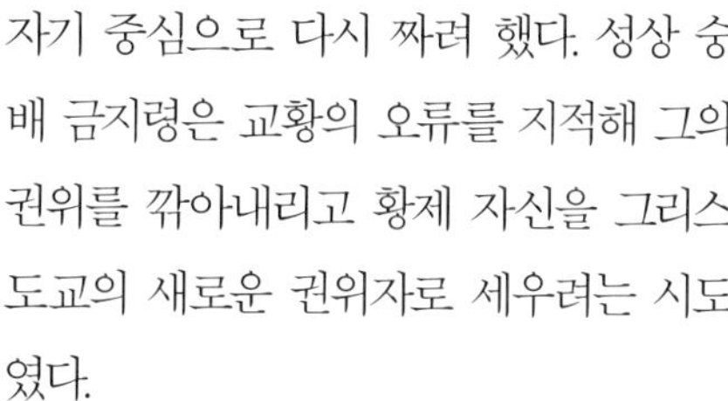

이 사건을 계기로 동로마제국의 정교회와 로마의 가톨릭이 분리되기 시작했고, 동로마제국과 서유럽은 정치적, 문화적으로 결별 수순을 밟는다.

교황

로마는 성 베드로가 순교했던 장소로, 이곳의 주교는 전통적으로 예수의 12제자 중 우두머리 격이었던 베드로의 역할을 계승하는 존재로 여겨졌다. 크리스트교가 로마 국교가 되자 로마제국의 행정 제도를 모방한 위계적인 조직화가 이뤄졌는데, 440년 등극한 레오 1세와 590년 등극한 그레고리우스 1세 시대를 거치면서 로마 주교는 명실상부한 크리스트교의 최고 지도자가 되었다.

발해의 투구

732년 당나라 · 신라 연합군과 발해가 전쟁을 벌이다

대문예를 돌려보내라는 발해의 요구를 당나라가 거부하자, 발해 무왕은 장문휴 장군에게 당나라의 산동반도를 공격하도록 했다(9월). 장문휴는 수군을 이끌고 산동반도에 상륙하여 등주를 공격했다. 이 싸움에서 장문휴는 등주 자사(지방 장관) 위준을 죽이는 성과를 올렸다.

발해의 강경한 공세에 당황한 당 현종은 당나라에 머물면서 태복원외경이라는 벼슬을 지내고 있던 신라인 김사란을 신라에 보냈다. 김사란은 신라의 성덕왕에게 당 현종이 하사하는 '개부의동삼사영해군사'라는 벼슬을 내리고, 신라군을 동원해 발해의 남쪽을 공격하도록 했다.

이듬해 신라는 군사를 출동시켜 발해로 진군하지만, 큰 눈이 내리는 바람에 싸우지도 못하고 절반의 군사를 잃은 뒤 철수하게 된다. 발해와 신라가 군사적인 충돌 위기로 간 것은 이번이 처음이었으며, 이후 두 나라는 충돌한 적이 없다. 당나라는 더 이상 발해를 공격하지 않았고, 발해도 산동반도를 지배하지 않고 물러났다. 이 사건으로 발해는 동아시아의 강국으로 우뚝 섰으며, 삼국 통일 과정에서 나빠졌던 당나라와 신라의 관계는 다시 돈독해졌다.

735년 신라가 당나라로부터 패수(대동강) 남쪽의 영토를 인정받다

737년 발해 3대 문왕이 즉위하다

발해 2대 무왕이 죽고 그의 아들 대흠무가 문왕(재위 737~793)으로 즉위해 연호를 대흥(大興)으로 정했다. 당나라와 무력 충돌을 벌인 무왕과 달리 관직 제도를 정비하고 국립대학인 주자감을 세우는 등 내치에 힘쓴 왕이다. 즉위한 직후 도읍을 중경현덕부(지금의 중국 지린성 허룽현)로 옮겼다.

737년 신라 34대 효성왕이 즉위하다

신라 33대 성덕왕이 죽고 그의 아들 김승경이 효성왕(재위 737~742)으로 즉위했다.

유럽

732년 프랑크왕국이 푸아티에전투에서 이슬람의 침입을 물리치다

프랑크왕국의 궁재[1](宮宰) 카롤루스 마르텔이 피레네 산맥을 넘어 쳐들어온 우마이야군을 푸아티에에서 맞이했다. 수적으로 훨씬 열세였으나 무장한 기병대의 활약으로 극적인 승리를 거뒀다.

우마이야군이 서고트왕국을 격파하고 에스파냐 대부분을 손에 넣을 때만 해도 그들의 진격을 멈출 세력은 어디에도 없어 보였다. 서유럽의 최대 국가 프랑크왕국마저 무너진다면 전 유럽의 이슬람화는 시간문제일 터였다. 그런 상황에서 카롤루스의 승리 소식은 가뭄에 단비와도 같은 것이었다. 크리스트교도들은 카롤루스의 분투에 열광했고 그는 일약 신앙의 수호자로 정치적 위상이 올라갔다.

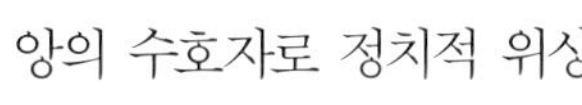

이 싸움으로 크게 높아진 카롤루스의 권위는 아들인 피핀 3세에게로 이어져 피핀이 카롤링거왕조를 세우는 데 도움을 준다. 한편 내분과 반란 등 국내 정치의 불안정을 겪기 시작하던 우마이야왕조는 더 이상의 대규모 유럽 침공을 단념한다.

푸아티에전투

1 궁재 | 프랑크왕국의 재상에 해당한다. 프랑크왕국이 분열을 거듭하면서 왕권이 약해지자 궁재들이 왕국의 실권을 장악하는 경향이 생겨났다.

푸아티에전투와 기사 계급의 등장

수적으로 열세였던 프랑크왕국이 기세등등한 이슬람제국의 군대를 물리칠 수 있었던 핵심적인 이유는 중기병대였다. 당시 유럽에는 6세기 무렵 동양에서 전래된 등자(말 탄 사람의 발을 고정시키는 도구)가 점차 보급되면서 말을 탄 병사들의 전투력이 크게 향상됐다. 무장 기병의 양성에는 돈이 많이 들었기 때문에 카롤루스는 부하들에게 기병으로 전투에 복무하는 대신 기병을 먹여 살릴 수 있는 재산, 즉 땅을 주었다. 이것이 유럽 봉건 기사 계급의 시초가 되었다고 한다.

유럽

739년 랑고바르드왕국이 로마를 공격하다

이탈리아반도 대부분을 석권해 랑고바르드왕국의 전성기를 이끈 리우트프란트 왕이 로마를 공격했다. 랑고바르드왕국은 게르만족의 일파인 랑고바르드족이 이탈리아 북부에 세운 나라다. 크리스트교 신자인 리우트프란트는 교황을 해칠 의사는 없었기 때문에 곧 물러났으나, 이 사건으로 큰 위협을 느낀 교황은 프랑크왕국의 보호에 더욱더 의존하게 된다.

초기의 기사
11세기의 태피스트리. 여기에서 볼 수 있듯이 유럽에서 중기병(중무장한 기병)은 전쟁의 양상을 바꿔 놓으며 새로운 계층으로 올라섰다.

상경성의 절터에 자리 잡은 발해 석등(위), 기와(아래 왼쪽), 수막새(아래 오른쪽). 상경성 출토

742년경 발해가 수도를 상경용천부로 옮기다

발해의 문왕이 수도를 중경현덕부(지금의 중국 헤이룽장성 허룽현 시구청쯔)에서 다시 상경용천부(지금의 중국 헤이룽장성 닝안시 둥징청)로 옮겼다. 중경현덕부보다 북쪽에 있는 상경용천부로 옮긴 것은 당나라에 복속한 북쪽의 흑수말갈에 대응하기 위한 것으로 보인다.

4면이 산으로 둘러싸인 상경용천부는 당시 동아시아의 중심 도시였던 당나라의 장안을 그대로 본떠서 만든 계획도시였다.

상경용천부

742년 신라 35대 경덕왕이 즉위하다

신라 효성왕이 아들 없이 죽자 친동생인 김헌영이 경덕왕(재위 742~765)으로 왕위에 올랐다. 경덕왕은 중국식 관료 제도를 받아들여 전제왕권을 뒷받침하려 했고, 이로 말미암아 귀족들과 끊임없는 갈등을 빚었다. 747년에는 중시라는 관직을 시중으로 고치고, 757년에는 신라의 땅 이름을 모두 중국식으로 바꿨으며, 759년에는 벼슬 이름도 모두 중국식으로 고쳤다.

경덕왕릉

아시아

747년 고선지가 서역 원정에 나서다

당 현종이 고구려 유민 고선지를 대장으로 삼아 서역에 원정대를 보냈다. 원정대의 임무는 실크로드를 안정적으로 확보하는 것이었다. 그 무렵 당나라의 서역 영토는 세력을 회복한 토번(지금의 티베트)으로부터 위협받고 있었다. 토번이 강대해지자 서역 지방의 나라들 역시 토번 편을 들며 당나라의 영향에서 벗어나려 했다. 고선지는 파죽지세로 진격해 토번을 제압하고 서역 72개국의 항복을 받았다. 그러나 그의 노력은 당나라의 쇠퇴기에 이루어져 그 성과가 오래 지속되지는 못했다. 대신 고선지는 몇 년 뒤 탈라스전투에서 고대 동서교류사에 의미 있는 자취를 남긴다(751년 참조).

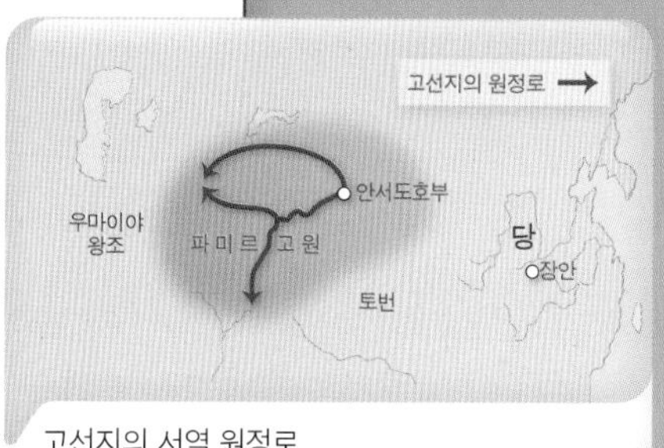

고선지의 서역 원정로

아시아

750년 우마이야왕조가 멸망하고 아바스왕조가 들어서다

우마이야왕조가 반란으로 멸망했다. 3년 동안 이란 지방에서 반란을 이끌던 이브라힘이 우마이야왕가를 몰아내고 아바스왕조를 세운 것이다. 이브라힘의 반란은 이란 주민들의 호응을 많이 받았는데, 이는 이란인이 우마이야왕조의 비아랍인 차별 정책에 불만이 많았기 때문이다.

이란은 인구가 많고 문화 수준이 높기 때문에 비아랍인 차별에 대한 거부감이 가장 심한 곳이었다. 아바스왕조의 초대 지도자인 사파흐가 이곳을 새 왕조의 거점으로 삼으면서 이란 문화는 이슬람 문화의 새로운 축으로 떠오른다.

새로 들어선 아바스왕조는 비아랍인에 대한 차별을 없애고 다민족 이슬람 문화의 기반을 마련한다. 또 정복 활동에 열중했던 우마이야왕조와 달리 교육을 장려하고 내정과 문화 발전에 힘을 쏟아 이슬람 문화의 황금시대를 연다.

바그다드의 도서관 풍경

751년 신라의 김대성이 불국사와 석굴암을 창건하다

신라의 재상 김대성이 경덕왕의 명에 따라 불국사를 다시 짓고 석불사(훗날 석굴암으로 이름이 바뀜)를 새로 지었다(774년 완공).

『삼국유사』에 따르면 김대성은 전생에 경주 모량리의 가난한 여자 경조의 아들로 태어나 품팔이를 하며 살았다. 그러던 어느 날 "하나를 보시하면 만 배의 이익을 얻으리라"라는 스님의 말을 듣고 품팔이로 마련한 밭을 시주한 뒤 죽었다. 그날 밤 재상 김문량의 집에서 다시 태어난 김대성은 전생의 어머니 경조도 모셔와 함께 살았다.

석굴암 본존불
신라인의 이상형이었던 이 부처는 당나라 현장법사의 『대당서역기』에 기록돼 있는 인도 보드가야 대각사 부처와 크기가 똑같다.

김대성은 어느 날 곰을 사냥했는데, 꿈에 그 곰의 귀신이 나타나 환생하여 김대성을 잡아먹겠다고 했다. 김대성이 용서를 빌자 곰은 자신을 위하여 절을 지어 달라고 했다. 꿈에서 깨어난 김대성은 깨달은 바가 있어 사냥을 중단하고 불교에 귀의했다. 그리고 현세의 부모를 위해서는 불국사를 짓고 전생의 부모를 위해서는 석굴암을 지었다고 한다.

불국사는 석가모니와 아미타불, 비로자나불을 모시는 대사찰로 불교의 나라를 지향하는 신라인의 이상향을 지상에 세워 놓은 곳이다. 동해안의 문무왕 수중릉을 향해 세워진 석불사는 한국의 대표적인 석굴 사찰로 신라인의 염원을 담고 있다.

다보탑(왼쪽)과 석가탑(오른쪽)
두 탑 모두 백제 장인인 아사달이 만들었다고 전한다. 아사달의 아내 아사녀는 경주 영지에서 아사달을 기다리다 연못에 비친 다보탑을 보고 아사달을 그리며 몸을 던졌다. 석가탑을 마저 완성하고 달려온 아사달도 아사녀를 따라 죽었다. 연못에 그림자가 비친 다보탑을 유영탑, 비치지 않은 석가탑을 무영탑이라고 한다.

유럽

751년 프랑크왕국에서 피핀 3세가 카롤링거왕조를 열다

프랑크왕국의 실권을 장악하고 있던 궁재(宮宰) 피핀 3세가 메로빙거왕조의 마지막 왕을 폐하고 카롤링거왕조를 열었다. 그는 자신의 왕위 찬탈을 정당화하기 위해 교황을 적극적으로 돕는다. 754년에는 교황의 청을 받아들여 이탈리아에서 맹위를 떨치던 랑고바르드왕국을 물리치고 여기서 얻은 이탈리아 중부의 땅을 교황에게 기증한다. 이 땅은 교황령[1]의 시초가 된다.

피핀 3세의 대관식

1 교황령 | 교황이 직접 통치하는 땅. 19세기 중엽까지 이탈리아반도 내의 주요 국가 중 하나였다. 1929년 바티칸시국이 된다.

아시아

751년 아바스왕조가 탈라스강에서 당나라를 물리치다

아바스왕조가 지금의 카자흐스탄 남부에 있는 탈라스강에서 고선지가 이끄는 당나라군을 격파했다. 이때 포로로 잡힌 당나라 종이 기술자들이 제지 기술을 이슬람 세계에 전하면서 아바스왕조의 문화는 한층 발전한다.

아시아

755년 당나라에서 안사의 난이 일어나다

'개원의 치'를 펼치던 현종이 말년에 양귀비에게 빠져 정치에 소홀해졌다. 그러자 무장 안녹산과 사사명이 난을 일으켰다. 이를 두 사람의 성을 따서 '안사의 난'이라 한다.

안녹산은 당시 당나라 군대의 3분의 1을 지휘하던 절도사였다. 절도사들은 8세기 초 모병제(713년 참조)가 실시된 이래 변방에서 장기간 용병대를 이끌면서 독자적인 세력을 쌓아 왔다. 안사의 난은 절도사가 황제 자리까지 넘볼 정도로 힘이 강해졌음을 보인 사건이었다.

반란은 9년 동안 당나라의 주요 도시를 잿더미로 만든 끝에 진압된다. 그러나 진압 과정에서 활약한 것도 역시 절도사들이었기 때문에 절도사들의 세력이 더욱 커졌고, 당나라의 중앙 권력은 내리막길을 걷는다.

소수의 수행원과 함께 급히 장안을 빠져나가는 현종 일행
16세기 그림

유럽

756년 에스파냐에서 후(後)우마이야왕조가 성립하다

우마이야 가문의 아브드 알 라흐만 1세가 아바스왕조를 탈출해 에스파냐에서 후우마이야왕조를 세웠다. 이후 15세기까지 에스파냐는 이슬람 문화의 중심지 중 하나로 번영한다.

762년 당나라가 발해의 지위를 높여 부르다

당나라가 '발해군'이라고 부르던 발해의 호칭을 '발해국'으로 높여 부르기 시작했다. 이에 따라 발해의 문왕도 '발해군왕'에서 '발해국왕'으로 승격됐다. 이것은 당나라가 발해를 동방의 강성한 국가로 인정하게 됐음을 의미한다.

해동성국 발해의 상경용천부를 지키는 돌사자상

765년 신라 36대 혜공왕이 즉위하다

신라 35대 경덕왕이 죽고 그의 아들 김건운이 8세의 어린 나이로 왕위에 오르니 이가 혜공왕(재위 765~780)이다. 어머니 경수태후가 섭정하면서 왕권을 강화하려 하자 김옹, 김양상 등 귀족 세력이 반발해 여러 차례 충돌이 일어났다.

768년 7월 신라에 대공의 난과 96각간[1]의 난이 일어나다

경덕왕 때부터 노골적으로 드러났던 전제 왕권과 귀족 간의 갈등이 서라벌을 뒤흔든 귀족들의 반란으로 폭발했다.

765년 혜공왕이 여덟 살의 어린 나이로 왕위에 오르자 어머니 경수태후가 섭정을 했다. 그러나 왕실의 권위가 떨어지고 경수태후가 제대로 정치를 하지 못하자 각간 벼슬을 하던 대공이 동생 대렴과 함께 무리를 모아 반란을 일으킨 것이다.

대공의 반란군은 왕궁을 33일이나 포위할 정도로 위세를 과시했으나, 끝내 관군에게 격퇴당했다. 경수태후는 대공의 9족을 멸하고 그의 재산을 몰수했다.

그러나 대공의 난은 왕실을 혼란에 빠뜨린 귀족 반란의 시작에 불과했다. 대공의 난을 계기로 전국은 혼란에 빠졌으며, 전국에서 일어난 귀족들이 서로 싸우는 사태가 3년을 끈다. 이때 반란을 일으킨 귀족과 이를 진압한 귀족들의 수를 합치면 96명에 이른다고 해서 이를 '96각간의 난'이라고 한다.

이후 신라 중대를 지탱한 전제 왕권의 질서는 서서히 무너지게 된다.

1 각간 | 신라의 최고 벼슬. 이벌찬이라고도 한다.

신라 남자들의 모습을 표현한 토우

아시아

762년 아바스왕조가 바그다드 건설을 시작하다

아바스왕조의 2대 칼리파 알 만수르(재위 754~775)가 새 수도 바그다드를 짓기 시작했다. 바그다드는 서아시아에서 가장 비옥한 메소포타미아 지방의 젖줄인 유프라테스강과 티그리스강이 거의 만나는 지점에 건설됐다. 그래서 땅이 기름지고 교통이 편리했다.

이후 바그다드는 동서 무역의 중심지로, 그리고 이슬람 학문의 선도지로 발전해 아바스왕조의 경제와 문화를 이끌게 된다. 9세기 초에는 수많은 군대가 주둔하고 상인이 모여들면서 인구가 200만에 가까워진다.

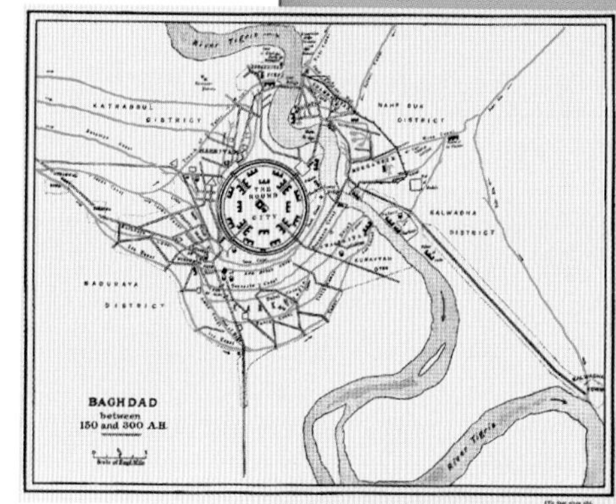

바그다드 지도

바그다드의 금문궁전 입구

아시아

762년, 770년 당나라 시인 이백과 두보가 세상을 떠나다

당나라 문학을 대표하는 두 시인 이백(701~762)과 두보(712~770)가 세상을 떠났다. 이백과 두보는 비슷한 시기에 활동했지만 시풍(詩風)은 전혀 달랐다. 그런데 두 사람의 시풍 차이는 단지 개인적 취향에서 비롯된 것이 아니라 그들이 겪은 역사적 경험의 차이에서 상당 부분 비롯됐다.

두 사람이 활약하던 당나라의 8세기 중반은 격동의 시대였다. 불과 한 세대 사이에 당나라는 최고의 번영기(713년 참조)와 최악의 전란기(755년 참조)를 모두 겪었다. 따라서 이백과 두보의 나이 차인 11년은 상당히 다른 인생 경험을 의미했다. 이백은 당나라 전기의 낙천적인 귀족 문화 속에서 자랐고, 두보는 당나라 후기의 혼란 속에서 작품 활동을 했다(두보의 작품 중 90퍼센트는 안사의 난 이후에 쓴 것이다). 따라서 이백의 작품은 발랄하고 환상적인 반면 두보의 시는 어둡고 현실적이다. 이백과 두보의 이러한 차이는 당나라 전기와 후기의 문학 경향을 대표하는 것이기도 하다.

역사 확대경

이슬람의 황금시대

8~13세기

아바스왕조가 들어선 8세기 중엽부터 몽골의 침입으로 멸망한 13세기 중엽까지를 이슬람의 황금시대라 한다. 동서 교류의 중심부에 자리 잡아 국제 무역이 활발하게 이루어졌고, 개방적이고 국제색이 풍부한 문화가 발달했다. 아랍·이란·인도의 고유문화와 그리스·로마의 고전 문화를 아울러 과학, 수학, 문학, 공예 등 거의 모든 부문에서 뚜렷한 성과를 냈다. 이슬람의 이러한 문화적 성취는 훗날 유럽의 르네상스에도 큰 영향을 끼쳤다.

문예를 숭상한 무슬림들
오른쪽 그림은 이슬람의 학교 풍경이고, 위 사진은 상류층의 화려한 서예 도구다. 이슬람 세계에서 상류층 행세를 하기 위해서는 문학적 교양이 필수적이었다. 부잣집 자제들은 이러한 교양을 갖추기 위해 별도의 과외까지 받곤 했다. 글을 쓸 때 사용하는 서예 도구 역시 소중하게 다루어졌다.

① 문학

페르시아 문학, 인도 문학, 고대 그리스·로마 문학 등이 아랍어를 매개로 융합되면서 전례 없이 풍부한 문학적 전통이 형성됐다. 특히 750~1055년의 기간을 이슬람 문학의 황금시대라 일컫는데 이 시기에 아부 누와스, 알 자히즈 등의 대문호들이 배출됐다.

이슬람의 학교 풍경

② 의학

『쿠란』은 자선 활동을 강조하는데, 병원을 세우는 것 역시 자선으로 간주됐기 때문에 의학이 크게 발달했다. 외과 수술, 약초학, 예방의학 등이 특히 발달했으며 그리스·로마의 고전 의학뿐 아니라 중국과 인도 의학까지도 적극적으로 수용해 발전시켰다. 세계 최초의 공공 병원도 이 시기의 무슬림들이 세웠다.

이슬람 의학자들과 서양 의학
위의 두 그림은 이슬람과 유럽 화가들이 각각 묘사한 10세기의 이란 의사 라지의 모습이다. 유럽 화가의 그림에서 라지가 유럽인처럼 묘사된 것이 재미있다. 라지 외에도 이슬람의 유명 의학자들은 별도의 서양식 이름으로 불릴 정도로 유럽 의학자들의 스승 노릇을 했다.

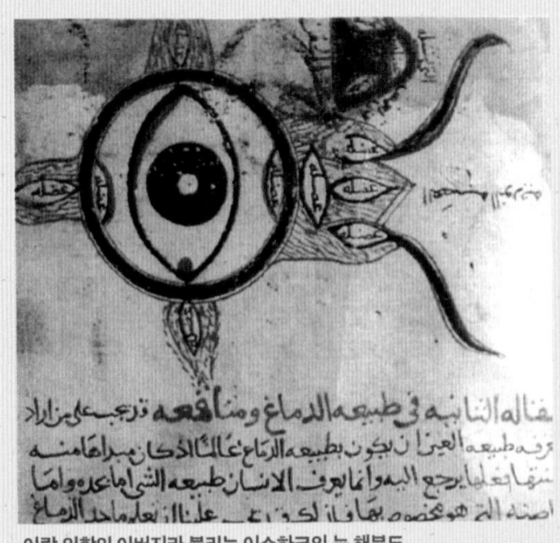

아랍 의학의 아버지라 불리는 이스하크의 눈 해부도

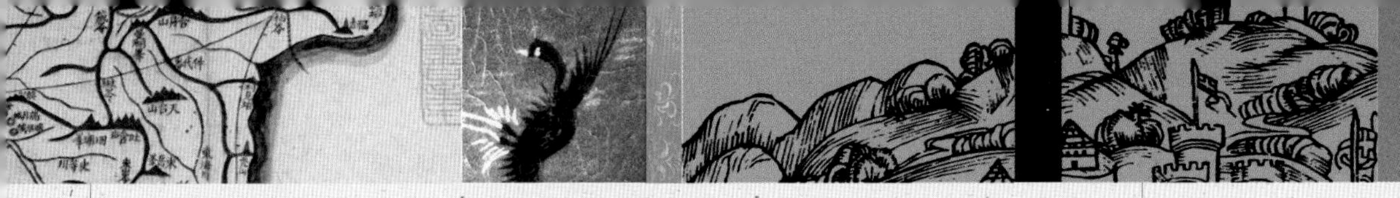

③ 수학, 과학

그리스·로마의 수학 전통을 계승하면서 인도 숫자를 도입해 대수학 부문을 특히 발전시켰다. 또 연금술 연구를 통해 화학이 발전했는데, 서양에서 대수학을 뜻하는 'algebra', 화학을 뜻하는 'alchemy'는 아랍어에 기원을 둔 말이다.

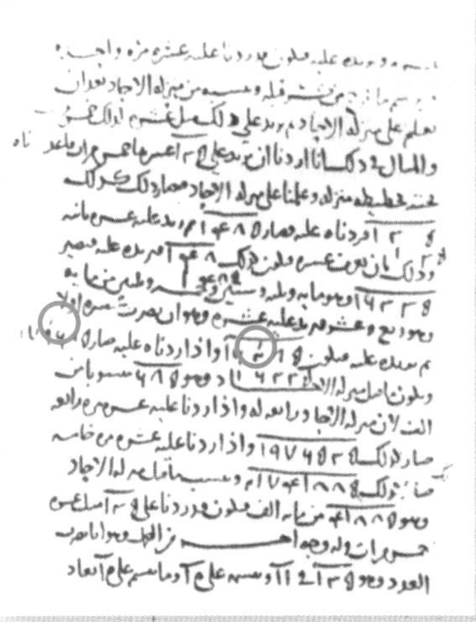

④ 법학, 철학

이슬람 교리를 일상생활에 적용하기 위한 학자들의 노력이 계속되면서 이슬람 법학이 크게 발전했다. 철학 부문에서도 고대 그리스의 논리학을 받아들여 이슬람 교리를 합리적으로 이해하려는 시도가 이뤄졌다. 이슬람 율법에서는 특히 상인들이 사회에 주는 공헌을 인정한다. 이 때문에 상인들은 존경을 받았고 상업 활동도 활발해졌다.

최초의 소수점

소수의 개념이 처음 등장한 것은 10세기의 수학자 아부 하산 알 우클리디시의 책(위 사진)에서였다. 사진에서 숫자 위에 표시된 짧은 빗금이 바로 소수점이다. 이슬람 수학자들이 이처럼 수학을 발전시킬 수 있었던 이유는 아라비아 숫자를 사용했기 때문이다.

⑤ 미술

우상 숭배를 금지한 이슬람 율법 때문에 조각이나 회화가 억제됐지만, 건축과 공예는 활발한 상공업을 바탕으로 발전했다. 특히 페르시아 지방의 공예품은 중국과 유럽으로 수출되면서 '아라베스크 무늬'의 유행을 가져왔다.

이란 사원의 아라베스크 무늬(왼쪽)와 우리 도자기의 아라베스크 무늬(오른쪽)

덩굴 모양을 본뜬 이란의 아라베스크 무늬는 동양에서 '당초문(唐草紋, 당나라의 식물 무늬란 뜻)'이라 불리기도 한다. 아라베스크 무늬가 당나라에서 크게 유행했기 때문에 이런 이름이 붙었다. 당나라 수공업자들은 서로 뒤질세라 상품에 아라베스크 무늬를 새기곤 했다. 아라베스크 무늬가 당나라 귀족들 사이에서도 인기가 좋았을 뿐 아니라 그렇게 하면 부유한 이슬람권에 상품을 수출할 수 있기 때문이었다.

771년 신라 성덕대왕신종(에밀레종)이 완성되다

성덕대왕신종
높이 336센티미터, 입지금 227센티미터. 우리나라에 남아 있는 종 가운데 가장 크다. 국보 제29호

금성(경주) 북천가에 자리 잡은 봉덕사에서 35대 성덕왕의 공덕을 기리는 성덕대왕신종이 완성됐다. 왕실과 김대성을 비롯한 수많은 신라인이 희사한 구리 12만 근(18.9톤)을 들여 만들어진 종에는 명문장가인 한림랑 김필원이 글을 새겼다.

"에밀레 에밀레" 하고 아기가 우는 듯한 종소리 때문에 거푸집에 구리를 부을 때 아기를 넣었다는 소문도 돌았다. 20세기 들어 이 종의 성분을 정밀 분석한 결과 사람 뼈에 들어 있는 인(P)은 거의 검출되지 않았다.

우람하면서도 균형 잡힌 모습과 맑고 거룩한 소리 때문에 독일 고고학자 켄멜은 이 종을 일컬어 "한국 제일의 종이 아니라 세계 제일의 종"이라고 평했다.

780년 김지정의 난으로 신라 중대가 막을 내리다

신라의 왕족인 김지정이 반란을 일으켜 혜공왕과 왕비를 죽였다. 그러나 김지정 역시 왕위를 노리는 상대등 김양상, 이찬 김경신 등에 의해 죽임을 당하고, 김양상이 혜공왕에 이어 왕위에 올랐다(선덕왕, 재위 780~785). 김양상은 17대 내물왕의 후손이다. 이로써 태종무열왕(재위 654~661)과 그 후손들로 왕위가 이어져 오던 신라의 중대는 막을 내리고, 내물왕계가 왕위를 차지하는 하대가 시작됐다.

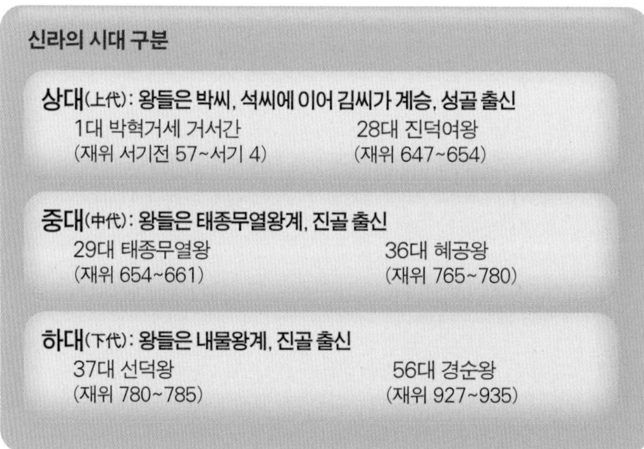

신라의 시대 구분

상대(上代): 왕들은 박씨, 석씨에 이어 김씨가 계승, 성골 출신
1대 박혁거세 거서간 (재위 서기전 57~서기 4)
28대 진덕여왕 (재위 647~654)

중대(中代): 왕들은 태종무열왕계, 진골 출신
29대 태종무열왕 (재위 654~661)
36대 혜공왕 (재위 765~780)

하대(下代): 왕들은 내물왕계, 진골 출신
37대 선덕왕 (재위 780~785)
56대 경순왕 (재위 927~935)

유럽

771년 프랑크왕국에서 카롤루스 대제의 단독 통치가 시작되다

피핀 3세가 죽은 뒤 3년 동안 동생 칼만과 나라를 공동 통치하던 카롤루스가 동생이 죽으면서 왕국의 명실상부한 일인자가 됐다.

이듬해부터 본격적인 영토 확장 작업에 착수한 그는 804년까지 에스파냐를 제외한 서유럽의 대부분을 정복하고 점령지에 크리스트교를 적극적으로 전파한다. 그의 활약으로 서유럽은 로마제국 이래 처음으로 통일된 정체성을 갖게 된다. 이 때문에 카롤루스 대제를 '유럽의 아버지'라고도 한다.

카롤루스 대제
한 손에는 칼, 다른 손에는 십자가를 든 모습으로 묘사됐다. 16세기, 알브레히트 뒤러 작.

아시아

778년경 인도네시아에서 샤일렌드라왕조가 번영하다

인도네시아의 자와섬에 샤일렌드라왕조의 존재를 알리는 최초의 비석(칼라산 비석)이 세워졌다. 이 비석을 근거로 추정컨대 샤일렌드라왕조는 8세기 중반에 건국되어 이 무렵 번영을 구가하고 있었던 듯하다. 샤일렌드라는 이웃한 수마트라섬의 스리위자야왕조[1]처럼 해상 무역으로 번성한 강력한 불교 국가였다. 9세기 초 세워진 장대한 불교 유적 보로부두르 사원을 통해 이 시기 인도네시아의 번영이 어느 정도였는지를 가늠할 수 있다.

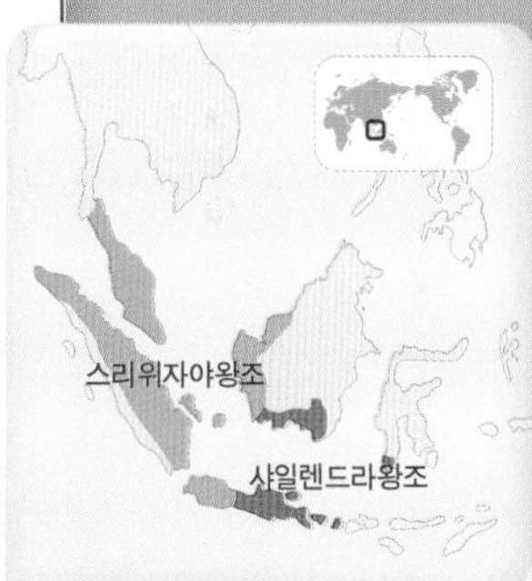

800년경의 인도네시아
샤일렌드라왕조(주황색)와
스리위자야 왕조(녹색)

1 스리위자야왕조 | 7~14세기에 번영했던 인도네시아의 왕조. 9세기 중반 샤일렌드라왕조를 합병했다.

아시아

780년 당나라, 균전제를 포기하고 새로운 세금 제도인 양세법을 만들다

당나라가 세금 제도를 양세법으로 바꾸었다. 양세법은 가지고 있는 토지의 양을 기준으로 세금을 매기는 제도다. 이는 당나라 초기에 비해 대지주가 부쩍 늘어난 당시의 현실에 적합했다. 그러나 다른 한편으로는 국가가 공식적으로 균전제(690년, 713년 참조)를 포기하고 대지주의 토지 독점을 인정했다는 의미도 있다.

균전제와 양세법

이때까지 당나라의 세금 제도는 균전제에 바탕을 두고 있었다. 따라서 가구마다 세금을 똑같이 냈다. 균전제에서는 보다 많은 사람에게 땅을 공평하게 나눠줘야 세금이 늘어나므로 정부가 대지주의 토지 독점을 억제했다. 그러나 양세법의 도입으로 대지주들은 세금만 내면 얼마든지 땅을 늘릴 수 있게 됐다. 대지주의 토지 독점이 심화되면서 자기 땅을 잃고 소작농으로 전락하는 농민이 늘어났다. 이는 당나라 후기 사회 불안의 한 원인이 된다.

1 김주원과 김헌창 | 김주원의 아들인 김헌창은 822년 부친의 왕위 계승 탈락에 불만을 품고 웅주(지금의 충청남도 공주)에서 반란을 일으키나 진압된다.

동경용원부의 오늘 (지금의 중국 훈춘에서 가까운 지린성 투먼시)
두만강을 사이에 두고 북한과 중국이 국경을 마주하고 있다.

785년 신라 김주원[1]이 왕권 다툼에서 밀려 명주로 피신하다

신라의 하대를 연 선덕왕이 자식 없이 죽었다. 그러자 신하들은 태종무열왕의 6대손인 김주원을 왕으로 추대했다. 그러나 서라벌에서 200리 떨어진 북쪽에 있던 김주원은 마침 홍수로 알천이 넘치는 바람에 발이 묶였다. 신하들은 이를 하늘의 뜻이라고 하면서 상대등인 김경신을 왕위에 올렸다. 그가 원성왕(재위 785~798)이다.

이 소식을 들은 김주원은 정치적 보복을 당할까 두려워 명주(지금의 강원도 강릉)로 피신했다. 김주원은 강릉 김씨의 시조가 됐다. 이처럼 지방으로 밀려나 그곳의 세력가가 된 진골 귀족은 신라 하대의 호족을 이루게 된다 (822년 참조).

785년경 발해 문왕이 동경용원부로 도읍을 옮기다

788년 신라가 독서삼품과를 실시하다

신라의 국립대학인 국학의 학생들을 독서 능력에 따라 상·중·하 3등급으로 구분하는 독서삼품과가 실시됐다. 이러한 등급은 국학 졸업생을 관리로 선발할 때 참고 자료로 쓰였다.

『춘추좌씨전』, 『예기』, 『문선』과 『논어』, 『효경』에 밝은 사람이 상품, 『곡례』, 『논어』, 『효경』을 읽은 사람이 중품이다. 하품은 『곡례』, 『효경』을 읽은 사람이었다. 유교 경전과 제자백가의 고전에 두루 능한 사람은 특품으로 특별 채용했다.

이러한 제도는 학문적 능력을 관리의 선발 기준으로 삼아 신라의 유학을 발전시키는 데 도움을 주었다.

아시아

781년 당나라에 크리스트교 전래 기념비가 세워지다

크리스트교의 동방 전래를 말해 주는 가장 오래된 유물 중 하나인 대진[1]경교류행중국비(大秦景敎流行中國碑, 대진의 경교가 중국으로 흘러들어 온 내력을 기록한 비석)가 장안에 세워졌다. 경교는 크리스트교의 한 분파인 네스토리우스파의 중국식 이름이다. 동서 교류가 활발하던 당나라 시대에는 네스토리우스파 외에도 페르시아의 조로아스터교[2]와 마니교[3] 등의 서방 종교가 전래돼 융성했다.

우리나라에서도 경주에서 신라 시대의 돌십자가나 성모상이 발견된 바 있는데, 이 유물들 역시 경교와 관련됐을 가능성이 있다.

대진경교류행중국비

1 대진(大秦) | 고대 중국에서 로마제국이나 페르시아제국을 가리키던 말

2 조로아스터교 | 사산왕조 페르시아의 국교로서 번성했으나 이슬람교의 등장 이후 서아시아에서 밀려났다. 중국에서는 현교 또는 배화교로 불렸다.

3 마니교 | 3세기 초 이라크에서 창시됐으나 박해를 받아 교도들이 인도, 유럽, 중국 등으로 흩어졌다. 크리스트교, 조로아스터교, 불교를 혼합한 것이 특징이다.

아시아

786년 하룬 알 라시드가 즉위해 아바스왕조의 전성기를 열다

『천일야화』(830년 참조)에 등장하는 부유한 왕으로 잘 알려진 하룬 알 라시드가 칼리파로 즉위했다.

그는 강력한 전제 군주임과 동시에, 예술과 학문을 장려하고 상업 부흥에 힘쓴 뛰어난 통치자였다. 전국적으로 수많은 병원, 학교, 사원을 세워 문화를 발전시키고, 상인들을 위한 여관을 곳곳에 설치하고 도로와 다리를 건설해 상업을 크게 일으켰다. 또 국내의 여러 반란을 진압하고, 관료들이 수행하던 행정 업무를 직접 처리하는 등 칼리파의 권력을 강화하는 데도 힘썼다. 대외적으로는 숙적 동로마제국을 굴복시켜 조공을 받아 내고, 프랑크왕국과도 적극적으로 교류해 외교적 영향력을 확대했다. 아바스왕조는 이러한 정책 덕분에 안정과 번영을 누렸고 엄청난 부가 바그다드에 모여들었다.

그는 자신이 이룩한 부를 과시하는 데도 주저함이 없었다. 저명한 예술가들을 불러 화려하게 꾸민 궁전은 당대에 능가할 곳이 없었는데, 그 호사스러움은 후세에 많은 전설의 소재가 된다.

하룬 알 라시드

정효공주묘비
유려한 한문 문장으로 유학에 밝았던 공주의 일생을 기리고 있다.

792년 정효공주묘[1]비가 발해의 수준 높은 문화를 드러내다

발해 문왕의 넷째 딸인 정효공주가 먼저 죽은 남편과 어린 딸을 따라 세상을 떠났다. 15년 전 둘째 딸 정혜공주를 여읜 문왕은 조회도 열지 않고 침전에 틀어박힌 채 부부 합장을 준비시켰다.

정효공주묘는 중경현덕부(지금의 중국 지린성 허룽시)의 서고성 부근 용두산 고분군에 마련됐다. 이 무덤은 복합적인 발해 문화의 특성을 잘 말해 준다. 벽돌로 마련한 무덤칸은 전통적인 중국식이고, 긴 돌을 계단식으로 쌓아 만든 천장은 고구려 방식이며, 무덤 위에 탑을 쌓은 것은 발해만의 독특한 풍습이었다. 무덤 벽에는 12명의 무사, 시위(侍衛), 악사 등이 그려져 있다.

1 정효공주묘 | 정효공주묘는 정혜공주묘와 더불어 발해 문화와 풍속을 연구하는 1차 사료이다.

정효공주묘비에 새겨진 글에는 발해 문화의 특성이 잘 드러난다. 문왕을 '황상'이라고 표현하고 문왕의 명령을 '조(詔, 황제의 명령)'라고 표기해 발해 안에서는 임금을 '황제'로 받들었다는 것을 알 수 있다. 발해가 2대 무왕부터 독자적인 연호를 쓴 것도 스스로 황제의 나라임을 내세웠기 때문이다. 또 『춘추』, 『논어』 등 유학 경전을 이용한 중국식 문장을 사용해 발해의 유학과 한문학이 발달해 있었다는 것을 알려 준다.

정효공주묘의 벽화
벽화에 그려진 시위는 아름다운 얼굴과 화려한 의상으로 볼 때 남장 여자라고 추측하는 학자도 있다.

793년 발해 4대 대원의가 즉위하다

발해 3대 문왕이 죽고 그의 족제(族弟)[2]인 대원의가 왕위에 올랐다.

2 족제(族弟) | 먼 친척으로 아우뻘 되는 남자

793년 발해 5대 성왕이 즉위하고 도읍을 다시 상경용천부로 옮기다

발해 4대 왕 대원의가 살해당하고 3대 문왕의 손자인 대화여가 왕위에 오르니 성왕(재위 793~794)이다. 연호를 중흥(中興)이라 정하고, 대원의의 근거지였던 동경용원부를 떠나 상경용천부로 다시 도읍을 옮긴다.

794년 발해 6대 강왕이 즉위하다

발해 5대 왕 성왕이 죽고 3대 문왕의 막내아들인 대숭린이 왕위에 오르니 강왕(재위 794~809)이고 연호는 정력(正曆)이다.

아시아

794년 일본에서 헤이안 시대가 시작되다

나라 시대 말기에 정쟁이 계속되고 특히 불교 세력이 지나치게 커지자 고닌 천황은 불교 세력이 약한 헤이안쿄(지금의 교토)로 천도했다. 이때부터 1185년 가마쿠라바쿠후가 들어설 때까지를 헤이안 시대라 한다. 헤이안 시대에는 불교 세력과 귀족들의 토지 독점이 심해지면서 천황의 힘이 점차 약해진다. 일본이 중국 문화의 영향에서 벗어나 가나 문자를 발명하는 등 문화적 독자성을 강화한 것도 헤이안 시대였다(894년 참조).

풍류를 즐기는 헤이안 시대의 귀족들
헤이안 시대는 대토지를 소유한 귀족들의 힘이 강해진 시기였다. 부유한 귀족들을 중심으로 화려한 귀족 문화가 꽃피기도 했다.

유럽

800년 교황이 카롤루스 대제를 서로마 황제로 선포하다

교황이 로마를 외적으로부터 지켜 준 데 대한 보답으로 프랑크왕국의 카롤루스 대제를 서로마제국의 공식 후계자로 선포했다. 교황과의 관계 강화에 힘쓴 카롤루스 대제[1]는 오랫동안 로마시(市)를 위협한 롬바르디아를 평정했을 뿐 아니라, 교황이 정치적 반대파로부터 위협받을 때 피난처를 제공하기도 했다.

이 무렵 카롤루스 대제는 새로 정복한 영지 주민들의 충성을 끌어낼 수단을 찾고 있었다. 서로마제국 황제가 된다는 것은 곧 신으로부터 서유럽의 지배권을 인정받는다는 뜻이므로 이 칭호는 그에게도 반가운 것이었다. 카롤루스 대제는 이후 서로마 황제라는 칭호에 걸맞게 로마 고전 문화를 적극적으로 장려했다. 수도 아헨에는 수많은 학자와 문인이 초빙돼 고전을 연구했는데, 덕분에 '카롤링거 르네상스'라 불리는 문예 부흥이 일어나고 서유럽에서 사라져 가던 로마 문화가 되살아났다. 크리스트교와 로마 문화의 결합으로 이루어진 오늘날 유럽 문화의 기초는 이때 마련된 것이다.

교황이 새로운 '황제'를 임명한 것은 그동안 크리스트교 세계의 유일한 황제로 군림하던 동로마제국 황제에 정면으로 도전장을 던진 것이었다. 730년의 성상 숭배 금지령으로 갈라서기 시작한 동로마제국과 교황은 이 사건을 계기로 돌이킬 수 없는 관계가 된다. 이에 따라 교황과 프랑크왕국을 중심으로 한 서유럽 세계는 독자적인 발전의 길을 걷게 된다.

1 카롤루스 대제를 가리키는 이름들 | '카롤루스 대제'는 라틴어 표기이고, 프랑스어로는 '샤를마뉴(Charlemagne)', 독일어로는 '칼 대제(Karl der Große)'라고 한다. 영어권에서는 '찰스 대제(Charles the Great)'라고 하지만 일반적으로 '샤를마뉴'라고 부르는 경우가 많다.

카롤루스 대제의 대관식

8세기의
목소리

月夜瞻鄕路 浮雲飄飄歸

달밤에 고향 길 바라보니 뜬구름 팔랑팔랑 떠 가네

緘書參去便 風急不聽廻

편지를 봉해 가는 편에 부치려 하나 바람은 급히 불며 돌아보지도 않는구나

我國天岸北 他邦地角西

우리나라는 하늘 끝 북쪽에 있고 이곳은 땅 끝 서쪽에 있네

日南無有雁 誰爲向林飛[1]

해가 뜨거운 남쪽에는 기러기도 없으니 누가 내 고향 계림에 소식 전할까

우리 나라는 여러 번국(藩國)을
아우르게 되어 고구려의 옛
터전을 되찾고 부여의 풍속을
소유하게 되었습니다.[2]

1 혜초의 『왕오천축국전』 중 「여수」
신라인으로 '천하의 중심' 당나라로 유학을 떠나 불교의 고향 인도를 돌아보고 온 혜초는 '세계인'이었다. 혜초를 배출한 통일신라는 당나라 중심의 보편 질서에 적극 동참하여 세계 문화에 기여한 나라였다.

2 발해 2대 무왕이 일본에 보낸 국서에서
발해는 스스로 고구려의 후예라고 내세우면서 부여, 고구려로 이어지는 예맥족 문화를 적극적으로 계승했다. 아울러 당나라 중심의 동아시아 보편 문화를 받아들이면서 독자적인 문화를 이룩했다.

良宵宜清談
맑은 이야기가 어울리는 좋은 밤이다.

皓月未能寢
밝은 달조차 제대로 잠들 수가 없다.

醉來臥空山
그대로 돌아와 빈 산에 누우면

天地即衾枕[1]
하늘이 곧 이불이요, 땅이 곧 베개구나.

暮投石壕吏
해 질 녘 석호 마을에서 머물렀다.

有吏夜捉人
관리들이 밤중에 전장에 내보낼 사람들을 잡아들였다.

老翁踰墻走
늙은 남편이 담을 넘어 도망가는 사이

老婦出門看[2]
늙은 부인은 섧게 울며 망을 보았다.

한 손에는 칼, 한 손에는 쿠란[3]

1 이백, 「우인회숙」 중에서

2 두보, 「석호리」 중에서
태평성대에 사람들은 세상일에 무관심해진다. 당나라 전기의 귀족들이 그랬다. 이백의 시에서 볼 수 있듯 사람들은 신선놀음에 열중했다. 그러다가 안사의 난이 터졌다. 현실적인 고통을 외면할 수 없게 되자 관심도 속세로 돌아왔다. 두보처럼 시인들은 백성들의 삶을 노래하기 시작했다.

3 19세기 영국 역사학자인 토머스 칼라일이 한 말
유럽인들이 8세기에 절정을 이룬 이슬람교의 확산을 폄하하기 위해 쓴 표현으로 원문은 다음과 같다. "무함마드가 그의 종교를 검으로 퍼뜨렸다는 점은 익히 알려진 사실이다. 설교와 강한 신념을 통해 평화적으로 포교한 크리스트교의 방식이 훨씬 고귀하며 자랑할 만하다는 것에는 의심의 여지가 없다."
그러나 이는 역사적 사실과 거리가 멀다. 이슬람교는 다른 종교에 관대해서 이교도들에게 세금만 부과할 뿐 개종을 강요하지 않았다. 8세기를 기준으로 보자면 오히려 크리스트교의 포교 방식이 훨씬 강압적이고 잔인했다. 예컨대 카롤루스 대제가 정복지의 이교도들을 무자비하게 탄압한 것이 노르만족의 앙심을 사 바이킹의 침입을 불러왔다고 보는 학자도 있을 정도다.

9세기

801~900

이슬람제국 최고의 문학 작품 『천일야화』의 한 장면

당제국은 기울고,
이슬람제국은 번영을 노래하다

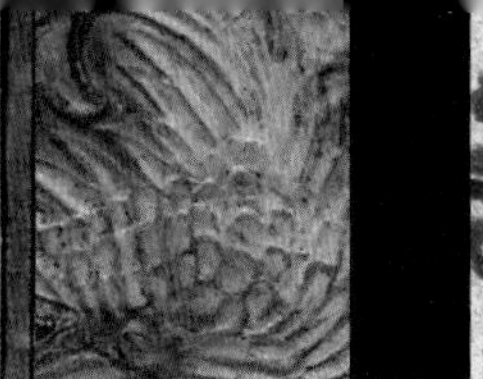

9세기의 한국과 세계

당제국은 기울고, 이슬람제국은 번영을 노래하다

중국 역사상 가장 강성한 왕조였던 당나라는 지난 세기에 꽃피웠던 절정의 문화를 뒤로하고 내부의 갈등을 겪으면서 서서히 쇠망의 길로 나아갔다. 어두운 그림자는 발해와 신라에도 드리웠다. 해상왕 장보고가 왕권 다툼에 휘말려 청해진과 함께 운명을 마감한 것은 안타까운 일이었다.

이슬람제국은 9세기 들어서도 건재했다. 중앙아시아부터 남유럽까지 드넓은 영역을 차지하고 바그다드를 중심으로 『천일야화』로 대표되는 최고 수준의 문화를 이룩했다. 그에 비해 동로마제국은 무거운 등딱지를 이고 기어가는 늙은 거북이 같았다.

게르만족은 자신의 모습대로 서유럽을 가꾸어 나가기 시작했다. 프랑크왕국은 세 토막으로 나뉘어 이탈리아, 프랑스, 독일의 윤곽을 드러내게 된다. 그 과정에서 중세 유럽의 특징인 봉건제와 장원제가 뿌리를 내린다. 게르만족의 형제인 노르만족은 스칸디나비아반도를 벗어나 거친 활약상을 보여 준다. 로마제국의 후광을 걷어 내기 시작한 유럽에서 새로운 주역들이 서서히 자기 색깔을 드러내기 시작한 것이다.

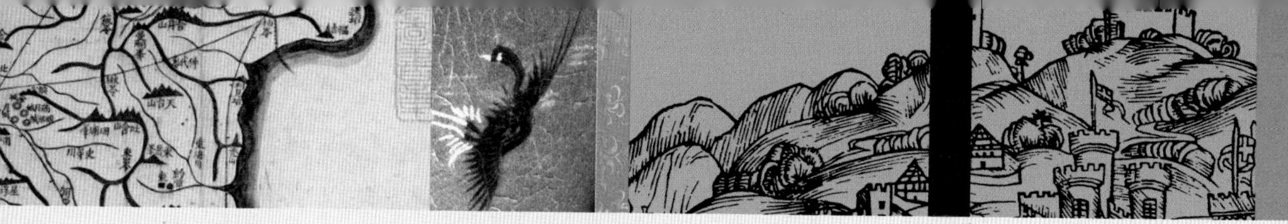

	802년	자야바르만 2세, 앙코르왕국 건설
	812년	동로마, 카롤루스를 서로마 황제로 인정
	813년	알 마문, 칼리파 즉위
신라 선종의 선구자 도의 귀국	821년	
청해진 건설	828년	
	830년	『천일야화』 기초 마련
	839년	노르만족, 아일랜드에 건국
	843년	베르됭 조약
	845년	당나라, 회창의 폐불 단행
	862년	루시인, 노브고로드 정착
	863년	키릴 문자 창제
	870년	메르센조약
	874년	노르만족, 아이슬란드에 정착
	875년	당나라, 황소의 난
최치원 「토황소격문」 신라에 처용가, 처용무 유행	879년	
	882년	동슬라브족 최초의 국가 키예프공국 건국
	885년	노르만족(바이킹), 파리 포위
향가집 『삼대목』 편찬	888년	
원종·애노의 난	889년	
최치원, '시무 10여 조' 제출	894년	
궁예, 독립	898년	
견훤, 후백제 건국	900년	

802년 **신라 해인사가 창건되다**

해인사
대한불교 조계종 제12교구 본사. 불보(佛寶) 사찰인 통도사, 승보(僧寶) 사찰인 송광사와 더불어 삼보(三寶) 사찰 가운데 하나인 법보(法寶)사찰로 유명하다.

신라 애장왕이 우두산(지금의 경상남도 합천군 가야산)에 가서 해인사를 짓기 시작했다.
당나라 유학을 마치고 돌아온 승려 순응이 우두산에서 도를 닦고 있던 중, 마침 등창이 나서 이곳을 찾은 왕비를 고쳐 주었다. 이에 감동한 애장왕이 우두산에 새 절을 짓도록 하고 다 지으면 순응에게 바치도록 한 것이다.
훗날 후삼국 시대에 해인사 주지 희랑은 고려 태조 왕건의 편에 서서 후백제의 견훤 세력과 싸운다. 왕건은 그 보답으로 해인사를 고려의 국가 사찰로 삼았다. 조선 시대인 1399년에는 팔만대장경을 이곳에 옮겨 호국 신앙의 요람으로 삼게 된다.

803년 **신라와 일본이 국교를 회복하다**

한동안 끊어졌던 신라와 일본의 외교 관계가 다시 살아났다. 그동안 일본은 발해와 사절을 주고받으며 신라와는 적대적인 관계를 유지해 왔다.
이번에 일본은 신라에 사신과 함께 황금 300냥을 보냈고, 두 나라 사이의 공무역도 다시 시작됐다.

809년 **신라 41대 헌덕왕이 즉위하다**

헌덕왕릉
경북 경주시 동천동. 사적 제29호

애장왕의 숙부 김언승이 반란을 일으켜 애장왕을 죽이고 스스로 왕이 됐다. 김언승은 조카인 애장왕이 즉위한 뒤로 줄곧 어린 조카를 대신해 정사를 돌보아 왔으며, 801년에는 최고 관직인 상대등에 오른 바 있다. 조카를 죽이고 왕위에 오른 김언승은 당나라에 사신을 보내 신라왕으로 책봉받았다. 그가 헌덕왕(재위 809~826)이다.

809년 **발해 7대 정왕이 즉위하다**

발해 6대 강왕이 죽고 그의 아들인 대원유가 7대 정왕(재위 809~812)으로 즉위했다. 연호는 영덕(永德)으로 지었다.

아시아

802년 캄보디아의 자야바르만 2세가 앙코르왕국을 건설하다

앙코르톰

크메르족의 지도자 자야바르만 2세가 샤일렌드라왕조[1]로부터 독립해 지금의 캄보디아에 앙코르왕국을 세웠다. 크메르족은 오늘날 캄보디아 인구의 대부분을 차지하는 민족이다. 자야바르만 2세는 주변의 여러 부족을 통일하고 자신을 시바 신[2]의 화신이라 칭하며 종교와 정치 모두를 지배했다.

앙코르왕국은 메콩강 유역의 비옥한 평원에 위치했다. 역대 왕들은 저수지와 수로를 건설해 농업을 크게 발전시킨다. 농업이 발전하자 인구가 늘었고, 인구가 늘자 더 많은 저수지를 건설할 수 있게 되면서 앙코르왕국의 힘은 점점 강해진다.

앙코르왕국 전성기의 영역(12세기)

앙코르왕국은 주변국을 정복하고 15세기까지 동남아시아 일대를 호령하는 강대국으로 군림한다. 왕국의 번영으로 크메르족 문화가 화려하게 꽃펴 앙코르와트(1113년 참조), 앙코르톰 등의 뛰어난 문화유산을 남기게 된다.

아시아

804년 승려 사이초와 구카이가 당나라에 가서 천태종과 진언종을 배우다

일본에서 불법을 닦던 사이초와 구카이가 견당사를 따라 당나라에 갔다. 이들은 805년과 806년 각각 귀국하면서 당나라에서 유행하던 천태종과 진언종을 들여왔다.

이전의 불교는 오랫동안 속세를 떠나 수행[3]을 해야만 도를 얻을 수 있다고 가르쳤다. 따라서 승려가 아닌 일반 사람들은 불교에 쉽게 접근할 수 없었다. 그러나 천태종과 진언종은 복잡한 수행 과정 없이도 단지 순간적인 깨달음만 얻으면 도를 얻을 수 있다고 주장했다. 덕분에 이전의 불교보다 보통 사람들에게 더욱 친숙하게 다가갈 수 있었다.

천태종과 진언종은 귀족들에게 인기를 얻어 헤이안 시대(794~1185) 불교의 양대 종파가 된다. 그리고 점차 일본의 토착 신앙과 결합해 일상생활의 행운을 기원하는 등 세속적인 성격이 커진다. 일본 불교는 나라 시대(710~784)부터 정치 세력으로 커 왔는데, 헤이안 시대에 그러한 경향은 더욱 빨라진다.

1 샤일렌드라왕조 | 8~9세기 인도네시아의 자와섬에 있던 나라. 보로부두르석탑 등 뛰어난 불교 유적을 많이 남겼다.

2 시바 신 | 힌두교의 최고신 중 하나. 인도 문화의 영향이 강했던 동남아시아 지방에서는 일찍부터 인도 종교인 불교와 힌두교가 성행했다.

3 수행(修行) | 생리적 욕구를 금하고 정신과 육체를 훈련함으로써 도를 깨치려고 하는 종교적 행위.

일본 진언종의 창시자 구카이
구카이는 아름다운 것은 모두 부처와 통한다고 가르쳐 일본의 예술 발전에 큰 영향을 끼쳤다.

1 『당회요(唐會要)』 | 당나라 정치 제도의 연대별 변천을 항목별로 분류 편찬한 책. 961년 왕부(王溥)가 지어 바쳤다.

2 서경압록부 | 지금의 압록강 남부 유역

3 남경남해부 | 지금의 함경남도 함흥 일대. 발해의 5경 가운데 유일하게 한반도에 설치됐다.

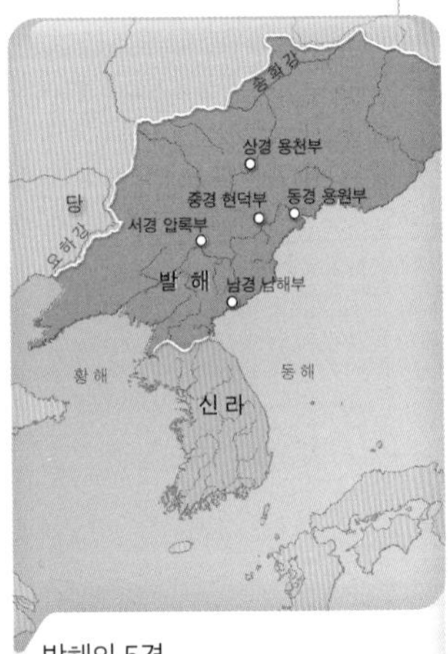

발해의 5경
발해는 선왕 때 요동에서 동해안에 이르는 최대 판도를 이룩했다. 이때의 발해는 우리 역사상 가장 넓은 나라가 되어 고구려의 1.5~2배에 이르렀다.

812년 **발해 8대 희왕이 즉위하다**

발해 7대 정왕이 죽고 그의 동생인 대언의가 8대 희왕(재위 812~817)으로 즉위했다. 연호를 주작(朱雀)으로 정했다. 당나라의 문물제도를 받아들이고, 당나라에 불상을 보내기도 한다.

817년 **발해 9대 간왕이 즉위하다**

발해 8대 희왕이 죽고 그의 동생인 대명충이 9대 간왕(재위 817~818)으로 즉위했다. 연호는 태시(太始)였다.

818년 **소고구려가 당나라에 사신을 보내다**

『당회요』[1]에 따르면 이해에 '고려국'이 당에 사신을 보내고 악공(樂工)을 바쳤다.

이 기록에 나오는 고려(고구려)를 이미 멸망한 고구려와 구별하기 위해 소고구려라고 부른다.

소고구려의 주민은 고구려 유민이 중심이고, 백제 유민과 말갈족도 일부를 이룬 것으로 보인다. 발해 선왕에 의해 정복당한다.

818년 **발해 10대 선왕이 즉위하다**

발해 9대 간왕이 죽고 대인수가 10대 선왕(재위 818~830)으로 즉위했다. 연호는 건흥(建興). 선왕은 문왕 시대에 개척된 3경 이외에 서경압록부[2]와 남경남해부[3]를 추가해 전국의 행정구역을 5경 15부 62주로 확정한다. 819~820년 2년간 당나라에 16회나 사신을 파견하고 일본과도 활발히 교류한다. 발해의 중흥을 이루어 '해동성국(동쪽의 융성한 나라)'이라는 별칭을 얻기에 이른다.

일본에 남은 발해악

유럽

812년 동로마 황제 미카엘 1세가 프랑크왕국과 아헨조약을 맺고 카롤루스 대제를 서로마 황제로 인정하다

아시아

813년 이슬람 학문의 황금시대가 열리다

아바스왕조의 이란 총독 알 마문이 칼리파였던 이복동생 알 아민을 몰아내고 스스로 칼리파 자리에 올랐다.

알 마문은 즉위하자마자 아랍계 종교학자들의 저항과 마주쳤다. 알 마문의 어머니는 이란계였고 쫓겨난 알 아민은 아랍계였기 때문이다. 이란계와 아랍계는 아바스왕조의 지배층을 이루는 양대 민족이었다. 과거 우마이야왕조 시절 권력을 독점했던 아랍계는 아바스왕조에서 이란계에 권력의 주도권을 내줬으나 종교 지도자들 중에는 여전히 아랍계가 많았다. 이란계에 불만이 많았던 아랍계 종교학자들은 걸핏하면 아랍 전통으로 돌아가자는 주장을 되풀이하곤 했다. 이런 상황에서 이란계 어머니를 둔 알 마문이 칼리파 자리에 올랐으니 아랍계 종교학자들과 충돌하는 것은 당연했다.

동로마 사절단을 맞이하는 알 마문(좌측)
알 마문은 적대 관계에 있던 동로마제국으로부터도 그리스 고전을 대량으로 수입할 정도로 지식 수집에 열심이었다.

알 마문은 옛 전통을 고집하는 아랍계 종교학자들을 누르려면 논리적이고 합리적인 사고방식을 이슬람 사회에 널리 보급해야 한다고 생각했다. 이를 위해 이성을 중시하는 그리스 철학을 대대적으로 장려했다. 합리적 신학을 내세우는 무타질라 학파[1]도 적극적으로 지지했다. 합리주의를 보급하기 위해 수많은 그리스 철학서와 과학서를 번역시키고, 무슬림이 아닌 학자도 고용했다. 세계 곳곳에 사신을 보내 열심히 책을 모으고 천문대, 병원 등 과학 시설을 많이 세웠다.

알 마문 자신도 학문을 무척 좋아해 스스로 학자들과 몇 시간씩 토론하기를 즐겼다고 한다. 덕분에 이슬람 학문은 전에 없던 황금기를 맞이하게 된다.

1 무타질라 학파 | 8세기 전반에 등장한 이슬람 신학의 한 분파. 그리스 철학의 논리학을 활용해 교리를 합리적으로 해석하는 것이 특징이었다. 『쿠란』마저도 인간의 창작물이라고 할 정도로 철저한 합리주의를 추구했기 때문에 이슬람 과학의 발전에 큰 공헌을 했다.

유럽

817년 루트비히 1세가 프랑크왕국을 세 아들에게 나눠주기로 하다

경건왕 루트비히 1세가 만일의 사태에 대비해 자신의 후계자 문제에 대한 대책을 발표했다. 그 내용은 자신이 죽으면 왕국을 게르만족의 재산 상속 관습에 따라 세 아들에게 나눠준다는 것이었다.

루트비히 1세는 이로부터 23년을 더 살았지만, 이 발표를 계기로 프랑크왕국의 단결이 약해졌다. 프랑크왕국은 이후 843년 베르됭조약으로 완전히 갈라진다 (843년 참조).

821년 신라 선종의 선구자 도의 스님이 당나라에서 귀국하다

보림사 삼층석탑 및 석등

당나라에서 선종[1] 불교를 배우고 돌아온 도의가 이를 전파하기 위해 노력했으나 화엄종, 법상종 등 교종 일색의 신라 불교계에서 받아들여지지 않았다. 실망한 도의는 강원도 양양의 진전사에 들어가 40년간 수도 생활에 전념한다. 그의 제자 염거로부터 도의의 가르침을 이어받은 체징은 지금의 전라남도 장흥에 보림사를 창건해 가지산문을 연다(860년 참조). 통일신라 말기부터 고려 초기까지 가지산문을 비롯해 아홉 곳의 선종 교단이 나타나는데, 이를 구산선문이라고 한다.

도의는 가지산문의 창시자로 일컬어지며, 대한불교 조계종[2]의 종조(宗祖, 종파를 세운 사람)로도 받들어진다.

1 선종 | 경전에 대한 깊은 이해를 강조하는 교종과 달리 마음으로부터 바로 진리를 깨닫는 게 중요하다고 믿는 교파. 일반 대중이 더 쉽게 불교에 접근할 수 있어서 불교 대중화를 앞당기는 계기를 마련했다.

2 대한불교 조계종 | 1962년 한국 불교 27개 종단의 하나로 출범했으며, 현재 최대 종단을 이룬다. 도의의 가지산문을 출발점으로 삼으며, 고려 때 보우국사 태고가 구산선문을 합쳐 조계종이라고 이름 붙였다.

822년 신라 김헌창이 반란을 일으키다

웅천주도독 김헌창이 웅천주(지금의 충청남도 공주)를 중심으로 대규모 반란을 일으켰다. 김헌창은 나라 이름을 장안(長安), 연호를 경운(慶雲)이라 하고 지금의 충청-전라-경상 지역으로 진출했다.

김헌창은 태종무열왕의 후손으로 그의 아버지 김주원은 왕위 계승 다툼에서 패해 명주(지금의 강원도 강릉)로 내려갔다(785년 참조). 아버지가 밀려난 데 반감을 품고 있던 김헌창은 복수를 벼르다 이번에 반란을 일으킨 것이다.

김헌창의 난이 진압된 뒤에는 그의 아들 범문이 다시 한 번 반란을 일으켰으나 역시 실패했다. 이후 태종무열왕계는 왕위 계승 다툼에서 완전히 밀려났다.

826년 신라 42대 흥덕왕(재위 826~836)이 즉위하다

828년 신라 장보고가 청해진을 세우다

당나라에 건너가 산동반도에서 무령군소장이라는 벼슬에 올랐던 장보고가 귀국해 고향에 청해진(지금의 전라남도 완도)을 세웠다. 장보고는 당나라에 있을 때 해적에게 잡혀 노비로 끌려오는 신라인을 보고 분노했다. 신라를 괴롭히는 해적을 쓸어 버리겠다는 일념으로 귀국한 장보고는 흥덕왕을 만나 자신의 계획을 밝혔다.

장보고는 귀족 출신이 아니었지만 흥덕왕은 기꺼이 장보고에게 군사 1만 명을 내주고 청해진대사라는 직함을 하사했다. 그리하여 황해와 남해에서 해적을 소탕하고 안전한 바닷길을 확보하려는 장보고의 활약이 시작됐다.

청해진 유적
청해진의 고대에서 바라본 완도

아시아

823년 당나라에서 당쟁이 치열해지다

신흥 부호 출신 우승유가 재상으로 발탁됐다. 안사의 난 이후 과거 시험[1]을 통해 벼슬길에 나선 관리(신흥 관료)들이 부쩍 늘었는데, 우승유는 그들의 우두머리 격이었다. 그 반대편에는 가문을 배경으로 벼슬자리를 차지한 문벌 귀족이 있었는데, 그 우두머리는 이덕유라는 인물이었다.

신흥 관료들이 세력을 키우자 문벌 귀족은 위협을 느끼고 과거 출신자들에 대한 견제에 나섰다. 이에 맞서 신흥 관료들도 힘겹게 얻은 관직을 놓치지 않으려고 안간힘을 썼다. 두 당파는 무려 40년 동안 서로를 비방하며 치열한 당파싸움을 벌인다. 이 다툼을 우승유와 이덕유의 성을 따서 '우이 당쟁'이라 부르기도 한다.

당나라 후기는 이처럼 문벌 귀족과 신흥 관료 사이의 대립이 심한 시기였다. 이로 인해 정치의 혼란이 가중되면서 당나라는 점점 몰락의 길을 걷는다.

당나라 귀족들의 연회
당나라의 호사스런 귀족 문화는 안사의 난 이후 과거를 통해 대두한 신흥 관료들의 거센 도전을 받게 된다.

1 당나라 후기 과거제의 강화 | 당나라는 안사의 난 이후 절도사의 세력을 견제하기 위해 문신 우대 정책을 폈다. 이를 위해 과거 시험의 비중을 높였는데 이러한 정책은 당나라 멸망 후 송나라에서 더욱 강화됐다.

아시아

824년 신진 유학 세력의 대표자 한유가 사망하다

'퇴고'[2]라는 고사성어로도 잘 알려진 당나라의 시인이자 사상가 한유가 사망했다. 한유는 가난한 서민 출신으로 당나라 후기의 신진 유학 세력을 대표한다. 8세기 후반 과거제가 강화되면서 귀족에게 억눌려 있던 서민들이 과거 시험을 보고 벼슬길에 나아가는 일이 늘어났다. 이들은 군주를 중심으로 한 유교적 덕치를 통해 귀족의 힘을 누르고 백성의 삶을 안정시켜야 한다고 주장했다. 한유 외에도 백거이 등 당나라 후기의 뛰어난 문인 중에는 이처럼 유교 사상의 적극적인 지지자들이 많았다.

한유와 산문 작품인 「사설(師說, 스승에 대한 이야기)」
한유는 산문의 대가였다. 귀족들이 즐기던 화려한 시(詩)에 대항해 고대 유교 경전에서 쓰던 실용적이고 간단명료한 산문을 되살리자는 고문운동(古文運動)을 벌였다.

2 퇴고(推敲) | 당나라의 시인 가도는 자신이 쓴 시에 '밀 퇴(推)' 자와 '두드릴 고(敲)' 자 중 어느 것이 어울릴까 고심하다가 한유의 조언을 듣고 '고'로 결정했다. 여기서 '글을 고치고 다듬다'는 뜻의 고사성어인 '퇴고'가 탄생했다.

아시아

830년경 『천일야화』의 기초가 마련되다

이란의 이야기집인 『천 편의 이야기』가 『천일야화』라는 제목 아래 아랍어로 번역되면서 이슬람권에서 인기를 끌었다. '1000'과 '1001'이란 숫자는 페르시아와 아랍에서 '많다'는 뜻이기도 하다.

서양에는 '아라비안 나이트'로 알려져 있지만 수록된 이야기들 대부분은 본래 아랍의 것이 아니다. 인도, 이란 등지의 이야기들이 아랍어로 번역되면서 이슬람권 전역으로 퍼져나가게 된 것이다. 『천일야화』는 이후에도 아랍, 이집트, 심지어 중국처럼 먼 곳의 이야기들까지 꾸준히 추가하면서 점점 양이 늘어났다. 이러한 특성은 이 시기 이슬람 문화의 국제성을 잘 보여 준다.

「신드바드의 모험」 삽화
『천일야화』에서 가장 유명한 이야기 중 하나. 인도양 곳곳을 누비며 모험을 펼치는 신드바드의 이야기는 당시 무슬림들의 외국에 대한 호기심을 잘 보여 준다. 18세기 그림

831년 발해 11대 왕 대이진이 즉위하다

발해 10대 선왕이 죽고 그의 손자인 대이진(재위 831~858)이 11대 왕으로 즉위했다. 연호는 함화(咸和)였다. 당나라와 활발한 경제·문화 교류를 벌였으며, 일본에도 사신을 보내 교류했다.

836~839년 신라 왕위 계승 전쟁에 장보고가 휘말리다

신무왕릉

신라 42대 흥덕왕이 자식 없이 죽자 김제륭이 삼촌 김균정과 왕위 다툼을 벌였다. 김제륭이 김균정을 죽이고 43대 희강왕(재위 836~838)으로 즉위하자, 김균정의 아들 김우징은 837년 청해진으로 몸을 피했다.

그런데 막상 왕위에 오른 희강왕은 얼마 해 보지도 못하고 상대등[1] 김명의 협박을 받아 자살하고 말았다. 김명은 44대 민애왕(재위 838~839)으로 즉위했다. 그러자 청해진에 피해 있던 김우징은 839년 장보고의 군사들과 함께 서라벌로 쳐들어가 민애왕을 죽였다. 김우징이 45대 신무왕(재위 839년)으로 즉위하자 장보고는 일약 중앙 정부의 실력자로 떠오르게 됐다.

신무왕이 3개월 만에 죽고 그의 아들 김경응이 46대 문성왕(재위 839~857)으로 즉위하면서 장보고의 권력은 최고조에 이른다(846년 참조).

839년 장보고가 당나라에 견당매물사를 보내다

청해진대사 장보고가 당나라와 교역을 하기 위해 보낸 견당매물사(遣唐買物使) 최병마사가 교관선을 타고 당나라의 산동반도 적산포에 도착했다. 적산포에는 장보고가 당나라에 있을 때 세운 절 적산법화원[2]이 있었다.

이 절에 머물고 있던 일본 승려 엔닌[3]은 자신의 저서인 『입당구법순례행기』에 장보고의 교관선이 들어온 사실을 기록으로 남겼다.

1 상대등 | 531년(법흥왕 18) 처음 마련된 관직이며 귀족의 대표로 왕권을 견제하는 역할을 했다. 삼국 통일 이후 왕권이 강화되면서 왕이 임명한 집사부 시중에게 밀렸으나, 9세기 들어 다시 왕권이 약해지면서 귀족들 간에 벌어진 왕권 다툼의 축으로 떠올랐다.

2 적산법화원과 신라원 | 당나라 땅에 신라인이 세운 절을 신라원이라고 한다. 장보고가 세운 적산법화원은 대표적인 신라원이었다. 한편 산동반도 일대에 신라 유학생, 유학 승려, 상인 등이 모여 살던 신라인 마을은 '신라방'이라고 했다.

3 엔닌 | 일본 헤이안 시대의 승려로 당나라에 건너가 밀교를 배우고 이를 들여와 일본의 귀족들에게 전했다. 적산법화원에 머문 일도 있어 장보고와는 특별한 인연이 있다.

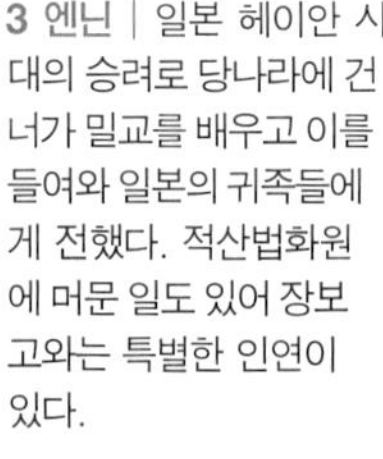

교관선

아시아

832년경 바그다드에 '지혜의 집'이 열리다

아바스왕조의 수도인 바그다드에 세워진 '지혜의 집'에 세계 각지의 학자들이 모어들었다. '지혜의 집'은 하룬 알 라시드가 기초를 마련하고 알 마문이 완성한 대형 도서관 겸 연구소였다. 알 마문은 아랍에 아직 소개되지 않은 외국 책들을 열심히 찾아 이곳에서 번역시켰는데, 특히 그리스 책이 많이 번역됐다. 번역 작업을 위해 인도나 그리스 등으로부터 수많은 외국 학자들을 초빙하면서 이곳은 명실공히 세계 지식의 보물 창고가 됐다.

이처럼 지식이 쌓이면서 새로운 학문적 성과도 잇달아 탄생했다. 인도 숫자를 연구해 오늘날 우리가 알고 있는 '아라비아 숫자'를 보급하고 현대 대수학의 기초를 놓은 알 콰리즈미, 도르래와 천칭 저울을 만든 이븐 쿠라 등 뛰어난 학자들이 모두 '지혜의 집'에서 활동했다. 이곳의 대규모 번역 작업 덕분에 사상 처음으로 동서양의 지식이 하나로 통합됐는데, 이는 후세의 학문 발전에 커다란 영향을 끼치게 된다.

인도	०	१	२	३	४	५	६	७	८	९
아랍	٠	١	٢	٣	٤	٥	٦	٧	٨	٩
중세 유럽	o	ı	2	3	Ձ	ϛ	6	Λ	8	9
현대	0	1	2	3	4	5	6	7	8	9

'아라비아 숫자'의 변천 과정
6세기경 '0'을 도입한 인도 숫자가 9세기 아라비아에 전해진 뒤 12세기에 유럽에까지 전파됐다. 이슬람 세계에 아라비아 숫자를 보급한 곳이 바로 '지혜의 집'이었다.

자비르 이븐 하얀의 화학 교본과 수학자 알 콰리즈미의 초상
'화학의 아버지'로 불리는 자비르 이븐 하얀과 '대수학의 아버지'라 불리는 알 콰리즈미는 모두 '지혜의 집'에서 활동한 당대의 대학자들이었다.

아시아

833년 칼리파 알 무타심이 노예 부대인 맘루크를 창설하다

알 마문의 뒤를 이어 칼리파로 즉위한 알 무타심이 튀르크인 노예 병사들로 구성된 새로운 부대를 조직했다. '맘루크'라 불린 이 부대는 이후 군대의 최고 자리를 독차지하고 마음대로 권력을 휘두르게 된다. 861년에는 칼리파를 죽이고 정치를 제멋대로 움직이기에 이른다. 노예 부대인 맘루크가 활개치면서 정치에 혼란이 일어나자 아바스왕조는 서서히 몰락하게 된다.

유럽

839년 노르만족이 아일랜드에 건국하다

노르만족의 족장인 토르게스트가 한 무리의 바이킹[1]을 이끌고 아일랜드에 상륙해 나라를 세웠다. 8세기 말부터 잉글랜드와 아일랜드 해안을 약탈하던 노르만족이 마침내 이 지역을 정복하겠다고 나선 것이다. 노르만족은 본래 스칸디나비아반도에 살던 게르만족의 분파였다. 8세기경 인구가 증가하면서 부족들 사이의 충돌이 늘어났는데 여기서 패한 사람들이 생계를 위해 배를 타고 해외 약탈에 나섰다. 이들은 약탈을 하러 돌아다니다가 정착할 만한 곳이 보이면 눌러앉기도 했다.

9세기 노르만족의 약탈지와 정착지

9세기 전반까지는 바이킹의 규모가 비교적 작아서 주로 강력한 정치권력이 없는 잉글랜드와 아일랜드 등지를 약탈하곤 했다. 이 때문에 이 지역에 바이킹이 많이 들어가게 된 것이다. 아일랜드는 11세기까지 노르만족의 지배를 받는다.

1 바이킹 | 노르만족 중 배를 타고 유럽·러시아 등에 침입한 사람들을 가리킨다.

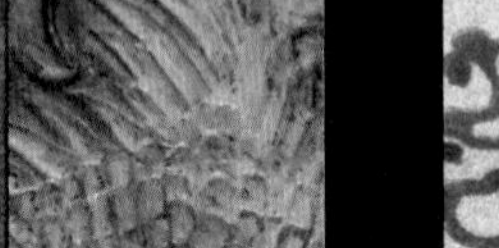

기후와 역사

8-9세기 기후는 역사에 어떤 영향을 주었나

8세기 말 시작돼 9세기에 절정을 이룬 노르만족의 대이동은 유럽 중세 문화의 성격을 결정지은 중요한 사건이었다. 그럼에도 불구하고 노르만족이 왜 갑자기 이동을 시작했는지에 대해서는 아직 명쾌한 해답이 없다. 학자들은 막연하게 이 시기에 스칸디나비아반도의 인구가 증가해서 그 압력으로 인구의 방출이 이뤄졌다고 추측할 뿐이다. 하지만 그럴 경우 이 시기에 왜 인구가 증가했는지에 대한 의문은 여전히 남는다.

① 9세기 무렵부터 기후가 따뜻해졌다?

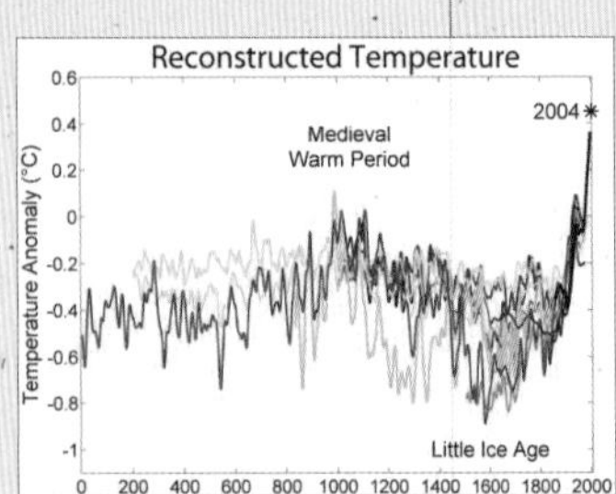

지난 2000년간의 기후 추이
붉은색이 가장 최근 자료. 출처: A. Moberg, D.M. Sonechkin, K. Holmgren, N.M. Datsenko and W. Karlén(2005) 그래프를 보면 기후가 5세기경부터 1100년경까지 상승하는 경향을 보였음을 알 수 있다. 특히 9~14세기의 기후는 평균보다 따뜻했기 때문에 이 시기를 '중세의 온난기'라 한다.

오늘날의 스칸디나비아반도는 대부분이 한대나 툰드라 기후에 속하는 추운 지역이다. 즉 농사를 짓기보다는 벌목을 하는 데 적합한 땅이란 소리다. 인구 밀도는 1제곱킬로미터당 16명에 불과해 세계적으로 인구가 희박한 곳이다. 이런 데서 인구가 증가해 대규모 해외 이주가 일어났다는 것은 얼핏 이해가 가지 않을 것이다.

그러나 최근 학자들의 연구에 의하면 노르만족이 팽창할 무렵의 기후 사정은 지금과 사뭇 달랐다고 한다. 서로마제국이 몰락하던 5세기 무렵 낮아졌던 기후가 그 이후 꾸준히 상승해 9세기 무렵에는 21세기보다도 높아졌다는 것이다. 기후 상승은 식량이 될 만한 동식물을 늘리고 농업을 발달시켜 인구 증가를 가져왔을 것이다. 호전적인 바이킹 문화에서 인구 증가는 전쟁의 증가를 뜻했고, 전쟁에서 밀려난 사람들이 대규모 이주를 시작했다고 본다면 노르만족의 대이동이 그렇게 신기하게 여겨지지는 않을 것이다.

② 노르만족의 해양 진출과 기후

중세 초기의 기후 상승은 노르만족의 활동 영역에도 큰 영향을 미쳤다. 노르만족은 자신들의 본거지로부터 멀리 떨어진 아이슬란드나 그린란드까지도 거침없이 항해한 위대한 탐험가들로 알려져 있다. 그러나 제아무리 노르만족이 용감무쌍했다고 해도 원시적인 항해술로 빙하가 가득 찬 먼 바다까지 나가는 것은 위험천만한 일이었다. 노르만족의 해상 활동이 활발해진 것은 기후 상승으로 빙하가 후퇴하고 폭풍이 뜸해진 다음이었다.

그린란드의 노르만족 식민지 유적
그린란드에는 10세기 말부터 노르만족의 이주가 시작됐으나, 그 뒤 기온이 떨어지면서 15세기에는 사람이 살지 않는 불모지로 변했다.

노르만족의 주요 식민지 중 하나였던 아이슬란드는 지금은 너무 추워 사람이 살거나 농사를 짓기에 별로 적합하지 않다. 그러나 이른바 '중세의 온난기'에는

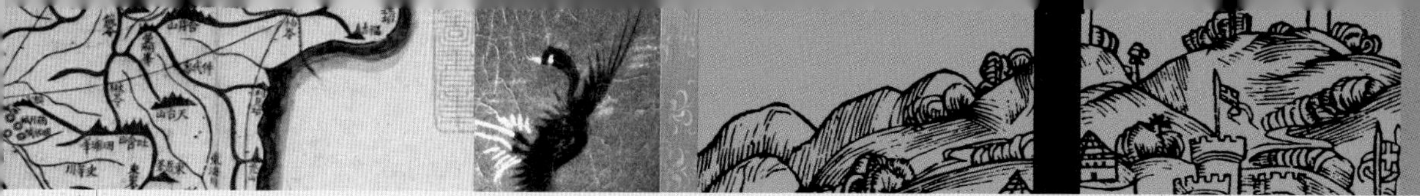

제법 살 만한 곳이었던 듯하다. 노르만족은 아이슬란드를 출발해 그린란드에 가곤 했는데, 9세기 이전과 13세기 이후에는 그린란드로 가는 길이 빙하로 막혀 있었다.

③ 이슬람 세계와 중앙아시아의 기후 변화

'중세의 온난기'가 유럽에만 해당하는 현상이었는지 또는 전지구적 현상이었는지에 대해서는 논란이 계속되고 있다. 그러나 여러 정황으로 미루어 봤을 때 온난기가 적어도 지구의 북반구 지방에는 대부분 적용된다는 주장이 일리가 있어 보인다.

기후 상승은 각 지방에 서로 다른 변화를 몰고 왔다. 유럽에서는 온난기가 농업의 발달을 가져온 데 비해, 이슬람 세계의 문화적·경제적 중심지였던 이라크 지역은 기후 상승으로 많은 땅이 습지로 변하면서 쇠퇴한 것으로 보인다.

어떤 학자들은 13세기 세계를 공포에 떨게 했던 몽골족의 팽창을 기후로 설명하기도 한다. 즉 기후가 따뜻해지면서 몽골족 인구가 크게 늘었다가 13세기 초 갑작스런 한파가 닥치면서 생존을 위협당한 몽골족이 대대적인 정복 활동에 나섰다는 것이다.

한국사에서도 추운 지역에 자리 잡은 발해가 당시의 온난한 기후 덕분에 번영했다는 가설도 있다.

해동성국 발해
발해처럼 북쪽에 있던 나라가 '해동성국'으로 불린 것은 당시 기후가 온난했기 때문이라고 한다.

④ 전근대 사회에서 식량 생산의 중요성

과거의 기후가 어떠했고 기후가 역사에 어떻게 작용했는지에 대한 연구는 아직 한창 진행 중이다. 따라서 현재의 지식으로 섣불리 기후와 역사의 관계에 대해 어떤 결론을 짓는 것은 성급한 일일 것이다. 특히 역사의 흐름을 결정하는 수많은 요인들 중 기후의 영향을 유독 강조하는 것은 역사를 지나치게 단순화하거나 왜곡할 우려가 있다.

그러나 우리가 전근대의 역사를 살필 때 한 가지 염두에 둘 것이 있다. 생산력 수준이 낮았던 전근대에는 식량을 얼마나 생산하고 그것을 어떻게 분배하느냐가 사회의 진로를 좌우했다는 점이다. 오늘날의 선진국에서는 식량 생산이 국민 소득에서 차지하는 비중이 10퍼센트도 채 되지 않는다. 그러나 인류가 식량의 제약으로부터 비교적 자유로워진 것은 산업혁명 이후의 몇 세기에 불과하다. 그 이전에는 식량 생산이 경제의 근본이었고, 기후는 사회 제도, 기술, 지리 등과 더불어 식량 생산을 좌우하는 주요 요인 중 하나였다. 최근 기후를 통한 역사 연구가 활발해지고 있는 것은 기후가 과거의 경제 문제를 이해할 새로운 단서를 제공해 주기 때문이라 하겠다.

식량의 제약
식량 생산 기술의 발전이 더뎠던 과거에는 식량 생산이 늘면 인구도 곧 따라 늘었다. 이 때문에 사람들은 늘 먹을거리가 부족한 상태에 있었다. 이 현상은 이 문제를 집중적으로 거론한 영국 경제학자의 이름을 따 '맬서스의 함정'이라 부르기도 한다.

841년 장보고가 일본에 회역사를 보내다

청해진대사 장보고가 일본과 교역을 하기 위해 보낸 회역사 양원이 일본을 방문했다. 장보고의 사신은 신라의 공식 사절이 아니기 때문에 일본은 처음에는 거부 반응을 보였다. 그러나 회역사를 통해 들어가는 신라와 당나라의 서적, 비단, 도자기 등이 일본 귀족들에게 인기를 끌었기 때문에 일본 정부는 결국 청해진과의 교역을 허용했다. 일본에서는 회역사로부터 귀중품을 사들이다가 패가망신하는 귀족이 잇따랐다고 한다.

적산법화원 엔닌 기념관

당나라로 가는 견당매물사와 일본으로 가는 회역사는 모두 신라의 국가 사절이 아닌 청해진의 민간 교역선이었다. 이는 동아시아에서 해적을 쓸어버리고 바다의 평화를 이룩한 장보고의 권위가 그만큼 높았음을 증명하는 것이다.

845년 '회창의 폐불'로 적산법화원이 부서지다

846년 장보고가 청해진에서 반란을 일으키다

청해진의 장보고 사당

장보고가 반란을 일으켰다. 자신의 딸을 문성왕의 왕비로 들여보내려다 서라벌 귀족들의 반대로 뜻을 이루지 못하자 폭발한 것이다. 그러자 귀족들은 한때 장보고의 부하였던 염장을 보내 장보고를 암살했다. 염장은 장보고가 민애왕을 죽이고 신무왕을 왕위에 올릴 때 공을 세웠던 사람이다.

자신의 곁을 떠났던 염장이 돌아오자 장보고는 크게 기뻐하며 잔치를 베풀었다. 이때 장보고가 술에 취한 틈을 타서 염장이 칼을 휘둘러 '해신(海神)'의 목숨을 빼앗았다.

장보고가 죽은 뒤 신라 조정은 청해진을 폐쇄하려 했으나 장보고의 부장인 이창진이 조정과 맞서 싸우며 청해진을 이끌었다(851년 참조).

847년 '동방대보살' 낭혜대사 무염이 성주산문을 열다

낭혜대사 무염이 당나라에서 돌아와 나말여초[1] 구산선문의 하나인 성주산문을 열었다. 낭혜대사는 태종무열왕의 8대손으로 어려서부터 '해동신동'으로 불리던 사람이었다.

24년간의 당나라 유학을 마치고 845년 귀국한 낭혜대사는 지금의 경상남도 웅천에 있는 오합사(지금의 성주사)에 자리 잡고 선종을 가르쳤다. 그는 높은 덕을 쌓아 '동방대보살'로 불릴 만큼 존경을 받았다.

1 나말여초 | 통일신라 말기부터 고려 초기

유럽

843년 베르됭조약으로 프랑크왕국이 분열되다

경건왕 루트비히 1세의 세 아들이 베르됭에서 조약을 맺고 왕국을 셋으로 나눴다(817년 참조). 이탈리아 북부를 포함한 중부 지방은 로타르 1세 차지가 됐다. 지금의 프랑스에 해당하는 서부 지방은 샤를 2세, 지금의 독일인 동부 지방은 루트비히 2세가 각각 차지했다.

베르됭조약으로 분열된 프랑크왕국

아시아

845년 당나라가 불교 탄압 사건인 회창의 폐불을 단행하다

당 무종이 당나라 사찰의 거의 전부인 4600여 사찰을 폐쇄했다. 불교는 농민들로부터 수탈한 수많은 땅과 막대한 재산을 지녔으면서도 세금을 면제받는 등 특권을 누리고 있었다. 이 무렵 새로 떠오른 신흥 유교 세력이 이를 집중적으로 비판했는데, 무종은 이를 틈타 불교 탄압을 단행한 것이다. 이 사건으로 전국의 불교 종파는 커다란 타격을 입었다.

당나라의 드넓은 불교 사원
지금의 산시성 일대에 있던 당나라 때의 불교 사원을 묘사한 그림. 당시 불교가 얼마나 드넓은 토지를 갖고 있었는지를 짐작할 수 있다.

유럽

850년경 장원제가 시작되다

프랑크왕국이 분열하고 왕권이 약해지면서 유럽에 장원제가 싹텄다. 봉건 제후가 왕의 눈치를 보지 않고 자신의 영지를 마음대로 다스릴 수 있게 되면서 제후들의 영지가 장원으로 탈바꿈한 것이다.

장원이란 봉건 영주가 소유한 넓은 토지를 가리킨다. 영주는 단지 땅만 가진 게 아니라 장원에 속한 농노들을 지배했다. 농노란 농민과 노예의 중간쯤 되는 개념인데, 이들은 노예처럼 주인의 부림을 받지는 않지만 영주에게 예속되어 세금과 노동력을 바쳐야 했다. 영주의 장원은 영주가 다스리는 일종의 작은 왕국과도 같았다. 농노들은 장원 밖으로 나가는 것이 허용되지 않았기 때문에 필요한 것을 거의 장원 안에서 해결했다. 이처럼 장원을 단위로 한 자급자족 경제가 중세 경제 체제의 핵심이었다.

14세기경의 장원 풍경
장원에는 춘경지(봄에 가는 밭)·추경지(가을에 가는 밭)·휴경지(한 번 간 땅이 양분을 회복할 수 있도록 돌아가면서 놀리는 밭)의 세 구역으로 나누어진 농지, 공동 방목지, 교회, 대장간, 제빵소, 방앗간 등이 모두 갖춰져 농노들이 자급자족할 수 있었다.

이러한 장원은 군주가 제후에게 하사하던 땅이 세습되기 시작하면서 형성됐다. 9세기 전반까지 영주는 하사받은 토지를 죽은 뒤 왕에게 돌려줘야 했다. 그러나 프랑크왕국이 분열하고 왕권이 약해지자 영주들이 땅을 대물림하기 시작했다. 그러면서 하사받은 땅에 대한 영주의 지배권도 덩달아 높아졌다. 때마침 노르만족이 자주 쳐들어온 것도 영주에게 유리한 일이었다. 수많은 농민들이 안전을 위해 영주의 농노가 되기를 자청했기 때문이다. 이렇게 영주들의 힘이 커지자 왕은 영주와 별로 다를 바 없는 존재로 굴러떨어졌다. 장원제와 함께 중세 유럽의 정치 권력이 지방으로 분산된 것이다.

851년 신라가 청해진을 없애다

장보고를 암살했던 염장이 청해진을 공격해 그동안 청해진을 이끌던 이창진을 죽이고 청해진 세력을 무너뜨렸다. 청해진 주민은 벽골군(지금의 전라북도 김제)으로 옮겨지고 청해진은 폐쇄됐다. 이로써 24년간 동아시아의 무역 기지로 번창하던 청해진은 사라지고, 해상 활동의 중심지는 예성강[1] 일대로 넘어갔다.

장보고의 부장이던 이창진은 장보고가 죽은 뒤에도 신라 정부에 저항하며 청해진을 이끌었으며, 그의 휘하에 있던 회역사 이충, 양원 등을 시켜 일본과 무역 거래를 계속했다.

1 **예성강의 해상 세력** | 통일 신라 후기에 예성강 지역에서 성장한 호족이 고려 태조 왕건의 조상이었다. 그리하여 예성강 일대는 고려 왕조의 요람을 이루게 된다.

857년 신라 47대 헌안왕이 즉위하다

신라 46대 문성왕이 숙부인 김의정을 후계자로 삼고 죽자, 김의정이 헌안왕(재위 857~860)으로 왕위에 올랐다.

858년 발해 12대 대건황이 즉위하다

발해 11대 대이진이 죽고 그의 동생 대건황(재위 858~870)이 왕위[2]에 올랐다.

2 **발해의 왕위 계승** | 왕이 죽으면 왕의 장남이 계승하고, 장남이 없으면 장손이 계승하는 것이 원칙이었다. 그러나 장남이 없을 때 장남의 동생이 계승하기도 하고, 아들이 없을 때는 왕의 동생이 계승하기도 했다.

860년경 체징이 보림사를 세우고 가지산문을 열다

체징이 가지산(지금의 전라남도 장흥군에 있는 산)에 보림사를 세우고 구산선문 가운데 하나인 가지산문을 열었다. 체징의 스승은 염거이고, 염거의 스승은 승려 도의다. 따라서 가지산문은 도의를 가지산문의 창시자로 받들었다(821년 참조).

보림사 보조선사 창성탑
전라남도 장흥군 유치면 가지산에 있는 절. 가지산문의 3대조인 체징이 지었다. 인도 가지산의 보림사, 중국 가지산의 보림사와 함께 3보림이라 일컬어졌다. 3층석탑 및 석등(국보 제44호), 철조비로자나불좌상(국보 제117호), 동부도(보물 제155호), 서부도(보물 제156호), 보조선사 창성탑(보물 제157·158호) 등이 있다.

아시아

855년 이슬람 전통주의의 대표자 한발이 사망하다

이슬람의 수니파 율법학자 아흐마드 이븐 한발이 사망했다. 대중의 존경을 받던 한발의 장례식에는 100만 명에 가까운 조문객이 찾아왔다.

한발은 철저하게 『쿠란』과 하디스[1]만을 기준으로 율법을 세워야 한다고 주장했다. 이 때문에 『쿠란』을 합리적으로 재해석하려 했던 무타질라 학파와 대립했다. 또한 무타질라 학파를 후원한 칼리파 알 마문과도 대립할 수밖에 없었다.

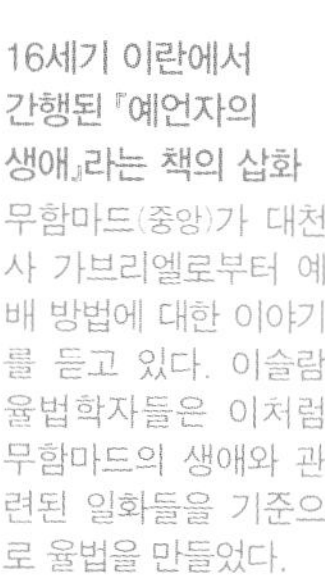

16세기 이란에서 간행된 『예언자의 생애』라는 책의 삽화
무함마드(중앙)가 대천사 가브리엘로부터 예배 방법에 대한 이야기를 듣고 있다. 이슬람 율법학자들은 이처럼 무함마드의 생애와 관련된 일화들을 기준으로 율법을 만들었다.

한발의 사상에는 아바스왕조 출현 뒤 정치적 기득권을 빼앗긴 아랍 전통주의자들의 불만이 깃들어 있었다. 『쿠란』과 하디스로 돌아가자는 주장은 곧 아랍의 전통으로 돌아가자는 것이었다. 한발은 율법의 기준을 명확하게 밝혀 아바스왕조의 권력자들이 마음대로 율법을 만들어 권력을 남용할 소지를 없애려 했다.

1 하디스 | 예언자 무함마드의 언행에 관한 전승들. 『쿠란』을 보충하는 역할을 수행해 『쿠란』과 함께 이슬람 율법의 기준이 되었다.

한발의 율법 사상은 종교 면에서 칼리파를 능가하는 영향력을 행사했다. 이에 따라 칼리파의 권위는 점차 떨어졌다. 한발의 제자들은 한발리 학파를 만들었는데, 이로서 수니파의 4대 법학파가 모두 완성됐다(813년 참조).

한발리 학파

한발의 추종자들로 이루어진 이슬람 수니파의 법학파. 수니파 법학파 중 가장 보수적이며 오늘날 사우디아라비아의 공인 법학파다.

수니파의 4대 법학파

이슬람 율법의 형성 과정에서 율법의 해석을 둘러싸고 4개의 주요 법학파가 생겨났다. 하나피 학파, 말리키 학파, 샤피 학파, 한발리 학파가 그들인데, 이들은 오늘날까지도 이슬람 세계에서 상당한 영향력을 행사한다.

아시아

858년 일본에서 후지와라 씨가 정권을 장악하다

헤이안 시대의 대표적인 명문인 후지와라 가문의 요시후사가 9세 된 천황의 섭정[2]이 됐다. 후지와라 가문은 이후 천황이 성인이 되기 전에 퇴위시키고 새로운 어린 천황을 세우는 방식으로 섭정 자리를 유지하며 사실상 일본을 통치한다.

887년에는 천황이 성인이 된 뒤에도 후지와라 가문이 권력을 유지하기 위해 간파쿠[關白]란 자리도 만들어진다. 간파쿠는 천황을 대신해 일본의 정치를 총괄하는 관직이었다.

섭정과 간파쿠를 통한 후지와라 가문의 일본 지배는 11세기 후반까지 계속된다.

2 섭정 | 군주의 나이가 어릴 경우 그가 성인이 될 때까지 대신 나라를 다스리는 자리

후지와라 씨의 문장
번식력이 강하고 수명이 긴 것으로 알려진 등나무 줄기를 형상화했다. 후지와라 씨는 오늘날까지도 일본에서 가장 유서 깊은 명문가로 꼽힌다.

861년 신라 48대 경문왕이 즉위하다

신라 47대 헌안왕이 죽고 그의 맏사위인 김응렴이 경문왕(재위 861~875)으로 즉위했다. 헌안왕에게는 아들이 없고 딸만 둘 있었는데, 선덕여왕과 진덕여왕의 예를 따르지 않고 사위에게 왕위를 물려주었다.

경문왕은 즉위한 뒤 귀가 길어져 당나귀 귀처럼 됐다고 한다. 다른 사람은 이 사실을 몰랐지만 왕의 모자(복두)를 만드는 복두장은 이 사실을 알게 됐다. 평생 이 사실을 말하지 못하고 살아가던 복두장은 죽기 전에 도림사 초입의 대밭으로 가서 "임금님 귀는 당나귀 귀!" 하고 한껏 외쳤다. 그 후 바람만 불면 대밭에서 "임금님 귀는 당나귀 귀!"라는 소리가 났다. 이 소리가 듣기 싫었던 경문왕은 대나무를 베어 버리고 그 자리에 산수유를 심었다고 한다. 이 이야기는 『삼국유사』에 전하는데, 비슷한 이야기가 그리스 신화에 나오는 미다스 왕 설화[1]에도 있어 동서 문화 교류의 한 예로 일컬어진다.

1 **미다스 왕 설화** | 아폴론이 판과 음악 솜씨를 겨룰 때 심판을 보던 미다스는 판이 이겼다고 선언했다. 화가 난 아폴론은 미다스의 귀를 당나귀 귀로 변하게 했다. 미다스는 두건으로 귀를 싸매고 다니면서 이발사에게만 귀를 보여 주었다. 이발사는 땅에 구멍을 파고 비밀을 말한 다음 흙으로 구멍을 메웠다. 그 구멍에서 갈대가 자라났는데, 바람이 불 때마다 갈대가 흔들리며 "임금님 귀는 당나귀 귀"라는 소리를 냈다.

865년 도선이 도피안사를 세우다

풍수지리 사상의 대가 도선이 신도 1000여 명을 동원해 도피안사라는 절을 세웠다.

도피안사 철조비로자나불 좌상
국보 제63호. 865년에 만들어진 통일 신라 때의 불상이다.

870년 김인이 마지막 숙위학생으로 당나라에 가다

신라의 마지막 숙위학생(640년 이래 당나라 국자감에 파견되던 신라의 국비 유학생) 김인이 당나라 국자감에 입학했다. 숙위학생은 황제 곁에서 일종의 인질 노릇도 했지만, 신라와 당나라 관계가 안정된 뒤 외교 문화 사절 노릇을 더 많이 했다. 삼국 통일 직후에는 진골 출신이 대부분이었지만 하대에는 육두품 이하가 주를 이루었다. 육두품 출신에게는 숙위학생으로 가는 것이 골품 제도의 족쇄를 벗어나 출세할 수 있는 기회였다. 당나라에서 유학생을 대상으로 치르는 과거 시험인 빈공과(賓貢科)에 합격한 숙위학생은 최초 합격자 김운경을 비롯해 58명에 이르렀다. 이들 가운데 대다수는 바로 육두품 출신이었다.

육두품 출신 숙위학생은 본국에 돌아가도 낮은 대접을 받을까 봐 귀국을 거부하기도 했다. 귀국한 숙위학생은 국왕 곁에서 유교 정치 이념을 제시하며 자문 역할을 하기도 했고, 지방으로 파견돼 유학을 보급하는 역할을 하기도 했다. 신라 후기에 유학이 발달하게 된 데는 이처럼 숙위학생의 역할이 컸다.

당나라 국자감에 있던 비석들
당나라는 각종 문헌을 비석에 새겨 국자감에 보관했다. 이러한 비석들이 지금은 서안(옛 장안) 비림 박물관에 전시돼 있다.

870년 발해 13대 경왕(재위 870~894)이 즉위하다

유럽

862년 노르만족 일파인 루시인이 러시아 북부 노브고로드에 정착하다

루시인[1]의 지도자 류리크가 추종자들을 이끌고 스칸디나비아반도에서 남쪽으로 내려가 러시아 북부의 노브고로드에 정착했다. 류리크가 노브고로드에 진출한 것은 흑해 교역로를 개척하기 위해서였다.

스칸디나비아반도의 노르만족은 배를 타고 볼가강과 드네프르강을 따라 흑해까지 바로 갈 수 있었다. 흑해에는 부유한 동로마제국이 있었으므로 이 통로는 상당한 이익을 안겨 주었다. 따라서 이 두 강을 따라 곳곳에 노르만족의 기지가 세워졌다. 이 기지들은 주변의 슬라브족[2]을 통합해 러시아의 초기 국가들로 발전해 나가게 된다.

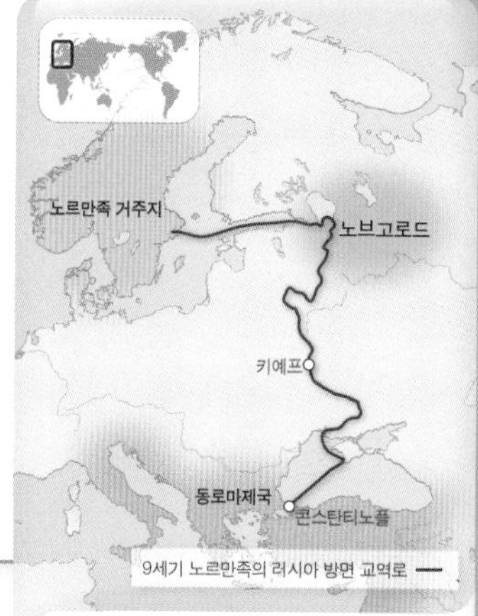

노브고로드, 키예프, 노르만족 교역로

유럽

863년 키릴 문자를 만들다

동로마제국의 선교사인 키릴루스 형제가 슬라브족 국가인 대모라비아왕국(지금의 체코)의 요청으로 슬라브족에 대한 포교 활동에 나섰다. 이들은 슬라브어로 예배를 올리고, 성서를 슬라브어로 번역하기 위해 그리스 문자를 바탕으로 새로운 문자도 만들었다. 이 문자는 이후 형제의 이름을 딴 키릴 문자로 발전했는데, 오늘날까지도 러시아와 발칸반도 일대에서 슬라브족의 표준 문자로 쓰인다.

키릴 문자를 들고 있는 키릴루스 형제

아시아

869년 아바스왕조에서 흑인 노예(잔지)가 대규모 반란을 일으키다

이라크 남부의 개간 작업에 동원된 수천 명의 흑인 노예가 가혹한 대우에 반기를 들고 봉기했다. 당시 티그리스강과 유프라테스강 유역의 비옥한 토지는 농민의 도시 이주와 반복된 홍수 때문에 습지로 변해 가고 있었다. 이 때문에 이 지역 개간을 위해 수많은 노예[3]가 동원됐는데, 이들은 대부분 아랍어를 모르는 흑인으로 형편없는 대우를 받고 일했다.

반란은 아바스왕조를 뒤흔들며 무려 15년이나 계속됐는데, 가담한 노예의 수는 총 50만 명으로 추산된다. 아바스왕조가 반란을 진압하는 데 힘을 쏟는 사이 이집트, 이란 등지에서 칼리파에게 반기를 드는 세력이 일어나고, 아바스왕조는 몰락의 길로 접어든다.

유럽

870년 메르센조약이 맺어지다

로타링기아(오늘날 프랑스의 로렌 지방)의 왕 로타르 2세가 후사 없이 죽자 동프랑크와 서프랑크가 메르센에서 조약을 맺고 이 지방을 나눠 가졌다. 이 조약으로 지금의 독일과 프랑스의 기본적인 영역이 확정됐다.

1 루시인 | 러시아 방면으로 진출한 노르만족을 가리킨다. '러시아(Russia)'라는 명칭은 '루시(Rus)인의 땅'이란 뜻이다.

2 슬라브족 | 지금의 러시아와 동유럽에 거주하고 있는 민족. 본래 아시아에 뿌리를 두고 있지만 5~6세기 게르만족의 대이동과 보조를 맞춰 중부 유럽으로까지 진출했다.

3 이슬람 사회의 노예 | 이슬람 사회에서의 노예는 반드시 비천한 존재는 아니었다. 군사나 행정 업무에 종사하며 부와 권력을 누린 이도 있었다. 특히 칼리파 직속 노예 병사는 실권을 쥐고 칼리파마저 마음대로 조종하기도 했다.

서라벌 전경

875년 **신라 49대 헌강왕(재위 875~886)이 즉위하다**

헌강왕 재임 중 서라벌의 민가는 모두 기와로 지붕을 이고 숯으로 밥을 지을 만큼 사치와 호화 생활이 극에 이르렀다.

875년 **발해 오소도가 신라 이동보다 앞선 성적으로 빈공과에 합격하다**

발해인 유학생 오소도가 당나라에서 유학생을 상대로 치르는 빈공과에서 진사로 합격했다. 이때 신라인 유학생 이동도 같은 시험에 합격했으나 등수는 오소도보다 아래였다(906년 참조).

879년 **최치원이 「토황소격문」을 짓다**

당나라의 신라 유학생 최치원이 반란군 대장 황소를 꾸짖는 서릿발 같은 격문[1]을 써서 이름을 날렸다. 최치원이 '황소를 토벌하는 격문'이라는 뜻의 「토황소격문」[2]을 쓴 것은 황소의 난 토벌대장인 고변의 종사관으로 채용됐기 때문이다. 「토황소격문」에는 "천하 모든 사람이 다 너를 죽이려 할 뿐 아니라 땅속의 귀신도 벌써 남몰래 너를 베기로 의논했느니라"라는 유명한 구절이 담겨 있으며, 이를 읽은 황소는 자신도 모르게 침상에서 내려앉았다고 한다.

1 격문 | 군사를 모집하거나, 적군을 달래거나 꾸짖기 위한 글

2 「토황소격문」 | 최치원의 시문집인 『계원필경(桂苑筆耕)』에 실려 전한다.

879년 **신라에 처용가, 처용무가 유행하다**

신라에 처용이라는 사람이 부른 노래와 춤이 유행했다. 『삼국유사』에 따르면 처용은 동해 용왕의 아들로 헌강왕이 개운포(지금의 울산)에 놀러갔을 때 왕을 따라왔다고 한다.

당시 왕이 돌아가는 길에 구름과 안개가 자욱하게 덮이고 천지가 어두워지자 일관[3]이 말했다. "동해 용의 짓이므로 좋은 일을 행해 풀어야 합니다." 그래서 왕이 용을 위해 절을 짓도록 명령하자 구름이 걷히고 동해 용이 일곱 아들과 함께 나와 춤을 추었는데, 그중 하나가 처용이었다.

처용은 달밤이면 거리에 나와 노래를 부르고 춤을 추었다. 왕이 그런 처용을 미녀와 짝지어 주었는데, 어느 날 역신[4]이 처용의 아내를 사랑해서 범하려 했다. 그때 처용이 노래를 지어 부르며 춤을 추자 역신이 모습을 나타내고는 무릎 꿇고 빌었다. 사람들은 그때부터 처용의 모습을 그려 문간에 붙이고 나쁜 일이 없기를 빌었다고 한다.

3 일관(日官) | 옛날 왕 곁에서 천체의 변화를 살피던 벼슬

4 역신(疫神) | 민간 풍속에서 전염병을 퍼뜨린다고 믿는 신. 보통 천연두를 퍼뜨리는 두신(痘神)을 뜻한다.

처용무
처용이 춘 춤은 조선 시대까지 널리 유행했다.

유럽

874년 노르만족이 아이슬란드에 정착하다

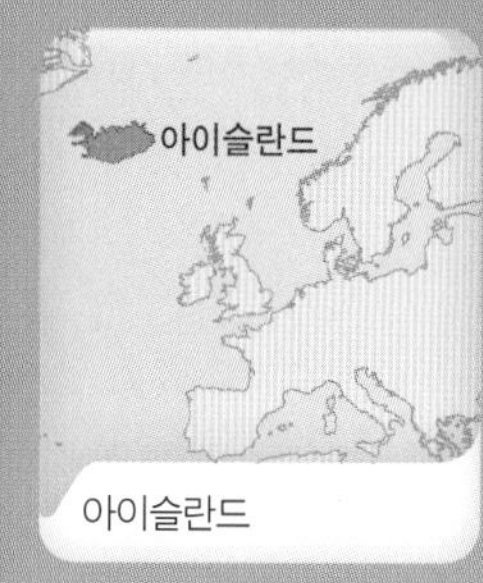

아이슬란드

아시아

875년 당나라에서 황소의 난이 일어나다

지금의 산둥성 일대에서 대규모 농민 반란이 일어나자 소금 밀매업자였던 황소가 이에 가담했다. 농민들이 봉기한 것은 심각한 기근이 들었음에도 정부와 관리들이 변함없이 수탈을 계속한 탓이었다. 반란의 초기 지도자 왕선지가 관군에게 죽자 황소가 우두머리를 맡았다. 이것이 당나라 멸망의 계기가 된 황소의 난이다.

장안을 점령한 황소

당시 당나라는 격렬한 당쟁과 절도사끼리의 세력 경쟁으로 정부가 거의 마비된 상태였다. 조정 대신들은 당쟁에서 이겨 좀 더 높은 지위를 얻으려고만 했고, 절도사들은 자기 세력을 키우는 데에만 관심이 있었다. 정세가 불안정하고 권력 남용에 대한 감독이 약해지자 지배층은 농민을 마구 괴롭혔다. 세금이 제대로 안 걷혀 심각한 재정난에 시달리던 정부는 소금, 술, 차 등을 독점해 터무니없는 값으로 백성에게 팔았다. 황소가 소금 밀매업자가 된 것도 정부가 한 말에 10전 하던 소금 가격을 300전으로 높여 놓았기 때문이다.

황소의 난은 착취에 시달리던 농민들로부터 큰 호응을 얻어 무리가 60만 명까지 불어났다. 반란군은 당나라의 최대 무역항이던 광주(광저우)를 쑥대밭으로 만든 후 북쪽으로 방향을 틀어 880년에는 수도 장안마저 점령했다. 조정은 이민족과 도적, 군벌 등을 닥치는 대로 끌어들여 10년 만에 간신히 이들을 진압한다. 하지만 이때 끌어들인 무리들이 당나라 곳곳에서 독자적인 세력을 이루면서 당나라는 무정부 상태에 빠진다.

1 데인인 | 덴마크를 본거지로 한 노르만족. 스칸디나비아반도의 노르만족과 함께 바이킹의 대부분을 이루었다.

2 관습법 | 사회적인 관습이 굳어져서 법의 효력을 갖게 된 것

유럽

878년 잉글랜드의 알프레드 왕이 에딩턴에서 데인인에게 승리하다

잉글랜드 남부 웨식스의 왕 알프레드가 당시 브리튼섬을 무서운 기세로 집어삼키던 데인인[1]의 군대를 에딩턴에서 맞아 승리했다. 이는 잉글랜드 전체가 데인인의 차지가 되는 것을 막은 중요한 승리였다.

이 싸움 이후 데인인과 알프레드 왕은 화친을 맺고 약 1세기 동안 공존했다. 데인인은 영국 중동부를 지배하며 자신들의 관습을 잉글랜드에 많이 전했다. 특히 데인인의 법률 제도는 잉글랜드의 관습법[2]에 많은 영향을 끼쳤다. 일반 주민을 귀족과 법적으로 동등하게 취급하거나 재판에서 배심원을 두는 제도가 이때 데인인을 통해 잉글랜드에 전해진 것으로 추측된다.

데인인을 피해 도피 중인 알프레드왕
초라한 모습으로 도망다니던 알프레드 왕은 어느 농부의 아내로부터 데인인을 물리칠 계책을 얻었다고 한다.

헌강왕릉
경상북도 경주시 남산동 산55. 사적 제187호

정강왕릉
경상북도 경주시 남산동 산53. 사적 제186호. 능의 형식이 선왕인 헌강왕의 능과 매우 비슷하다.

886년 신라 50대 정강왕이 즉위하다

신라 49대 헌강왕이 자식 없이 죽자 그의 동생 김황이 왕위에 오르니, 정강왕(재위 886~887)이다. 정강왕은 2년 만에 죽으면서 누이동생에게 왕위를 물려주었다.

887년 신라 51대 진성여왕이 즉위하다

신라 50대 정강왕이 자식 없이 죽자 그의 누이동생 김만이 왕위에 오르니, 신라의 마지막 여왕인 진성여왕(재위 887~897)이다. 왕위에 있는 동안 국정이 어지러워 농민 반란과 호족의 봉기가 끊이지 않았다.

888년 위홍과 대구화상이 향가집 『삼대목』을 펴내다

신라의 각간(신라의 최고 벼슬) 위홍과 승려 대구화상이 진성여왕의 명에 따라 향가[1]를 수집해 『삼대목』이라는 책으로 펴냈다. 이 책은 한국 최초의 가요 모음이다. 유감스럽게도 『삼국사기』에 책 이름만 전하고 그 안에 실린 향가는 전하지 않는다.

1 향가 | 삼국 시대 말에 나타나 통일신라에서 활짝 꽃핀 한국 고유의 시가(詩歌)이다. 순수한 우리글이 없었기 때문에 한자의 음과 뜻을 빌어 표기하는 향찰이나 이두로 쓰였다.

889년 원종·애노의 난이 일어나다

신라의 사벌주(지금의 경상북도 상주)에서 원종과 애노가 이끄는 반란이 일어났다. 신라 하대 들어 중앙 정부가 귀족들의 왕권 다툼과 사치스러운 생활로 흔들리자, 지방에서도 토착 세력이 일어나 중앙 정부의 통제를 받지 않으려 했다. 세금이 걷히지 않아 나라의 창고가 텅 비자 중앙 정부는 지방에 관리를 파견해 세금을 내라고 독촉했다. 그러자 수많은 사람들이 세금 내기를 거부했으며, 사방에서 도적이 벌떼처럼 일어났다. 바로 이때 원종과 애노가 반란을 일으킨 것이다.

중앙 정부는 나마 벼슬을 하던 영기를 보내 진압하려 했지만, 영기는 반란군의 망루를 바라보고 겁에 질려 도망가 버렸다. 진성여왕은 화를 내며 영기의 목을 베도록 했다. 원종·애노의 난을 계기로 전국 곳곳에서 반란이 일어났으며, 중앙 정부는 점점 더 지방에 대한 통제력을 잃어 갔다.

유럽

882년 노르만족 출신 올레크가 동슬라브족 최초의 국가 키예프공국을 세우다

노브고로드의 통치자 류리크의 친척인 올레크가 노르만족 전사들을 이끌고 남쪽으로 내려가 키예프를 정복했다. 키예프는 노브고로드보다 흑해에 훨씬 더 가까운 도시였다. 따라서 흑해를 통해 동로마제국과 교역하고자 하는 노르만족 지배자들에게 더 매력적이었다.

올레크는 여기서 그치지 않고 동로마제국의 수도 콘스탄티노플을 공격하는 등 무력을 과시하며 주변 지역을 복속시켰다. 그는 스스로 대공을 칭하며 자신이 지역의 다른 우두머리들보다 한 단계 위에 있음을 강조했다.

올레크가 세운 키예프공국은 이처럼 노르만족의 군사력을 바탕으로 세워졌지만, 주민의 대다수는 동(東)슬라브족[1]이었다. 초기의 노르만족 지배자들도 몇 세대 뒤 슬라브족에게 완전히 동화됐다. 키예프는 이후 동로마제국으로부터 동방정교와 문자를 받아들이면서 유럽 중심부와 구별되는 독특한 슬라브 문화를 발전시켜 나간다.

1 동슬라브족 | 러시아 일대의 슬라브족. 유럽 내부로 진출한 다른 슬라브족과 달리 이들은 슬라브족 고유의 문화를 상당 부분 간직했다.

키예프공국의 역사를 담은 『원초 연대기』
15세기에 만들어졌으며 러시아의 국보로 지정돼 있다.

유럽

885년 바이킹이 파리를 7개월간 포위하다

바이킹의 대함대가 센강을 거슬러 가 서프랑크왕국의 도시 파리를 포위했다. 여기에 동원된 바이킹의 병력은 4만 명, 배는 700척에 달했다. 바이킹들은 7개월간이나 공격을 퍼부었지만 외드 백작[2]의 분전으로 격퇴됐다.

이 사건은 유럽의 강대국 서프랑크왕국의 내륙마저도 바이킹의 공격으로부터 안전하지 않다는 사실을 보여 주었다. 9세기 후반 바이킹의 공격은 이전보다 훨씬 규모가 커지고 대담해졌다. 이것은 바이킹이 무역에 맛을 들이면서 생긴 현상이었다. 단순한 약탈에 만족할 수 없었던 바이킹은 곳곳에 무역 기지를 건설하려고 정복 활동에 나섰다. 그러나 프랑크왕국이 분열한 후 유럽 봉건 영주들은 자신들의 영지를 지키는 데에만 관심이 있었다. 따라서 바이킹은 시간이 갈수록 대담해졌다. 서유럽은 911년 노르망디공국이 성립할 때까지 바이킹의 지속적인 침략에 시달리게 된다.

2 외드 백작 | 파리를 지켜낸 공로로 888년 서프랑크왕국의 왕이 되었다. 카롤링거나 메로빙거 가문 이외의 인물이 서프랑크의 왕이 된 것은 처음이었다. 그의 후손은 987년 프랑스 최초의 왕조인 카페왕조를 세우게 된다.

최치원 영정
경상북도 청도군 각남면 일곡동 학남서원 내 계동사 소장. 경상북도 유형문화재 제166호

894년 **최치원이 정치 개혁을 위한 '시무 10여 조'를 올리다**

당나라 유학에서 돌아온 최치원이 정치 개혁안인 '시무 10여 조'를 올렸다. 진성여왕은 이 개혁안을 높이 평가하고 최치원에게 아찬이라는 벼슬을 내렸다.
시무 10여 조는 전해지지 않지만, 육두품 출신인 최치원의 사상을 고려하면 진골 중심의 골품제를 타파하고 전제 왕권을 강화하며 호족 세력을 억누르자는 내용을 담고 있었을 것으로 보인다. 그 밖에 인사 행정과 조세 제도를 개혁하는 방안도 포함됐을 것으로 짐작되고 있다.

894년 **발해 14대 대위해**(재위 894~906)**가 즉위하다**

897년 **신라 52대 효공왕**(재위 897~912)**이 즉위하다**

898년 **궁예가 송악**(지금의 개성)**을 근거로 독립하다**

북원(지금의 강원도 원주)의 세력가인 양길 밑에 있던 궁예가 양길을 타도하고 송악(지금의 개성)을 근거로 독자적인 세력을 이루었다. 이 무렵 송악의 호족인 왕건 일가가 궁예의 밑으로 들어왔다. 궁예는 이들과 더불어 옛 고구려[1]를 부흥시키겠다는 야심 아래 새 나라를 세우는 준비에 들어갔다(901년 참조).

900년 **견훤이 후백제를 세우다**

신라의 비장 벼슬을 하던 견훤이 완산주(지금의 전라북도 전주)에 진출해 백제의 맥을 잇는다는 명분으로 후백제[2]를 건국했다. 진성여왕 때 신라의 국정이 문란해지고 지방에서 농민 반란이 일어나는 혼란이 계속되자, 사방에서 호족이 조정에 대항해 자기 세력을 세웠다. 그중 하나인 견훤은 가은현(지금의 경상북도 문경시 가은읍) 출신으로 서남해 지역의 방어에 공을 세워 비장이 된 인물이다. 그는 892년에는 서남부 여러 성을 공격하고 무진주(지금의 광주)를 점령했다.
견훤은 이후 중국의 오월에 사신을 보내 국교를 맺고 영토를 넓히면서 나라의 꼴을 갖추어 나가게 된다.

1 후고구려와 후백제 | 신라가 삼국을 통일하긴 했으나 옛 고구려, 백제 지역의 백성들은 계속되는 차별 때문에 여전히 신라왕조에 반감을 갖고 있었다. 신라 말기에 궁예와 견훤이 고구려, 백제의 부활을 내건 데는 이러한 백성들의 반감을 이용하려는 의도도 있었다.

2 후백제 | 『삼국사기』 신라본기에는 견훤이 892년에 완산주(지금의 전라북도 전주)를 근거지로 후백제를 건국했다고 기록돼 있다. 반면 『삼국사기』 열전 견훤전은 892년 무진주를 점령해 왕이 되고 900년에 완산주에서 후백제를 건국했다고 달리 기록하고 있다.

유럽

893년 불가리아왕국의 전성기를 연 시메온 1세가 즉위하다

아시아

894년 일본이 견당사를 폐지하고 국풍(國風) 문화의 막을 올리다

황소의 난 이후 당나라가 몰락해 가자 일본은 견당사를 폐지했다. 이때부터 일본은 중국의 문화적 영향권에서 벗어나 자신들의 고유한 문화를 발전시키기 시작했다. 이 시기의 문화를 일본의 고유 문화가 확립됐다는 뜻에서 '국풍 문화'라 일컫는다.

국풍 문화는 이전에 수입한 당나라 문화와 일본 토착 문화를 아우른 것으로, 대표적인 예는 신불습합(神佛習合) 풍조다. 신불습합이란 불교와 일본의 신토[神道, 일본의 고유 신앙]가 결합해 신토의 신이 곧 부처로 여겨지는 현상을 말한다. 미술에서는 일본 풍물을 그리는 야마토에[大和繪]가 발달했고, 건축에서도 침전 양식[1]이라 불리는 일본 고유의 양식이 등장했다.

일본의 문자인 가나가 완성된 것도 이 무렵이었다. 가나가 보급되면서 뛰어난 일본어 문학 작품이 많이 나왔다.

하치만 신상
하치만은 일본 고유의 신이면서 동시에 큰 보살이라고도 불린다. 이 신상에서도 그는 마치 부처와 같은 모습으로 묘사됐다. 신불습합의 전형적인 예다.

1 침전 양식 | 헤이안 시대 귀족 저택들의 대표적인 건축 양식. 주인의 거처인 침전을 중심으로 부속 건물들을 'ㄷ'자 모양으로 배치한 것이다.

유럽

896년 중앙아시아의 유목민 마자르족이 헝가리로 이주하다

중앙아시아 계통의 유목민인 마자르족이 지금의 헝가리 지역으로 이주했다. 당시 전성기를 구가하던 불가리아왕국이 페체네그족[2]과 연합해 공격해 왔기 때문이다. 그 무렵 헝가리 일대에는 아바르족[3]의 몰락 이후 눈에 띄는 강자가 없었다. 따라서 마자르족은 별다른 저항 없이 새로운 근거지를 마련할 수 있었다. 이들은 10세기 중반까지 동로마제국부터 에스파냐에 이르기까지 유럽 전역을 약탈하며 공포의 대상이 된다.

마자르족은 4세기 말 로마제국을 두려움에 떨게 했던 훈족과 여러모로 비슷했다. 훈족처럼 이들도 활쏘기와 말타기에 능한 아시아계 기마 민족이었다. 뛰어난 기동성을 앞세워 드넓은 지역을 공격하며 유럽인을 혼란에 빠뜨린 점도 닮았다. 공포에 빠진 유럽인은 이들을 야수처럼 묘사하기도 했는데, 헝가리는 영어에서 귀신이나 괴물을 뜻하는 '오우거(ogre)'의 어원이 되기도 한다.

마자르족의 등장으로 유럽에서 안전한 곳은 사실상 사라졌다. 해안 지방이 바이킹의 습격으로 골치를 앓고 있었다면 내륙 지방은 마자르족이라는 새로운 강적에 대해 근심해야 했다. 이러한 유럽의 위기 상황은 기사와 봉건 영주의 권력을 더욱 강화시켜 나갔다.

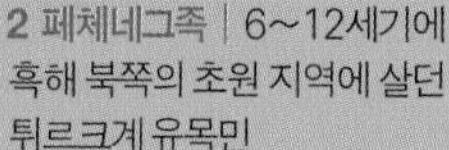

2 페체네그족 | 6~12세기에 흑해 북쪽의 초원 지역에 살던 튀르크계 유목민

3 아바르족 | 6세기부터 9세기까지 동유럽에서 세력을 떨쳤던 아시아계 유목민족. 9세기 초 카롤루스 대제의 토벌로 몰락했다.

헝가리에 도착한 마자르족의 왕 아르파드

장보고 대사는 해양상업제국의
무역왕(Trade prince of the maritime commercial empire)이었다.[1]

곡물을 날릴 때 쭉정이가
앞선다지만, 가라앉은 술 찌꺼기가
어찌 마시기 좋을까? 신라는
사방의 조롱거리가 되고 길이
수치로 남을 것이다.[2]

1 하버드 대학교의 에드윈 라이샤워 교수, 『엔닌의 당나라 여행기』(1955) 중에서

2 최치원, 『동문선』 중에서
875년 당나라 빈공과에서 발해인 오소도가 신라인 이동보다 앞선 성적으로 합격했다. 그러자 먼저 유학 와서 빈공과에 합격했던 신라인 최치원이 충격을 받고 한 말이다. 그때까지 신라인은 자신들이 발해에 대해 문화적으로 우월하다는 의식을 가지고 있었기 때문이다. 곡물을 날릴 때 쭉정이가 앞선다는 것은 발해를 비유해 오소도의 성취를 폄하한 것이고, 가라앉은 술 찌꺼기는 어쨌든 발해에 뒤진 신라의 처지를 비유한 것이다. 이처럼 발해와 신라는 문화적 우월성을 놓고 체제 경쟁을 벌이며 중세 동아시아 문화권의 일익을 담당했다.

칼리파 알 마문이 꿈속에서
아리스토텔레스를 만나 질문했다

"선(善)이란 무엇입니까?"
"이성이 좋다고 판단하는 것이다."[1]

무릇 천하의 도란 것은 이치에 맞는 일을 해야만 훌륭한 사람을 얻는다는 것이다.
현명한 자를 높은 자리에 앉히고, 어리석은 자를 낮은 자리에 앉히는 것이 이치에 맞는 일이다. 요즘의 봉건 정치에서는 대를 이어 다스린다.
대를 이어 다스리는데 높은 자리에 있다고 현명하며 낮은 자리에 있다고 어리석겠는가.[2]

1 **아바스왕조 시대의 전기 작가 이븐 알 나딤이 쓴 『피리스트』 중에서**
이슬람 학문의 황금기를 연 군주 알 마문은 동로마제국과의 전쟁에서 승리한 후 금은 보화 대신 프톨레마이오스의 『알마게스트』 한 권을 전리품으로 요구했을 정도로 이성과 학문을 사랑한 인물이었다. 이슬람교의 창시자 무함마드도 "학자의 펜에서 나오는 잉크는 순교자의 피보다 성스럽다"고 말한 바 있었는데, 이슬람 세계에서 학문 숭상의 전통은 무척 깊다.

2 **유종원, 「봉건론」 중에서**
당나라 후기의 신흥 사대부들이 문벌 귀족을 바라보던 시선을 잘 드러낸 대목이다. 9세기는 두 집단의 대립이 극에 달하던 시기였다. 유종원은 한유, 백거이 등과 더불어 당나라 후기의 유교적 문학을 대표하는 문인이다.

10세기

901~1000

후삼국 통일의 성지(聖地)인 충청남도 논산 개태사

고려가 후삼국을 통일하고,
동서양의 중세 제국이 무너지다

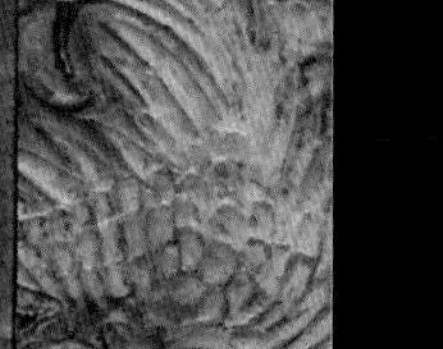

10세기의 한국과 세계

고려가 후삼국을 통일하고, 동서양의 중세 제국이 무너지다

10세기는 세계 각지에서 주도 세력이 바뀐 시대였다. 한반도에서도 통일 신라가 무너지고 고려가 새로운 통일 국가로 등장했다. 고려는 때마침 멸망한 발해의 유민까지 받아들여 만주와 한반도에 내려오던 여러 갈래의 전통을 하나로 통합해 나갔다.

신라, 발해가 멸망한 것은 세계 제국 당나라가 멸망한 것과 흐름을 같이한다. 중국 북쪽에서는 거란이 일어나 발해를 정복하고 중국으로 진출했다. 남쪽에서는 베트남이 중국으로부터 갈라져 나갔다. 당나라에 이어 중국의 주인이 된 송나라는 경제와 문화를 발전시켰지만, 군사적인 면에서는 거란의 상대가 되지 못했다.

이슬람 세계에서도 통일 제국인 아바스왕조가 몰락하고 파티마왕조, 부와이왕조, 가즈나왕조 등이 잇따라 들어섰다. 유럽에서도 북쪽의 노르만족(바이킹)이 바다를 따라 대이동하면서 서유럽의 해안 지역에서 피바람을 불러일으키고 있었다.

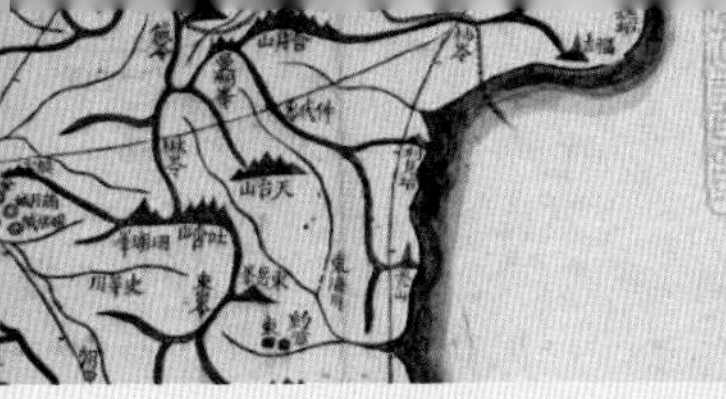

한국사	연도	세계사
궁예, 후고구려 건국. 후삼국 시대 개막	901년	
	907년	당나라 멸망, 오대십국 시대 개막
	909년	시아파 최초의 왕조인 파티마왕조 성립
	910년	클뤼니 수도원 완성
	911년	노르망디공국 성립
	916년	거란 건국
왕건, 고려 건국	918년	
	919년	독일에 작센왕조 성립
발해 멸망	926년	
발해 태자와 유민, 고려 망명	934년	이란 서부에 부와이왕조 발흥
신라 멸망	935년	
고려, 후삼국 통일	936년	
	939년	베트남, 중국으로부터 독립
태조 왕건, 「훈요십조」 유훈	943년	
왕규의 난	945년	아바스왕조 몰락
광종, 노비안검법 제정	956년	
광종, 과거 제도 시행	958년	
	960년	조광윤, 송나라 건국
	962년	신성로마제국 성립
거불의 대표인 은진미륵 조성	968년	
	969년	파티마왕조, 이집트 정복
	972년	송나라, 전시(殿試) 시행
경종, 전시과 제도 실시	976년	
	977년	아프가니스탄에 가즈나왕조 발흥
	979년	송나라, 중국 통일
최승로, 「시무 28조」 제출	982년	
의창 설치	986년	
노비환천법 실시	987년	프랑스 최초의 왕조인 카페왕조 성립
	988년	러시아, 동방정교로 개종
국립대학인 국자감 설치	992년	
거란의 1차 침입	993년	
금속 화폐인 철전 제작, 보급	996년	
	1000년경	노르만족, 아메리카 도착. 서아프리카 가나왕국 전성기

후삼국 시대

901년 **궁예가 후고구려를 건국해 후삼국 시대가 열리다**

송악을 근거지로 삼아 독립한 궁예가 신라에게 망한 고구려를 부활시키겠다고 선언하며 후고구려를 건국했다. 궁예는 휘하에 들어온 송악 지방의 호족 왕건을 철원 태수로 임명해 철원, 북원 등 강원도 지역을 빼앗도록 한 뒤 나라를 세웠다(898년 참조).

궁예가 실제로 정한 나라 이름은 '고려'이다. 삼국 시대의 고구려는 고려라고 불린 적이 더 많았기 때문이다. 그런데 이러한 궁예의 나라를 '후고구려'라고 하는 것은 훗날 왕건이 궁예를 몰아내고 세운 '고려'와 구별하고, 앞서 있었던 '고구려'와도 구별하기 위해서이다(918년 참조).

이처럼 궁예가 후고구려를 세우고 스스로 왕이 됨에 따라 신라의 삼국 통일은 200여 년 만에 깨지고, 신라·후백제·후고구려가 세발솥처럼 마주 선 후삼국 시대가 시작됐다.

903년 **후고구려의 왕건이 후백제로부터 금성(나주)을 빼앗다**

후고구려의 장수인 왕건이 수군을 이끌고 황해를 따라 내려가 후백제 세력권인 금성(지금의 전라도 나주)을 공격했다. 왕건은 후백제군에 대승을 거두고 금성과 일대의 10여 군현을 빼앗은 뒤 금성의 이름을 나주로 고쳤다.

이번 공격은 견훤의 후백제 군대가 금성 지역의 마을들을 약탈하자 금성의 호족들이 궁예에게 보호를 요청해 옴에 따라 궁예의 명령으로 이루어진 것이다.

904년 **궁예가 나라 이름을 마진으로 바꾸다**

906년 **발해 15대 마지막 왕 대인선(재위 906~926)이 즉위하다**

906년 **신라 최언위가 발해 오광찬보다 앞선 성적으로 빈공과에 합격하다**

신라인 유학생 최언위가 당나라 빈공과에서 발해인 유학생 오광찬보다 우수한 성적으로 진사에 합격했다. 오광찬의 아버지 오소도는 875년 빈공과에서 신라인 이동을 눌렀던 인물이다. 오소도는 당나라 조정에 "신이 급제할 때 이름이 이동 앞에 있었으니 신의 아들 광찬도 언위 앞에 있어야 합니다"라고 항의했으나 받아들여지지 않았다(875년 참조).

유럽

904년 교황 세르기우스 3세가 즉위하고 교회의 타락이 극심해지다

'포르노크라시'[1]로 악명 높은 세르기우스 3세가 친한 귀족으로부터 군대를 빌려 교황 자리를 강제로 빼앗았다. 즉위 과정부터 이처럼 교황답지 않더니, 권좌에 오르자마자 로마시의 유력한 귀족과 손잡고 문란한 정치를 일삼았다.
교황은 8세기 중엽부터 프랑크왕국 왕들의 대관식을 주재하면서 왕에 버금가는 권력을 얻었다. 이후 프랑크왕국이 여러 소국으로 갈라지자 교황의 권력은 상대적으로 더욱 커졌고, 교회는 권세와 탐욕을 노리는 자들로 채워졌다. 세르기우스 3세는 바로 이러한 교회의 타락상을 보여 주는 대표적인 인물이다.

1 포르노크라시 | '음란한 정치'라는 뜻. 성적 타락이 극심했던 10세기 전반의 교황 정치를 가리킨다.

아시아

907년 당나라가 멸망하고 오대십국 시대가 열리다

절도사 주전충이 당나라의 마지막 황제 소선제로부터 양위를 받아 황제가 됐다. 주전충은 가난한 농민 출신으로 귀족 집에서 머슴살이까지 한 인물이었다. 따라서 당나라의 지배층에 대한 반감이 무척 심했다. 그는 황제가 되자 당나라의 명문 귀족들을 황하 유역에 모아 놓고 모조리 죽였다. 이로써 당나라의 귀족 지배 체제는 역사 속으로 사라졌다.
주전충이 황제가 되긴 했지만 중국 전체의 황제는 아니었다. 각지의 절도사들이 저마다 왕을 칭하고 나라를 세웠기 때문이다. 중국은 십여 개의 크고 작은 나라로 분열됐다. 이 시기를 오대십국(5개의 큰 나라와 10개의 작은 나라) 시대라 한다.

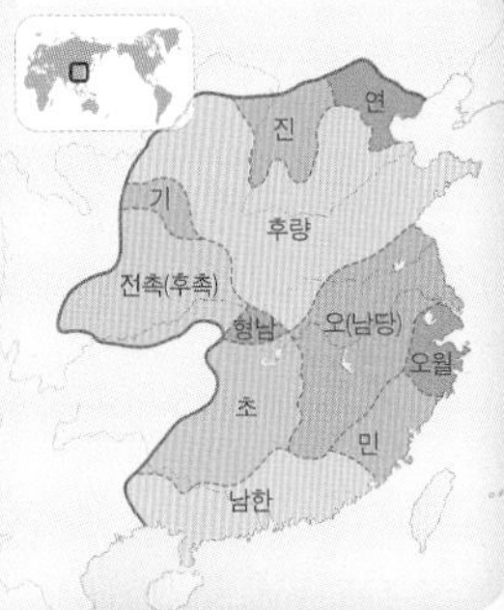

오대십국 시대 초기의 지도
북쪽의 나라들은 수명이 짧았던 반면, 남쪽의 오, 오월, 남한 등은 비교적 안정을 누렸다. 이 때문에 중국 남부와 북부의 경제력 격차가 더욱 커졌다.

아프리카

909년 시아파 최초의 왕조인 파티마왕조가 성립하다

이슬람 시아파의 한 분파인 이스마일파[2]가 알제리에서 나라를 세웠다. 이들은 예언자 무함마드의 딸 파티마의 후손을 자처하며 국호를 파티마왕조라 했다. 파티마왕조는 최초의 시아파 왕조였다. 따라서 수니파인 아바스왕조의 칼리파들에게 정면으로 도전했다. 이들은 이후 북아프리카 대부분을 정복하고 아바스왕조와 함께 이슬람 세계를 둘로 나누게 된다.

2 이스마일파 | 시아파의 일곱 번째 이맘을 이스마일로 보는 종파

유럽

910년 교회 개혁 운동의 중심지 클뤼니 수도원이 완성되다

프랑스 부르고뉴 지방의 귀족인 기욤 공작이 베네딕투스파 수도사들을 위해 클뤼니 수도원을 세웠다. 클뤼니 수도원은 곧 수도원 개혁 운동의 중심지로 떠오른다. 이곳의 수도사들은 교회가 타락하지 않으려면 세속 권력과 관계를 끊고 독립해야 한다고 주장했다. 이 주장은 훗날 교회를 통제하려고 하는 세속 권력자들과 충돌해 1075년 '카노사의 굴욕' 사건으로 이어진다.

12세기경의 클뤼니 수도원

911년 **궁예가 나라 이름을 태봉이라 고치다**

궁예가 나라 이름을 '태봉'으로 고치고 연호를 '수덕만세'라 고쳤다. 궁예는 백성을 구원하는 미륵[1]으로 행세하며 전제 권력을 강화하고 잔인한 정치를 펼쳐 반대 세력을 키웠다.

1 미륵 | 석가모니의 뒤를 이어 57억 년 후의 세상에 나타나 석가모니가 구제하지 못한 중생을 구제한다는 미래의 부처

912년 **신라 53대 신덕왕이 즉위하다**

삼릉: 박씨 임금들의 무덤
경상북도 경주시 배동에 나란히 있는 아달라왕, 신덕왕, 경명왕 등 세 박씨 왕의 무덤. 사적 제219호

신라 52대 효공왕이 자식 없이 죽자 8대 아달라왕의 후손인 박경휘가 신하들의 추대를 받아 왕위에 오르니, 이가 신덕왕(재위 912~917)이다. 신라에서 박씨가 왕위에 오른 것은 아달라왕 이래 44대 만이며, 17대 내물왕 이래 김씨 아닌 성씨가 왕위에 오른 것은 이번이 처음이다.

917년 **신라 54대 경명왕이 즉위하다**

신라 53대 신덕왕이 죽고 그의 아들 박승영이 왕위에 오르니 경명왕(재위 917~924)이다. 후삼국의 세력 다툼으로 국세가 기울어 가던 시기에 즉위해 중국의 후당에 조공을 바치며 지원을 요청했으나 실패했다.

918년 **왕건이 궁예를 몰아내고 고려를 건국하다**

태봉의 시중(재상) 왕건이 신숭겸, 홍유, 복지겸 등 신하들의 추대를 받아 폭군 궁예를 몰아내고 새로 나라를 세워 국호를 고려라 했다. 궁예는 부인 강씨와 두 아들을 죽이고 자신에게 반대하는 세력을 숙청하는 등 포악한 성격을 드러내 신하들의 믿음을 잃고 있었다. 왕건이 추대되자 궁예는 도망갔다가 지금의 강원도 평강에서 죽었다.

한탄강
궁예가 왕건을 추대한 세력을 피해 도망가다가 이 강에 이르러 신세를 한탄하며 울었다고 해서 '한탄강'이라는 이름이 붙었다는 전설이 있다.

유럽

911년 **노르망디공국이 성립하다**

서프랑크왕국의 왕 샤를 3세가 자국에 쳐들어 온 바이킹에게 노르망디반도를 내주었다. 바이킹에게 머물 땅을 주면 덜 공격해 오지 않을까 하는 생각에서였다. 바이킹의 우두머리 롤로는 그 대가로 서프랑크왕국에 충성을 맹세했다. 바다의 무법자 바이킹족이 유럽의 봉건 질서 속으로 편입되는 순간이었다.

이렇게 탄생한 노르망디공국은 크리스트교를 받아들이고 서프랑크왕국을 위해 다른 바이킹을 물리치기도 했다. 서유럽 질서에 완벽하게 적응한 것이다. 11세기에는 잉글랜드를 정복하면서 유럽의 새로운 강자로 떠오르기도 한다.

거란의 영역

아시아

916년 **야율아보기가 거란을 건국하다**

당나라가 멸망하고 중국이 혼란에 빠지자 거란족 추장 야율아보기가 거란제국을 세웠다.

거란족은 몽골족의 일파로 오랫동안 당나라의 지배를 받았다. 그러나 거란제국이 나타나면서 중국과 거란의 세력은 역전된다. 거란제국은 북아시아 대부분과 발해를 정복한 뒤(926년 참조), 936년에는 중국의 황하 유역까지 진출해 다수의 중국인마저 지배하에 둔다.

이처럼 북아시아와 중국 본토에 걸쳐 존재한 거란제국은 북방의 유목 문화와 중국의 농경 문화를 혼합한 독특한 문화를 낳았다. 거란 문자를 발명해 문화적 독자성을 유지하는 한편, 중국식 행정 조직을 받아들여 제국을 통치하기도 했다. 거란은 실크로드의 대부분을 지배해 경제적으로도 번영했다. 실크로드 상인들을 통해 서방에 알려진 거란의 이름[1]('키타이'라 발음함)은 이후 러시아 등지에서 중국을 가리키는 말이 된다.

1 거란의 나라 이름 변화 | 거란의 나라이름은 916년 거란-936년 요-982년 거란-1066년 요로 여러 차례 바뀌었다. 이는 거란에서 유목민 전통을 고수하려는 파와 중국 문화를 받아들이려는 파가 대립했기 때문이다. '거란'은 거란식 나라이름이고, '요'는 중국식 나라이름이다.

요나라의 삼채 자기
요나라, 즉 거란은 북방 민족 중에서 중국 문화를 비교적 적극적으로 받아들였다. 당나라의 삼채 자기는 요나라에서도 많이 만들어졌다.

유럽

919년 **독일에서 동프랑크왕국이 단절되고 작센왕조가 들어서다**

동프랑크왕국의 마지막 왕 콘라트 1세가 죽자 귀족들이 작센 지방의 영주였던 하인리히 1세를 새 왕으로 뽑았다. 이로써 동프랑크 시대가 끝나고 작센왕조(919~1024)가 시작됐다. 하인리히 1세는 왕의 지위를 제후들의 대표자 정도로 여겨 봉건 영주의 자치권을 인정했다. 이후 독일은 19세기까지 뚜렷한 중앙 권력 없이 각지에서 제후국들이 난립하게 된다.

924년 **신라 55대 경애왕이 즉위하다**

신라 54대 경명왕이 죽고 그의 아우 박위응이 왕위에 오르니 경애왕(재위 924~927)이다. 경애왕은 왕건, 견훤의 위세에 눌려 왕다운 위엄을 누리지 못했다.

1 발해 멸망과 백두산 분화 | 지질학자들의 연구에 따르면 9세기와 10세기에 발해의 영토였던 백두산에서 화산 폭발이 일어났다고 한다. 9세기의 분화는 발해의 멸망에 영향을 끼쳤을지도 모른다고 하며, 10세기 중반 폭발했을 때는 화산재가 일본의 홋카이도와 규슈까지 날아갔다고 한다.

926년 해동성국 발해가 멸망하다

한국 역사상 가장 넓은 영토를 자랑하며 '해동성국'으로 국세를 떨치던 발해가 15대 228년 만에 거란의 침략을 받고 멸망했다.[1] 북서쪽에서 성장하던 거란족은 중국 대륙으로 진출하기 전에 걸림돌이 될 수 있는 발해를 먼저 공격했다. 거란 지도자 야율아보기는 발해의 수도 상경용천부를 공격해 쉽게 굴복시키고 15대 왕인 대인선을 포로로 잡아갔다.

발해는 고구려의 영토와 문화를 계승하고 당나라의 선진 문화를 받아들이는 한편 일본과도 활발히 교류했다. 불교와 유학을 중심으로 수준 높은 문화를 추구했고 당나라, 통일신라와 더불어 동아시아 중세 문화의 황금기를 꽃피운 위대한 나라였다. 그러나 거란에 의해 짓밟히고 백성이 만주와 한반도 등으로 흩어지면서 발해 역사의 많은 부분은 허공 속으로 사라지고 말았다.

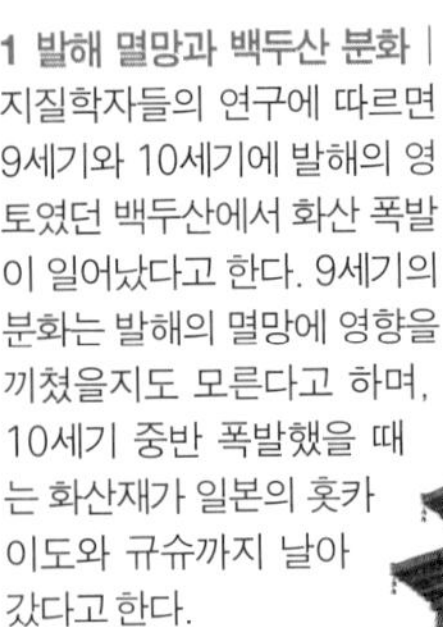

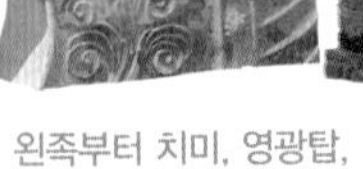

왼쪽부터 치미, 영광탑, 이불병좌상

2 팔공산 | 원래 산의 명칭은 공산이었으나 신숭겸 등 고려의 개국공신 8명을 기리기 위해 팔공산(八公山)이라고 고쳤다.

927년 **견훤이 신라 경애왕을 죽이고 경순왕을 왕위에 올리다**

견훤이 후백제군을 이끌고 신라의 서라벌로 쳐들어가 왕궁을 짓밟은 뒤 포석정에 있던 경애왕을 습격해 자살하도록 강요했다. 그러자 46대 문성왕의 6대손인 김부가 신라의 56대 왕에 오르니, 이가 경순왕(재위 927~935)이다.

고려 태조 왕건은 견훤을 혼내 주기 위해 군사를 일으켰다가 공산성(지금의 대구 팔공산[2])에서 포위당해 죽을 위기에 처했다. 이때 신숭겸, 김락 두 장수는 왕건을 구해 주고 후백제군과 용감하게 맞서 싸우다 장렬히 전사했다.

포석정
『삼국사기』에 따르면 견훤이 서라벌에 쳐들어왔을 때 경애왕은 종실 친척들과 함께 포석정에서 잔치를 열고 노느라 적병이 오는 것을 깨닫지 못할 정도였다고 한다. 그러나 다른 해석에 따르면 경애왕은 잔치를 벌이고 있었던 것이 아니라 제사를 지내고 있었다고 한다.

아시아

922년 신비주의 사상가 만수르 알 할라지가 처형되다

이슬람 신비주의 사상가 만수르 알 할라지가 바그다드에서 처형됐다. 자신이 곧 신이라고 주장했다는 이유에서였다. 그러나 이 죄목은 오해에서 비롯된 것이었다. 그가 실제로 주장한 것은 신이 인간 안에 있다는 것이다.

10세기 초부터 만수르 같은 이슬람 신비주의 사상가들이 많이 등장했다. 이들을 '수피'라 하는데, 기본적으로 신이 인간 안에 있다고 믿었기 때문에 외형적인 사회 규범에 얽매이지 않았다. 따라서 이들은 아랍 이외의 문화에 개방적이었고, 이슬람 교리를 다른 민족의 문화와 섞는 일도 주저하지 않았다. 이슬람교가 중앙아시아나 인도, 서아프리카 등지로 퍼져 나간 데에는 이들 수피들의 역할이 컸다.

터키의 수피 의식
수피들은 영적인 황홀감을 느끼기 위해 각종 의식을 거행한다. 흰 옷을 입고 빙글빙글 도는 터키의 데르비시 춤도 그러한 의식 중 하나다.

유럽

929년 후우마이야왕조가 칼리파국을 칭하고 전성기를 맞이하다

이베리아반도에 자리 잡은 후우마이야왕조의 아브드 알 라흐만 3세가 무함마드의 후계자를 의미하는 칼리파를 칭했다. 이는 새롭게 번영하는 후우마이야왕조의 자신감을 드러낸 것이다. 이로써 아바스왕조, 파티마왕조, 후우마이야왕조에 각각 칼리파가 존재하게 됐다.

후우마이야왕조는 10세기 초까지 아랍인을 우대해서 토착민과 갈등이 많았다. 라흐만 3세가 즉위할 무렵 나라는 토착민의 반란으로 붕괴 직전에 있었고, 후우마이야왕조에 실망해 크리스트교로 돌아서는 사람도 늘고 있었다. 라흐만 3세는 위기를 벗어나기 위해 종교와 민족에 의한 차별을 대폭 줄였다. 크리스트교 용병이 군대를 채우기 시작했고 토착민 고급 관리가 눈에 띄게 늘어났다.

이러한 정책 덕분에 여러 민족 문화가 어울리면서 이베리아반도에는 전에 없는 문화적 활기가 돌았다. 나라를 안정시킨 라흐만 3세는 예술과 문화 사업에 국가 재정의 3분의 1에 이르는 엄청난 투자를 했다. 그의 아들 알 하캄 시대에 수도 코르도바에는 70개가 넘는 도서관이 생겼다. 그중에서 가장 컸던 알 하캄 도서관에는 40만 권의 책이 있었는데, 이것은 당시 서양에서 가장 큰 규모였다. 987년에는 장장 2세기에 걸쳐 건설된 코르도바의 대 마스지드가 완성된다. 이 건물은 2만 5000명이 들어가는 규모를 자랑했다. 이것은 가까운 크리스트교 국가들에도 영향을 줘 서유럽의 문화 발전에 이바지한다.

코르도바의 대 마스지드 내부
784년 착공해 987년 완성됐다. '중세의 불가사의'라 불릴 정도로 호화롭고 웅장한 건축물이다.

934년 **발해 태자와 유민[1]들이 고려로 망명하다**

발해 태자 대광현이 여러 신하와 군사들 수만 명을 이끌고 고려로 망명했다. 대광현은 발해 마지막 왕 대인선의 아들로, 거란의 압박을 피해 예부경 대화균, 공부경 대복모, 좌우위장군 대심리 등과 함께 고려의 품에 안겼다. 태조 왕건은 대광현 일행을 따뜻하게 맞이하고 대광현에게 왕계라는 이름을 내려 왕씨 종실에 들어오도록 했다.

발해와 고려는 둘 다 고구려를 계승한 나라로 왕건은 발해를 '형제의 나라'로 여겼고, 발해를 정복한 거란을 노골적으로 미워했다.

1 발해 유민 | 학자들에 따라서는 고려에 망명한 발해 유민의 숫자를 최대 20만 명까지 보고 있다. 이것은 신라의 삼국 통일에서 소외됐던 북방계가 한민족 국가의 형성 과정에 합류했음을 의미한다.

935년 **천년왕국 신라가 망하다**

한국 역사상 가장 오랜 세월 이어진 왕조 신라가 문을 닫았다. 후백제의 잇단 침략으로 영토가 줄어들고 국가 기능도 마비되자 경순왕은 군신회의를 소집해 고려에 귀부[2]하기로 결정했다.

경순왕의 국서를 받은 고려 태조 왕건은 태상 왕철을 보내 항복하러 오는 경순왕을 맞이하게 했다. 신라의 귀부 행렬은 30여 리에 걸쳤고, 길 양쪽으로 구경꾼들이 담처럼 늘어섰다. 왕건은 송악 교외에서 경순왕을 영접하고 장녀인 낙랑공주를 경순왕의 아내로 삼았다. 신라의 옛 도읍 서라벌은 경주로 고쳐 부르고, 경순왕을 경주의 사심관[3]으로 삼았다.

한편 고려에 항복하는 것을 끝까지 반대한 신라의 마의태자[4]는 통곡하며 개골산(겨울의 금강산)에 들어가 베옷(마의)을 입고 풀뿌리와 나무껍질을 먹으며 살았다고 전한다.

2 귀부 | 스스로 가서 복종함

3 사심관 | 고려 시대에 서울(송악)에 머물면서 고향의 일에 관여하던 벼슬아치

4 마의태자 | 고려에 투항하려는 경순왕과 끝까지 저항하려는 마의태자 사이에는 격렬한 정치·군사적 대립이 있었을 것으로 추측하는 학자들도 있다. 고려와 맞서 싸우던 마의태자의 후손이 만주의 여진족으로 들어가 훗날 금나라의 시조가 됐다는 가설도 있다.

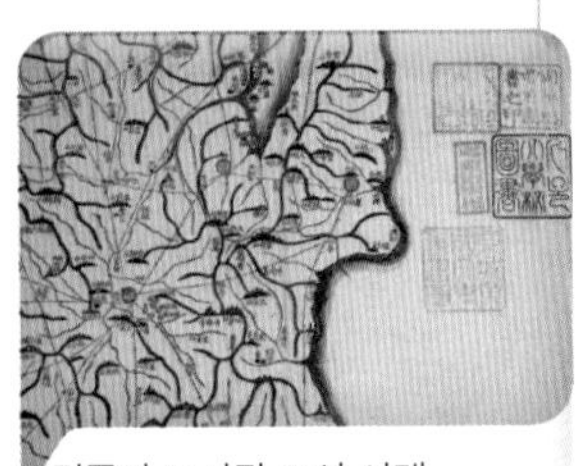

경주가 표시된 조선 시대 대동여지도

936년 **고려가 후삼국을 통일하다**

고려 태조 왕건이 후백제 2대 왕 신검(재위 935~936)의 군대를 일선군(지금의 경상북도 선산)에서 격파하고 마침내 후삼국 통일의 대업을 완성했다.

앞서 아들인 신검에게 쫓겨나 갇혔던 견훤은 금산사를 탈출해 고려에 투항했다. 9월, 때가 무르익었다고 판단한 왕건은 8만 7000여 명의 대군을 이끌고 후백제 정벌에 나섰다. 고려군이 진격하자 후백제군은 황산군(지금의 충청남도 논산) 탄령을 넘어 후퇴했다. 신검은 두 동생인 양검, 용검과 상의한 끝에 항복을 결정했다. 왕건은 신검의 반역이 두 아우와 책사 능환의 부추김 때문이라며 이들은 죽이고 신검은 용서했다. 자기를 배신한 아들들에게 복수한 견훤은 병을 얻어 세상을 떠났다. 이로써 후삼국 시대는 36년 만에 막을 내렸다.

후삼국 통일의 상징 개태사의 솥
충청남도 논산군 연산면 천호산에 있는 절. 고려 태조 왕건이 후백제의 신검을 무찌르고 후삼국 통일의 위업을 이룬 것을 기려 창건했다.

유럽

933년 **독일이 리아데에서 마자르족에게 승리하다**

독일 작센왕조의 왕 하인리히 1세가 마자르족[1]의 침입을 리아데(지금의 독일 중부에 위치)에서 물리쳤다. 9년 전 마자르족에게 대패한 뒤 해마다 조공을 바치던 하인리히 1세가 복수에 성공한 것이다. 이 전투 이후 마자르족의 공격은 한동안 뜸해졌고, 왕의 권위가 높아져 962년 신성로마제국이 탄생할 환경을 조성한다.

1 마자르족의 경기병 | 중앙아시아에서 온 유목민의 병사는 대부분 속도가 빠른 경기병이었다. 따라서 보병이 대부분이었던 유럽 군대가 따라잡기 힘들었다.

아시아

934년 **이란 서부에서 부와이왕조가 일어나다**

부와이 형제가 아바스왕조의 칼리파로부터 이란 서부의 지배권을 인정받았다. 이로써 약 1세기 동안 이란을 지배하게 되는 부와이왕조가 탄생했다.

부와이 형제는 사만왕조에 소속된 이란인 용병 출신이었다. 사만왕조는 아바스왕조의 지방관들이 자립해 세운 여러 지방 정권 중 하나였다. 그 무렵 아바스왕조는 각지의 지방관들이 독자적인 정권을 세우면서 크게 약화되어 있었다. 이러한 지방 정권들은 형식적으로는 아바스 칼리파의 종주권을 인정했지만 사실상 독립된 왕조로, 아바스왕조는 이 무렵 이미 해체의 길을 걷고 있었다.

마자르족의 경기병

아시아

936년 **거란이 중국 북방의 연운 16주를 얻다**

거란이 지금의 베이징을 중심으로 한 연운 16주를 얻었다. 이 지역은 중국 북방의 전략적 요충지였다. 연운 16주 남쪽에는 이렇다 할 만한 지형적 장애물이 없어 거란족 기병이 중국 본토로 곧장 쳐들어갈 수 있었다. 이후 거란(요나라)은 연운 16주를 발판으로 중국을 계속 위협한다.

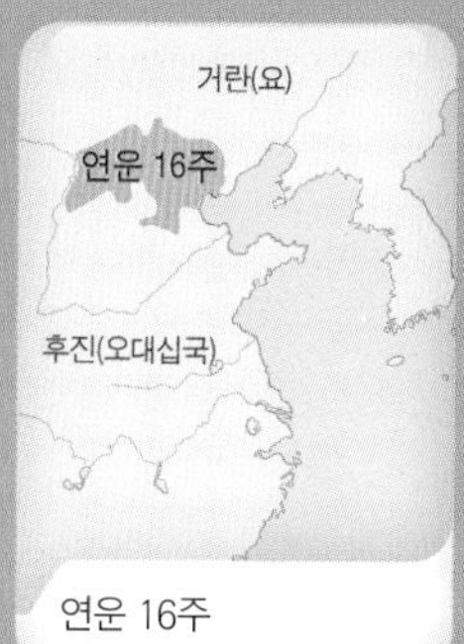

연운 16주

아시아

937년 **백만족의 우두머리 단사평이 대리국[2]을 건설하다**

2 대리석의 유래 | '대리석'이란 말도 '대리'라는 지명에서 유래됐다. 대리국은 약 300년간 번영하다가 1253년 몽골족의 침입으로 망한다.

아시아

939년 **베트남이 중국으로부터 독립하다**

응오 꾸옌이 오대십국의 하나인 남한(南漢)의 군대를 물리치고 응오왕조를 세웠다. 이로써 천여 년에 걸친 중국의 베트남 지배는 막을 내렸다.

베트남은 서기전 111년 중국의 한나라에 정복당한 뒤 줄곧 중국에 속해 있었다. 따라서 동남아시아의 다른 나라들과 달리 중국 문화의 영향을 많이 받았다. 응오 꾸옌 역시 새 왕조의 제도를 만들면서 중국의 것을 많이 참조했다. 그러나 나라의 기틀이 채 잡히기 전 그가 사망하면서 베트남은 혼란기에 빠졌다. 베트남 최초의 안정적인 왕조가 등장한 것은 약 70년 뒤 리왕조가 성립하면서였다.

태조 왕건 전신상

1 태조 왕건 | 호족들을 끌어안기 위해 호족의 딸들과 혼인하는 전략을 폈다. 그 결과 6명의 왕비와 23명의 후궁을 거느리게 됐으며, 왕비로부터 낳은 왕자만 25명에 이르렀다. 혜종은 박술희의 도움을 받아 등극했으나 이복동생인 요와 소가 왕위를 넘보고 있었다. 왕건의 혼인 정책이 낳은 이 같은 권력 다툼은 고려 왕조가 안정을 찾기 위해 극복해야 할 최대의 과제로 떠올랐다.

2 왕규 | 태조 왕건의 장인 중 한 사람으로, 요와 소 왕자가 왕위를 노린다고 혜종에게 일러바쳤으나 무시당했다. 그러자 자기 외손자를 왕위에 앉힐 욕심으로 혜종에게 자객을 보냈으나 도리어 자객이 혜종에게 살해당했다. 그러자 이번에는 왕규가 직접 칼을 들고 혜종의 침실로 쳐들어갔으나 혜종이 미리 피해 실패했다.

943년 태조 왕건이 「훈요십조」를 유훈으로 남기다

왕건이 승하하기에 앞서 총애하던 신하 박술희를 불러들여 후손에게 전할 열 가지 가르침(「훈요십조」)을 주었다. 왕건은 호족들을 통합하고 불교를 숭상하며 옛 고구려의 영토를 되찾기 위해 북쪽으로 진출하는 것을 국가적 과제로 삼았다. 「훈요십조」에는 그러한 뜻이 고스란히 담겨 있다.

「훈요십조」 중에서

❶ 국가의 대업이 여러 부처의 호위와 대지의 은혜에 힘입었으니 불교를 잘 위할 것
❹ 거란과 같은 야만국의 풍속을 배격할 것
❺ 서경(지금의 평양, 옛 고구려의 서울)을 중시할 것

943년 2대 혜종이 왕위에 오르다

태조 왕건[1]이 승하하고 그의 맏아들 왕무가 등극하니 혜종(재위 943~945)이다.

945년 왕규가 반란을 일으키고, 3대 정종이 즉위하다

2대 혜종이 하루가 멀다 하고 터지는 암살 기도에 신경 쇠약을 앓다가 세상을 떠났다. 그러자 왕규[2]가 반란을 일으키려 했으나 박술희가 약 100명의 호위병을 거느리고 이를 막았다. 이때 요 왕자는 서경에 있던 숙부 왕식렴 장군(태조 왕건의 동생)에게 지원 요청을 했고, 왕식렴은 즉시 군대를 몰고 개성으로 들어와 요가 왕위에 오르도록 도왔다. 이가 3대 정종(재위 945~949)이다. 정종은 즉위하자마자 박술희와 왕규를 제거하고 왕권 강화에 박차를 가했다.

949년 4대 광종이 왕위에 오르다

왕권을 강화하기 위해 애쓰던 3대 정종이 병으로 앓아누운 뒤 친동생인 소 왕자에게 왕위를 물려주니, 이가 4대 광종(재위 949~975)이다. 정종은 태조 왕건의 「훈요십조」에 따라 불교를 숭상하고 서경을 중요하게 여기면서 왕권을 강화하기 위해 애썼으나 호족들의 반발을 완전히 억누르지는 못했다. 947년에는 서경에 성을 쌓고 그곳으로 도읍을 옮기려고 하다가 개성의 귀족들이 반대하는 바람에 뜻을 이루지 못하기도 했다.

광종은 고려의 국가적 위신을 드높이기 위해 연호를 사용하기로 하고 '광덕'으로 정했다. 연호는 천자의 나라만 쓸 수 있는 것으로, 고려가 어떤 나라의 간섭도 받지 않은 자주 국가임을 드러내는 상징이다.

아시아

945년 아바스왕조가 수도 바그다드를 점령당해 몰락하다

부와이왕조가 아바스왕조의 수도 바그다드를 점령하고, 칼리파를 마음대로 통제하기 시작했다. 아바스왕조는 사실상 무너지고 칼리파는 이름뿐인 지배자가 됐다.

아바스왕조의 칼리파는 지방을 제대로 장악하지 못했다가 이런 사태를 맞았다. 넓은 땅을 다스리기 위해 총독들을 파견하고, 그 총독에게 권한을 맡겼던 것이다. 총독들은 시간이 갈수록 칼리파의 통제에서 벗어나 독자적인 세력을 이룩했다. 칼리파는 이들을 굴복시킬 만한 무력이 없었기 때문에 세금을 받는 정도로 만족해야 했다.

아바스왕조가 쇠퇴하기 시작한 결정적 계기는 튀르크족 노예 부대인 맘루크를 창설한 것이었다(833년 참조). 칼리파가 총독들과 맞서기 위해 만든 맘루크가 군사적 실권을 쥐고 칼리파를 마음대로 갈아치우며 정치를 혼란시켰다. 칼리파의 권위가 형편없이 떨어지자 그때까지 겉으로 아바스왕조에 충성을 바치던 총독들이 노골적으로 반기를 들기 시작했다. 이때 등장한 여러 지방 정권 중 하나가 부와이왕조였다(934년 참조).

아바스왕조의 칼리파들은 1258년 몽골의 침입을 받을 때까지 명목상의 지위는 이어 가지만, 실권은 갖지 못한다. 서아시아는 11세기 중반 셀주크튀르크[1]가 등장할 때까지 뚜렷한 강자가 없는 분열기를 맞이한다.

1 튀르크 | 서아시아 이슬람 세계의 3대 민족으로 아랍인, 이란인, 튀르크인을 꼽는다.

아시아

947년 알 마스디가 『황금 목장과 보석 광산』을 출간하다

'아랍의 헤로도투스'로 불리는 아랍 역사학자 알 마스디가 세계사를 다룬 대표작 『황금 목장과 보석 광산』을 출간했다. 역사를 단순히 사건 위주로 서술하지 않고 각 민족의 문화와 자연 환경, 경제적 여건 등이 어떻게 역사에 영향을 끼치는지를 살폈다는 점에서 획기적인 역사서로 평가받는다.

알 마스디

956년 광종이 노비안검법을 제정하다

광종이 귀족 세력을 억누르고 왕권을 강화할 수 있는 묘책[1]을 꺼내들었다. 귀족들이 거느리고 있는 노비들을 검사해서 이전에 노비가 아닌 양민[2]이었던 사람들을 다시 양민으로 풀어 주는 '노비안검법'을 시행한 것이다.

광종은 귀족들이 힘을 쓰는 것은 너무 많은 노비를 거느리고 있기 때문이라고 생각했다. 노비는 세금을 내지 않기 때문에 귀족들이 노비를 많이 데리고 있으면 나라에 세금을 적게 낼 수 있었다. 게다가 노비들 중에는 힘깨나 쓰는 군사들도 있어서 귀족들이 여차하면 그들을 동원해 무력을 행사할 수 있었다.

노비안검법이 시행되자 귀족들은 수많은 노비들을 풀어 줄 수밖에 없었고, 자연스럽게 힘을 잃게 됐다.

1 묘책(妙策) | 매우 교묘한 꾀

2 양민(妙策) | 귀족과 천민의 중간 신분으로 노비 등 천한 일을 하지 않는 백성

958년 광종이 과거 제도를 시행하다

광종이 나라의 인재를 뽑기 위한 과거 시험을 한국 역사상 처음으로 실시했다. 그동안 나랏일을 하는 벼슬아치는 주로 귀족 가문에서 나왔으나, 과거 시험은 실력만 있으면 귀족이 아니라도 치를 수 있었다. 따라서 과거 시험은 국왕이 귀족 세력을 견제하는 강력한 수단이 될 수 있었다.

과거 시험을 실시하라고 건의한 사람은 후주[3]사람인 쌍기였다. 쌍기는 광종의 즉위를 축하하는 사신으로 고려에 왔다가 광종의 마음에 들어 고려에 눌러 살게 된 관리였다. 과거 시험은 유학에 대한 지식과 글쓰기 능력을 대상으로 했으므로 가문이 낮아도 실력만 있으면 응시할 수 있었다. 따라서 과거 합격자들은 귀족을 억누르려는 광종의 든든한 지원 세력이 됐다.

3 후주 | 오대십국 시대에 중국 북부를 지배한 '오대' 왕조들 중 마지막 나라(951~960)

4 준풍(峻豊) | '광덕'이란 연호는 951년까지만 썼다.

960년 광종이 고려의 서울을 '황도 개경'으로 부르다

광종은 제멋대로였던 관리들의 옷을 등급에 따라 일정한 색깔로 나누도록 했다. 귀족이든 아니든 왕 밑에서는 등급에 따라 똑같은 옷을 입어야 한다는 것으로, 귀족 세력을 억누르고 왕권을 강화하는 의미가 있었다.

광종은 또한 스스로 황제라고 자처하며 '준풍'[4]이라는 연호를 사용했다 (949년 참조). 또한 고려의 수도 개성을 개경(開京)이라 칭하고 '황제의 도시'라는 뜻에서 '황도'라고 부르게 했다. 광종은 자신 있게 나라를 이끌어 나갔고, 고려 왕실은 안정을 찾았다.

황도 개경의 흔적

아시아

960년 조광윤이 송나라를 건국하다

후주의 절도사였던 조광윤(송 태조, 재위 960~976)이 여덟 살의 어린 황제를 몰아내고 송나라(960~1127)를 건국했다. 조광윤이 잠들어 있는 사이 부하들이 그에게 황제 옷을 입히고 새 군주로 추대한 것이다. 온화한 성품으로 권력욕이 별로 없던 조광윤은 이로써 얼떨결에 수십 년간 계속된 난세를 수습할 주인공이 된다.

조광윤은 역사상 부드러움으로 강함을 누른 가장 성공적인 통치자 중 하나였다. 그는 자신의 적들을 좀처럼 해치는 법이 없었다. 황제가 된 후 가장 먼저 한 일은 부하들의 군대 지휘권을 돌려 받는 것이었다. 이를 위해 부하들에게 술을 돌리며 "어지러운 시기에 군대를 이끄는 것보다는 고향에서 평생 부자로 사는 편이 행복하지 않겠냐"고 설득했다. 이렇게 그는 피 한 방울 흘리지 않고 부하들의 군대를 접수하는 데 성공했다.

송 태조 조광윤

조광윤이 이처럼 관용에 힘쓴 것은 무력에 의존하는 통치야말로 황제권을 불안정하게 하는 주범이라고 보았기 때문이다. 당나라나 오대십국의 여러 왕조들은 하나같이 무장들의 힘이 너무 강해지면서 멸망했다. 조광윤은 부하들로부터 접수한 군대의 지휘권을 문신들에게 나눠 주었다. 또 문신들이 자신의 정치적 의견 때문에 박해를 받지 않도록 특별한 교시를 내렸다. 정치적 입장을 달리하는 사람들이 공존할 수 있는 분위기가 조성되자 끝이 보이지 않던 오대십국 시대의 혼돈은 가라앉기 시작했다.

조광윤이 실시한 문인 정치는 이후 송나라의 성격에 결정적인 영향을 끼친다. 경제적으로 번영했지만 군사적으로 약했던 송나라의 특성은 조광윤의 문치주의[1]에서 비롯된 것이었다.

1 문치주의 | 무력 대신 학문과 법령을 통해 나라를 다스리는 것

유럽

960년경 덴마크의 왕 하랄 1세가 크리스트교로 개종하다

바이킹의 최대 본거지 중 하나였던 덴마크가 크리스트교를 받아들였다. 이후 덴마크의 노르만족은 서유럽 문화에 동화되어 과거의 약탈 행위와 결별하게 된다. 바이킹의 침입에 시달리던 봉건 영주들이 10세기 들어 각지에 성채를 건설하고, 바이킹의 본거지인 스칸디나비아반도와 덴마크에 비교적 안정된 왕국들이 들어서자 바이킹의 침입은 줄어들게 된다.

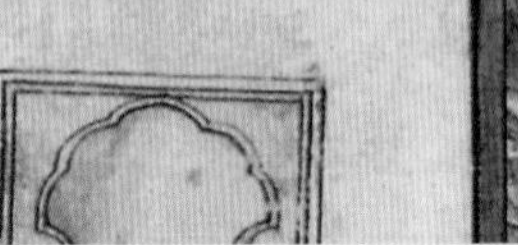

역사 확대경

송나라, 중국 경제의 전성기

10~13세기

당나라에서 송나라로의 전환은 중국의 경제 발전과 밀접한 관계가 있었다. 당나라의 지배 체제는 7세기 이래 중국에서 진행되던 경제 부흥 움직임에 부합하지 못했다. 결국 당나라가 무너지자 중국 경제는 도약기를 맞았고, 송나라는 중국 사상 유례가 없는 경제의 황금기를 구가한다.

① 당나라에서 송나라로 | 경제적 번영의 배경

618년 당나라가 들어서자 중국은 한나라 멸망 후 4세기 만에 평화로운 번영기를 맞이했다. 정치적 안정이 계속되면서 농업이 발전하고 상업도 활발해졌다. 그러나 이러한 경제적 번영은 역설적이게도 당나라의 지배 체제를 뒤흔드는 독이 된다.

당나라의 지배 체제는 소수의 귀족이 정치를 좌우하는 귀족 지배 체제였다. 안정적인 기득권을 확보한 귀족들은 농업을 발전시키는 등의 문제에 관심이 별로 없었다. 따라서 이들은 당시의 경제 발전 흐름을 거스르는 존재였다. 이에 농업 발달로 부를 쌓은 신흥 지주들이 중국의 새 실력자로 떠올랐고, 당나라는 귀족과 신흥 지주 간의 갈등 속에 무너진다.

당나라가 몰락하자 중국은 오대십국의 분열기에 접어든다. 오대십국 시대는 중국 경제사에서 무척 중요한 시기였다. 여러 나라들이 저마다 부국강병책을 추구하면서 농업 생산력이 크게 늘어난 것이다. 당나라 때 개발된 농업 기술들이 이 시기 중국 곳곳에 경쟁적으로 도입됐다.

이 모든 과정 끝에 탄생한 송나라는 이전 왕조들에 비해 경제 발전에 유리한 요건을 두 가지 갖게 됐다. 첫째는 귀족층의 몰락으로 경제 발전을 가로막을 정치적 갈등 요소가 사라졌다는 점이고, 둘째는 오대십국 시대에 각국이 발전시킨 지방 경제를 통합하게 됐다는 점이다.

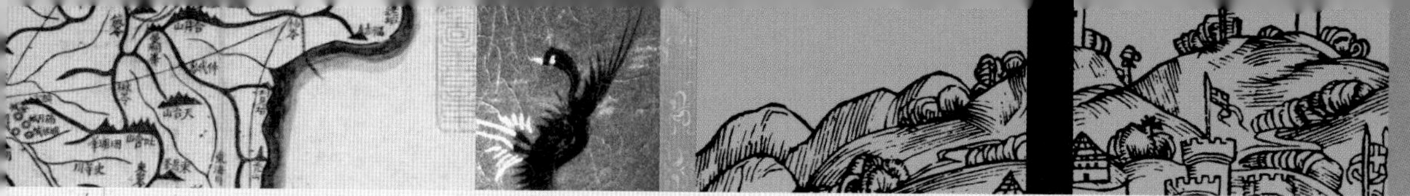

② 중국 경제의 황금기를 구가하다

송대의 농업 발전은 상업과 도시 발전으로 이어졌고, 이는 다시 공업과 과학 기술을 발달시켰다. 송나라 때 일어난 경제적 혁신을 가리켜 중국의 산업혁명이라 부르는 이들도 있다.

송대의 농업혁명 | 송대 농업에서 일어난 획기적인 변화 중 하나는 참파벼의 도입이었다. 참파벼는 동남아시아에서 전래된 새로운 벼 품종이었는데, 물이 적어도 잘 버티고 100일이면 다 자랐기 때문에 1년에 두 번 농사를 짓는 것(이모작)이 가능해졌다. 이모작은 다시 이모작의 효율을 높이는 모내기와 거름 주기의 발전을 가져왔다. 인분을 거름으로 쓰기 시작한 것도 이때부터였는데, 부족한 거름을 채우기 위해 도시에서 배로 사람의 똥을 날라 오는 진풍경도 벌어졌다. 쌀이 중국인의 주식 중 하나가 된 것은 송나라 때부터였다.

상업과 도시의 발달 | 쌀의 대량 생산은 농민들이 더는 식량 생산에만 매달릴 필요가 없어졌음을 뜻했다. 당시 유행하던 "소호숙 천하족(蘇湖熟 天下足, 양자강 하류에 풍년이 들면 천하가 배불리 먹을 수 있다)"이라는 말처럼, 양자강 일대에서 재배하는 쌀만으로도 중국의 여러 지방을 먹여 살릴 수 있었기 때문에 나머지 지방의 농민들은 그 고장의 기후에 맞는 특산품 재배에 힘을 쏟을 수 있었다. 이러한 농업의 지역 간 전문화는 각지의 특산물을 연결하는 상업의 발달을 촉진했다.

상업이 발달하면서 도시들도 발전한다. 이전까지 중국의 도시들은 상업보다는 군사적인 기능을 수행했기 때문에 그 수가 많지 않았고 경제적으로도 역할이 미미했다. 그러나 송나라 때 지역 간 무역이 늘어나자 교통의 요지마다 상업 도시가 생겨났다. 도시에 모인 상인들은 동업 조합을 결성해 조직적인 상업 행위를 펼쳤고, 도매상들은 각지의 수요와 공급을 확인하며 상거래를 효율적으로 지휘했다.

"(남송의 수도였던 항저우에서) 그렇게 많은 군중을 본 사람이라면 그들을 모두 먹여 살릴 만한 음식을 구할 수 없을 것이라 여기겠지만, 장날이 되면 언제나 시장통은 마차와 배에 음식을 싣고 오는 상인과 사람들로 북새통을 이뤘다." | 마르코 폴로 『동방견문록』

송나라 수도 개봉의 번성한 모습을 그린 〈청명상하도〉

962년 송나라와 외교 관계를 맺다

고려가 광평시랑 이홍우를 송나라에 사신으로 보내 외교 관계를 맺었다. 송나라는 북쪽 국경을 위협하던 요나라를 견제하기 위해 고려와 정치적, 군사적 동맹 관계를 강화하려 했고, 고려는 송나라의 선진 문물을 수입하는 데 외교 관계의 중점을 두었다. 두 나라는 사절단과 예물을 자주 교환했으며, 고려는 송나라에 유학생을 파견하고 송나라는 고려에 상인을 보내면서 가까운 관계를 유지해 나갔다.

송나라를 큰 나라로 섬기게 되자 고려는 963년 송나라 연호인 '건덕'을 사용했다.

963년 불교 통합의 주역인 균여대사가 귀법사에 부임하다

광종이 개경에 귀법사라는 절을 세우고 불교 대중화에 힘쓴 균여대사[1]를 주지 스님으로 모셨다. 균여는 여러 교파로 나뉘었던 불교를 통합하기 위해 노력해 온 스님이었다. 특히 교종인 화엄종과 법상종을 통합하여 호족들의 불교인 선종을 압도했기 때문에 왕권을 강화하려는 광종의 사랑을 받았다.

한편 균여는 「보현십원가」라는 향가 11수를 지어, 대중이 노래를 부르며 불교의 교리와 친해지도록 하기도 했다.

1 균여의 사상 | 균여의 사상은 '성상융회(性相融會)'라는 말로 요약할 수 있다. 공(空)을 뜻하는 성(性)과 색(色)을 뜻하는 상(相)을 원만하게 융합하자는 것으로, 화엄종과 법상종을 하나로 통합하려는 뜻을 지니고 있다.

965년 왕실에서 관례를 행하다

15~20세에 성인이 됐다는 표시로 남자는 상투를 틀고 여자는 쪽을 찌는 관례가 고려 왕실에서 태자에게 시행됐다. 관혼상제(관례, 혼례, 상례, 제례)로 일컬어지는 사례의 하나인 관례가 한반도에서 시행된 기록은 이것이 처음이다.

968년 거불의 대표인 은진미륵을 만들기 시작하다

고려 전기에 여러 곳에 세워진 거불 가운데 대표적인 작품으로 알려진 관촉사 석조미륵보살입상(은진미륵)이 만들어지기 시작했다. 승려 혜명은 지금의 충청남도 논산의 반야산 기슭에서 18미터가 넘는 거대한 바위를 구해 불상을 만들기 위한 준비에 들어갔다. 이처럼 큰 바위를 세우기 위해 옆에 흙으로 담을 쌓았으며, 바위에 불상을 새기는 작업은 970년에 시작해 1006년에야 끝났다고 한다(1743년의 사적비).

이러한 거불이 세워지게 된 것은 불교를 숭상하는 지방 호족이 자신의 힘과 신앙심을 과시하기 위해 앞다퉈 큰 불상을 만들었기 때문이다. 거불은 투박하지만 꾸미지 않은 호족들의 활달한 기상을 엿보게 해 준다.

관촉사 석조미륵보살입상
충청남도 논산시 관촉사에 있는 높이 18.12미터의 불상. 보물 제218호. 몸통은 거대한 돌을 원통형으로 깎아 만든 돌덩이일 뿐이다. 왼손을 아래로 내려 엄지와 중지를 맞대고 있는 모습으로 볼 때 미륵보살이 아니라 관음보살이지만, 민중은 이 불상이 민중을 구제한다는 미륵이라고 믿었다.

유럽

962년 신성로마제국이 성립하다

독일 작센왕조(933년 참조)의 2대 왕 오토 1세(재위 936~973)가 교황으로부터 로마 황제의 칭호를 받았다. 교황을 이탈리아의 정적들로부터 보호해 준 대가였다. 이 때부터 독일은 1806년 나폴레옹에게 정복될 때까지 로마제국(신성로마제국)[1]이라 불리게 된다.

오토 1세가 교황을 도운 것은 그의 왕권 강화책과 관계가 있었다. 오토는 즉위부터 임종까지 왕권 강화에 전력을 쏟은 인물이었다. 그러나 봉건제가 단단하게 뿌리 내린 상황에서 왕권을 강화하기란 쉽지 않았다. 그는 재위 기간 대부분을 봉건 제후들과 싸우면서 보냈다. 제후들과 대결하면서 오토는 봉건 귀족을 대신할 만한 새로운 통치 계급을 찾았는데, 그것은 바로 성직자였다. 가족이 없는 성직자는 정치적 욕심도 적을 것이므로, 관료로 쓰기에 적합하다고 여긴 것이다. 이 때문에 오토는 성직자를 자신에 통제하에 두고자 했고, 교황을 도운 것도 이런 맥락에서였다. 교황은 이후 11세기 중엽까지 신성로마 황제와 이탈리아의 귀족들 사이에서 정쟁의 도구로 전락한다(1077년 참조).

교황 요하네스 7세(오른쪽에서 두 번째)를 만나는 오토 1세(왼쪽에서 두 번째)

1 로마제국과 신성로마제국 | 오토 1세의 시대에는 독일을 단순히 '로마제국'이라고만 불렀다. 앞에 '신성(독일어로 Heiliges)'이라는 형용사가 추가된 것은 1157년, 교황과 독일 황제 간의 대립이 한창일 때 독일 황제의 신성함을 강조하기 위해서였다.

아프리카

969년 파티마왕조가 이집트를 정복하고 새 수도 카이로를 건설하다

북아프리카 대부분을 장악한 파티마왕조(909년 참조)가 이집트 정복에 성공했다. 이집트는 이슬람 세계의 심장부 중 하나로, 파티마왕조가 건국 당시부터 탐낸 지역이었다. 파티마왕조는 근거지를 이집트로 옮기기 위해 나일강 유역에 4년에 걸쳐 새 수도를 건설했다. 수도 이름은 정복자란 뜻의 '알 카히라'였는데, 이는 유럽에 '카이로'란 이름으로 알려지게 된다.

이후 카이로는 이슬람 문화의 새로운 중심지로 떠오른다. 시장은 홍해와 지중해에서 온 상인들로 붐볐고, 이집트의 풍부한 곡물을 바탕으로 경제적 번영을 누렸다. 972년 설립된 알 아즈하르 대학은 지금까지도 이슬람 신학과 법학의 중심지로 유명하다.

카이로의 알 아즈하르 대학
세계에서 가장 오래된 대학 중 하나다. 알 아즈하르 사원 내부에 있다.

975년 **5대 경종이 왕위에 오르다**

노비안검법과 과거제를 실시해 귀족의 세력을 억누르고 왕권을 강화했던 광종이 죽고, 태자가 왕위에 오르니 경종(재위 975~981)이다. 경종은 왕위에 오르자 광종 때 억울하게 죽은 사람의 자손이 부모의 복수를 하도록 허용했다. 그러자 서로 죽이는 살육전이 벌어지고, 왕건의 아들인 천안부원군이 살해당하는 일까지 일어났다. 경종은 천안부원군을 죽인 왕선을 귀양 보내고 복수하는 법을 거두어 들였다.

976년 **경종이 전시과 제도를 실시하다**

국가가 중앙과 지방의 관리들에게 곡식과 땔감을 나누어 주는 전시과 제도가 시행됐다. 전시과란 '관리의 등급(과)'에 따라 '농사짓는 밭(전)'과 '땔나무가 나는 임야(시)'를 나누어 주는 것을 말한다. 이때 국가는 관리들에게 밭과 임야를 직접 주는 것이 아니라 그곳에서 나는 곡식과 땔나무를 나누어 준다. 그러므로 관리는 토지에 대한 소유권을 받는 게 아니라 수조권(수확량의 일부를 받는 권리)을 받을 뿐이다. 이것은 국가가 전국의 토지를 관리하고 관리들을 통제할 수 있을 만큼 중앙 집권이 강화됐음을 의미한다.

경종이 실시한 전시과는 '직산관전시과'로서 이후 네 차례 개정을 거쳐 1076년(문종 30)에 완전히 정비된다. 전시과를 받는 사람들의 등급은 가장 높은 중서령부터 가장 낮은 이원(지방관리)까지 18등급이다. 현직 관리에게 주는 전시과를 '직전'이라고 했으며, 군인에게 주는 '군인전', 나라에 공을 세운 공신에게 주는 '공음전', 관청에 지급하는 '공해전' 등이 있었다.

전시과

'결(結)'은 옛날에 토지의 기름진 정도와 넓이를 헤아리는 단위였다. 한 줌에 쥘 수 있는 곡식이 나오는 땅을 1파라 하고 10파는 1속, 10속은 1부, 100부는 1결이었으며, 이러한 측량법을 '결부법'이라 한다. 고려 전기의 결부법은 땅의 면적만 재는 방식이었으나, 후기로 가면서 토지의 비옥도와 면적을 함께 쟀다. 따라서 토지가 기름진 정도에 따라 면적이 달랐는데, 가장 높은 등급의 토지 1결은 약 60아르(1800평), 가장 메마른 토지 1결은 약 130아르(4000평)였다.

과	지급액		과	지급액	
	전지(결)	시지(결)		전지(결)	시지(결)
1	10	50	10	50	15
2	90	45	11	45	12
3	85	40	12	40	10
4	80	35	13	35	5
5	75	30	14	30	5
6	70	27	15	25	
7	65	24	16	22	
8	60	21	17	20	
9	55	18	18	17	

아시아

972년 송나라가 과거 제도를 개편해 전시(殿試)를 시행하다

송 태조 조광윤이 과거 시험의 부정행위를 막기 위해 최종 합격자를 직접 선발하기로 했다. 이때 황제 앞에서 치르는 시험을 '전시'라 한다.

전시의 도입은 황제 중심의 문관 지배 체제를 만드는 데 핵심적인 역할을 하게 된다. 이전의 과거 시험에서는 시험관이 응시자의 합격 여부를 결정했다. 따라서 시험관을 중심으로 한 관리들의 파벌이 생기곤 했다. 그러나 관리가 될 사람을 황제가 직접 뽑기 시작하면서 관리에 대한 황제의 장악력이 크게 높아진 것이다.

송나라 때의 전시 모습
중앙에 황제가 앉아 있고, 응시생이 답안을 바치고 있다.

송 태조와 그의 뒤를 이은 태종(재위 976~997)은 공정한 관리 등용을 위해 세심한 신경을 썼다. 관리 등용이 공정해야 권력을 대물림하는 특권층이 생기지 않기 때문이다. 실제로 당나라 때까지는 한 집안에서 재상이 연속으로 나오는 경우도 많았지만, 송대 이후에는 2대가 연속으로 과거에 합격하는 일조차 거의 없어졌다. 송나라의 관리들은 자기 힘으로 공부해서 황제에게 실력을 인정받은 자들이었다. 이들이 황제에게 더욱 충성스러울 것이라는 점은 두말할 나위가 없었다.

송대의 과거 시험은 관리가 되기 위한 거의 유일한 방법이었다는 점에서 송나라의 문화에 지대한 영향을 미쳤다. 유교 경전을 공부하는 일이 보편적인 현상이 되었고, 사대부 문화가 활짝 꽃을 피웠다.

아시아

977년 아프가니스탄에서 가즈나왕조가 일어나다

튀르크족 노예 군인이었던 세뷔크티진이 아프가니스탄의 가즈니에서 가즈나왕조를 세웠다. 그의 아들 마흐무드는 인도 북부의 펀자브 지방으로 세력을 확대했는데, 이로써 가즈나왕조는 이슬람교를 인도에 뿌리내린 최초의 왕조가 됐다. 인도에는 이후 16세기 인도 전역을 통치한 무굴제국(1526~1857)을 비롯해 오늘날의 파키스탄과 방글라데시[1]에 이르기까지 많은 이슬람 국가가 등장하게 된다.

1 파키스탄과 방글라데시 | 본래 인도의 일부였다가 1947년 인도가 영국으로부터 독립할 때 갈라져 나왔다.

가즈나왕조의 영역

아시아

979년 송나라가 중국을 통일하다

송나라가 오대십국의 마지막 남은 나라인 북한(北漢)을 병합했다. 이로써 오대십국 시대는 끝나고 송나라가 중국 전체를 지배하게 됐다.

981년 **6대 성종**(재위 981~997)**이 왕위에 오르다**

982년 **최승로가 「시무 28조」를 제출하다**

성종이 "현재 정치의 옳고 그름을 논하라"라는 숙제를 내자 5품 이상의 관리들이 제출한 보고서 가운데 유학자 최승로의 「시무 28조」가 가장 돋보였다.
최승로는 불교를 개인적 신앙으로 제한하고, 왕실과 조정이 불교 행사에 치우치는 것을 막으려 했다. 승려가 궁궐에 자주 드나드는 것을 금지하고 왕실이 지나치게 불교를 숭상하는 것도 견제했다. 또한 절이 백성을 상대로 한 고리대금업을 하지 못하도록 했다.
신라 육두품[1] 출신 귀족인 최승로는 유학의 원리에 따른 중앙 집권 국가를 이상으로 삼았다. 따라서 중앙에서 지방관을 파견하고 관리들의 복장을 통일해야 한다고 주장했다. 그러면서 국왕에게 신하들을 예로써 대하고 삼한공신[2]을 잘 대우하라고 촉구했다. 또한 중국의 문물제도를 고려의 실정에 맞게 받아들일 것을 권고하고, 북방 이민족의 침략에 대비해 군사력을 키워야 한다고 지적했다.
성종은 「시무 28조」를 받아들여 고려 전기의 국가 체제를 다져 나갔다.

986년 **농민을 구제하기 위한 의창을 설치하다**

고려의 빈민 구제 기관인 흑창(黑倉)이 의창(義倉)으로 거듭났다. 흑창은 춘궁기에 농민에게 곡식을 빌려 주었다가 추수 뒤에 돌려받는 기관으로 태조 왕건 때 설치됐다. 성종은 이러한 흑창에 보관하는 곡식을 1만 석 늘리고 이름을 의창으로 바꿔 흉년이 들 때 농민을 돕도록 했다. 빈민 구제 기관은 고구려에도 있었으며, 의창이라는 이름이 사용된 것은 중국 수나라 때가 처음이었다. 고려의 의창 제도는 조선에서도 이어지게 된다.

987년 **노비환천법을 실시하다**

광종 때 실시된 노비안검법(956년 참조)에 따라 노비 신분을 벗고 양인이 된 사람을 도로 노비로 만들 수 있는 노비환천법이 시행됐다. 노비였다가 양인[3]이 된 자가 옛 주인을 경멸하거나 옛 주인의 친족과 다툼을 벌이면 다시 노비 신세로 돌아가야 하게 된 것이다. 노비환천법을 건의한 사람은 유학자이면서 귀족 정치를 추구한 최승로였다. 노비안검법으로 많은 노비를 잃은 귀족들이 그 손해를 보상받기 위해 추진한 법령인 셈이다.

1 육두품 | 신라 말기 진골 귀족들의 다툼 속에서 능력을 발휘하지 못했지만, 고려가 건국되자 고려 정부에 진출해 나라의 기반을 다지는 데 공을 세웠다. 고려는 신라와 달리 골품제의 구속이 없었기 때문이다.

2 삼한공신 | 태조 왕건이 후삼국 통일에 공을 세운 당대의 세력가들에게 내린 공신 호칭. 대략 3200명 정도로 짐작된다.

역대 빈민 구제 제도

진대법 | 고구려. 194년에 실시된 빈민 구제법. 3~7월에 농가의 식구 수에 따라 나라의 곡식을 빌려 주고 10월에 돌려받았다.

점찰보 | 신라. 7세기 진평왕 때 원광법사가 절에 설치한 보(곡식 대여 기관).

흑창 | 고려. 태조 왕건 때 식량 안정을 위해 설치.

의창 | 고려. 986년 중국 수나라의 제도를 본받아 설치.

상평창 | 고려. 993년 중국 한나라의 제도를 본받아 설치한 물가 조절 기구. '상평'은 '항상 고르게 한다'는 뜻.

사창 | 조선. 1451년 의창의 보조 기구로 각 촌락에 설치.

진휼청 | 1626년 상평청을 통합해 평시에는 상평청으로 물가 조절을 하고, 흉년이 들면 진휼청이 곡식 대여 업무를 함.

3 양인 | 귀족과 천민 사이에 있는 신분. 평민, 양인으로도 불린다.

유럽

987년 프랑스 최초의 왕조인 카페왕조가 들어서다

서프랑크왕국의 마지막 왕이 자식 없이 죽었다. 그러자 성직자들이 귀족 회의를 소집해 위그 카페를 왕으로 추대했다. 위그 카페는 파리를 중심으로 한 일 드 프랑스[1] 지방의 영주였다. 이로써 서프랑크왕국은 무너지고 프랑스의 첫 왕조인 카페왕조(987~1328)가 들어섰다.

위그 카페의 즉위 과정은 당시 왕의 권위가 얼마나 보잘것없었는지를 잘 보여 준다. 성직자들이 개입해 후계자를 결정하고, 귀족들의 합의로 선출되는 왕[2]이 봉건 제후들을 제대로 다룰 리 없었다.

이처럼 취약한 왕권에 만족하지 못한 위그 카페는 즉위하자마자 자신의 아들을 후계자로 결정했다. 앞으로 누가 왕이 될지는 귀족들이 아니라 왕이 직접 정하겠다는 뜻이었다. 그는 귀족들의 반발을 누르기 위해 아들의 대관식을 미리 거행했다. 이후 태자가 대관식을 치르는 관례가 생기면서 카페왕조의 왕들은 순조롭게 왕위를 대물림하게 된다.

이후 안정된 왕위 계승과 파리 일대의 경제력을 바탕으로 카페왕조의 왕들은 조금씩 왕권을 강화해 나간다. 13세기경부터는 왕의 힘이 제후들을 압도하면서 프랑스의 기본적인 통일성이 확립된다.

1 프랑스 | 프랑스가 정식 국호로 사용된 것은 1180년 즉위한 필리프 2세 때부터였다. 그 이전까지는 '프랑크'가 계속해서 나라 이름으로 쓰였다.

2 귀족들의 국왕 선출 | 서프랑크왕국에서 귀족들이 국왕을 선출한 사례는 이전에도 몇 차례 있었다. 위그 카페 즉위 당시 그의 선출을 주도한 이들은 이러한 관례를 고정시키려고 했다.

유럽

988년 러시아가 동방정교로 개종하다

키예프공국의 대공 블라디미르 1세가 일신교로 개종하기로 했다. 동로마제국, 불가리아 등 주변 강대국들이 모두 일신교[3]를 국교로 하고 있었기 때문이다. 그는 동방정교, 가톨릭, 그리고 이슬람교 사제들을 모아 놓고 자기 종교의 장점을 설명케 했다. 처음에는 이슬람교가 블라디미르의 관심을 끌었으나 술을 금지한다는 말에 마음을 돌리고 말았다. 서유럽의 가톨릭은 서유럽 문화가 보잘것없다는 이유로 기각됐다. 결국 그가 택한 것은 화려한 동로마 문화를 접할 수 있는 동방정교였다.

이후 러시아는 동로마제국과 밀접한 문화적 관계를 맺으며 세계 최대의 동방정교 국가로 성장하게 된다.

3 일신교 | 유일신을 숭배하는 종교. 조로아스터교, 유태교, 크리스트교, 이슬람교 등이 대표적이다.

러시아 모스크바의 동방정교회

국자감
1275년 국학으로 바뀌었다가 1308년 성균관으로 개칭됐다. 성균관이라는 이름은 조선으로 이어진다. 사진은 개성에 있는 고려 성균관이며, 현재 박물관으로 쓰이고 있다.

992년 성종이 국립대학인 국자감의 설치를 명하다

성종이 국가에 봉사할 인재를 양성하는 국자감을 창건하라는 지시를 내렸다.[1] 국자감은 신라의 국학을 잇는 국립대학 격으로 『주역』, 『상서』 등 유학과 한문학의 고전들을 주로 가르쳤다.

1 고려의 국립 교육 기관 | 고려에 국립 교육 기관이 설치된 것은 이번이 처음은 아니고, 태조 왕건이 930년에 이미 서경에 학교를 세운 기록이 있다.

993년 거란의 1차 침략이 일어나다

거란이 쳐들어왔다. 거란은 송나라와 다투고 있었는데, 고려가 송나라와 교류하며 거란을 멀리했기 때문이다. 거란 성종(聖宗)은 소손녕에게 80만 대군을 주어 남하하도록 했다. 거란이 지금의 황해북도 봉산군을 빼앗자 고려 조정에서는 항복하든지 서경 이북을 떼어 주자는 논의가 일어났다. 그러나 중군사 서희가 끝까지 싸울 것을 주장해 고려군은 안융진(지금의 평안남도 안주군)에서 거란군을 물리쳤다. 그러자 거란에서도 화친을 바라게 되고, 서희가 소손녕과 담판에 나섰다. 소손녕은 고려가 거란 땅인 옛 고구려를 침식하고 있으며, 이웃인 거란을 버리고 송나라와 교류하고 있어서 쳐들어왔다고 밝혔다. 서희는 고려야말로 옛 고구려를 계승한 나라이며, 거란과 교류하고 싶어도 중간에 여진이 있어 안 되므로 여진이 차지한 땅을 고려에 달라고 요구했다. 거란은 고려가 여진 땅에 강동6주를 개척하는 데 동의하고, 고려는 송나라의 연호 대신 거란의 연호를 사용하기로 했다. 이로써 고려는 실리를 얻고 거란은 고려의 형식적인 사대(事大)를 받아 냈다. 그러나 고려가 송나라와 비공식적인 교류를 계속하고 강동6주의 전략적 가치가 드러나자 거란은 재침략을 노리게 된다.

건원중보

996년 금속 화폐인 철전을 만들어 보급하다

고려가 금속 화폐를 만들기 시작했다. 중국 당나라에서 발행됐던 건원중보라는 화폐를 모방해 앞면에는 '건원중보'[2]라는 화폐 이름을 새기고, 뒷면에는 위아래에 고려를 뜻하는 '동국(東國)'이라는 글자를 새겼다.

2 건원중보 | 건원중보는 요즘 돈과 달리 값이 표시되어 있지 않으며, 차와 술을 파는 다주점(茶酒店)과 식품을 파는 식미점(食味店) 등에서만 사용됐다.

997년 7대 목종이 왕위에 오르다

고려 6대 성종이 죽고 경종의 맏아들인 왕송이 7대 왕에 등극하니, 이가 목종(재위 997~1009)이다. 즉위한 후 어머니인 헌애왕후 황보 씨를 천추태후(千秋太后)[3]로 높였다. 전시과를 개정하고 학문을 장려하는 등 좋은 정치를 위해 노력했으나, 자식이 없어 당숙인 대량원군 순을 후계자로 삼았다. 천추태후는 외척인 김치양과 정을 통해 낳은 자식을 왕으로 삼기 위해 순을 죽이려다가 정변을 초래하게 된다.

3 천추태후 | 헌애왕후가 천추전에 살게 된 데서 비롯된 이름

아시아

1000년 송나라에서 당복이 화전(火箭)을 발명하다

송나라의 기술자 당복이 화약[1]의 힘으로 날아가는 신무기를 만들었다. 로켓의 시초인 이 무기는 '화전'이라 불렸다. 송나라는 화약을 본격적으로 전쟁에 쓰기 시작했는데, 이는 화약 제조법이 개량되고 새로운 화약 무기가 많이 발명됐기 때문이다. 화전은 나중에 한반도에도 전래돼 신기전, 화차 등으로 발전한다.

화전 발사 모습

1 화약 | 9세기 중엽 중국에서 신선술을 연구하는 도사들이 불로장생의 약을 만들려다가 우연히 발명했다고 한다. 화약이 본격적으로 전쟁에 쓰인 것은 10세기부터였다.

아메리카

1000년경 노르만족이 아메리카에 도착하다

그린란드[2]의 노르만족 족장 레이프 에릭손이 35명의 부하를 이끌고 서쪽으로 항해했다. 몇 년 전 한 무역상이 우연히 보았다는 미지의 땅을 찾기 위해서였다. 그는 이윽고 수풀이 우거진 살기 좋은 땅에 당도했는데, 이곳은 지금의 캐나다 동북부 뉴펀들랜드 지방으로 추정된다. 여기에는 이미 아메리카 원주민이 살고 있어 노르만족이 정착하지는 못한 듯하다. 하지만 미지의 땅에서 펼쳐진 그의 모험담은 당시 절정에 이르렀던 바이킹들의 개척과 탐험 활동을 잘 보여 준다.

10~11세기는 아이슬란드와 그린란드 일대에서 활발한 개척 활동이 이뤄지면서 많은 모험담이 탄생했다. 이러한 모험담을 토대로 수많은 '사가(아이슬란드를 중심으로 발달한 중세 노르만족의 이야기 문학)'들이 지어졌기 때문에 이 시기를 '사가의 시대'라 부르기도 한다.

에릭손의 아메리카 탐험 기념 우표
덴마크에서 발행된 우표로, 바이킹의 선박과 에릭손이 탐험한 뉴펀들랜드 지방의 지도가 나와 있다.

2 그린란드 | 982년경 바이킹 탐험가 '붉은 머리 에릭'이 발견했다고 전해진다. '그린란드'는 '녹색의 땅'이란 뜻이다. 이곳은 대부분 빙하로 뒤덮여서 녹색의 땅과는 거리가 멀지만, 에릭이 다른 노르만족의 이주를 꾀기 위해 이런 이름을 붙였다고 한다.

아프리카

1000년경 서아프리카에서 가나왕국이 전성기를 맞다

사하라사막 서남쪽에 위치한 가나왕국이 당시 사하라사막 남쪽의 주요 상업 도시였던 아우다그호스트와 그 일대를 정복했다. 이로써 가나왕국은 사하라사막 대상 무역[3]의 주도권을 잡았고 황금기를 구가하게 된다.

4세기경 세워진 것으로 추정되는 가나왕국은 남쪽에서 산출되는 대량의 금을 지중해와 서아시아에 내다 팔아 부를 쌓았다. 이렇게 쌓은 부를 바탕으로 세력을 키워 사하라 이남의 최대 국가로 성장했다. 가나는 고도의 중앙 집권적 지배체제를 유지했는데, 11세기 이슬람의 기록에 의하면 왕은 20만에 달하는 병력을 거느렸다고 한다. 13세기 초 세워진 말리왕국에 무너졌다.

3 대상 무역 | 낙타나 말에 짐을 싣고 초원이나 사막을 가로질러 무역하던 상인 집단

가나왕국의 영역

10세기의
목소리

불교를 믿는 것은
몸을 닦는 근본이요,
유교를 행하는 것은
나라를 다스리는 근원이다.[1]

우리나라는 고구려를 이었으니 이름도 고려라 했습니다. 땅의 경계로 말하자면 상국(거란)의 동경까지 모두 우리 땅이니 어찌 우리가 귀국 땅을 침식했다 할 수 있소이까?[2]

1 최승로 「시무 28조」 중에서
불교는 개인의 수행 차원에서 숭상하고, 유교를 국가 통치의 규범으로 삼는 이 같은 태도는 고려 왕조 내내 일관된 원칙이었다.

2 『고려사』 중에서
993년 거란의 소손녕이 침공해 오자 서희는 국서를 받들고 거란 진영으로 가 소손녕과 만났다. 이 자리에서 소손녕은 "귀국은 신라에서 일어났으니 고구려 땅은 우리 것인데 너희가 그것을 침식했소. 그런데도 우리와 관계를 끊고 바다 건너 송나라를 섬기니 이에 이른 것이오."라고 몰아붙였다. 이에 대해 서희는 고려가 고구려를 계승한 나라라는 것을 밝히며 침착하게 소손녕을 설득해 외교적 승리를 이뤄냈다.

첫째, 조광윤에게 양위한 후주 황제 시씨와 그 후손을 도읍이 무너지는 날까지 돌봐 주어라. 둘째, 의견이 다르다는 이유로 사대부를 죽이지 말라.[1]

떠나야 하느니라.
어떤 손님도 한 장소에 영영 머물지는 않느니라. 벗의 집 화롯가에 오래 앉아 있으면 사랑조차 잃고 마느니라.[2]

1 송 태조 조광윤의 유언
송 태조는 죽기 전 궁중의 돌에 비밀스러운 유언을 새겨 후대의 황제만이 볼 수 있도록 했다. '석각유훈'이라 불리는 위의 유훈이 그것이다. 내용은 딱 두 가지로 지극히 간단했고, 지극히 절절했다. 송나라 황제들은 이를 가슴 깊이 새겨 아무리 격렬한 정쟁이 일어나도 신하를 죽이지 않았다.

2 노르만족 시가집 『에다』 중에서
『에다』는 9~12세기에 지어진 노르만족의 시가를 모은 책이다. 수록된 작품들은 당시 노르만족의 가치관과 생활상을 전해 준다. 위의 시는 새로운 세계를 찾아 끊임없이 이주하던 노르만족의 도전 정신이 잘 드러난 작품이다. 노르만족은 이러한 도전 정신을 바탕으로 그린란드와 북아메리카 같은 오지까지 탐험할 수 있었다.

11세기

1001~1100

번영하는 송나라 수도 개봉의 모습을 그린 〈청명상하도〉

고려와 송나라가 문화의 꽃을 피우고, 유럽은 십자군전쟁으로 나아가다

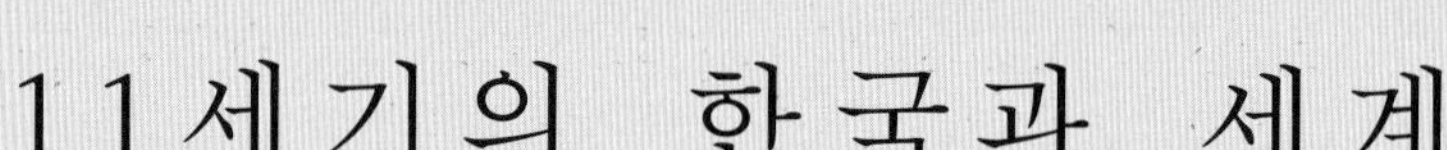

11세기의 한국과 세계

고려와 송나라가 문화의 꽃을 피우고, 유럽은 십자군전쟁으로 나아가다

10세기 후반부터 거란은 송나라와 고려를 맹렬히 몰아붙였다. 잇따른 거란의 침략에 고려는 굴하지 않고 맞섰다. 강감찬이 이끄는 20만 고려군은 거란의 10만 침략군을 귀주에서 전멸시키다시피 하는 대승을 거두었다. 전쟁이 끝난 뒤 고려와 거란 사이에는 타협이 이루어졌고, 한동안 평화가 이어지자 문벌 귀족 중심의 고려 문화는 전성기를 누렸다.

송나라는 비록 군사력이 약해 거란을 형의 나라로 받드는 외교적 굴욕을 당했지만, 세계 최초의 화폐를 만들고 활자 인쇄술을 발명하는 등 찬란한 문화적 업적을 쌓았다. 유럽에서는 서유럽의 로마가톨릭과 동유럽의 정교회가 갈라지고, 서유럽 내에서도 종교 지도자인 교황과 세속의 지도자인 군주들이 서로 물고 물리는 싸움을 벌였다. 이 싸움을 잠시 멈추게 만든 것은 이슬람 세계에 나타난 새로운 적 셀주크튀르크였다. 동로마 황제와 교황이 유럽의 군주와 기사들에게 이슬람 세계를 향한 십자군원정을 호소하면서 11세기는 막을 내렸다.

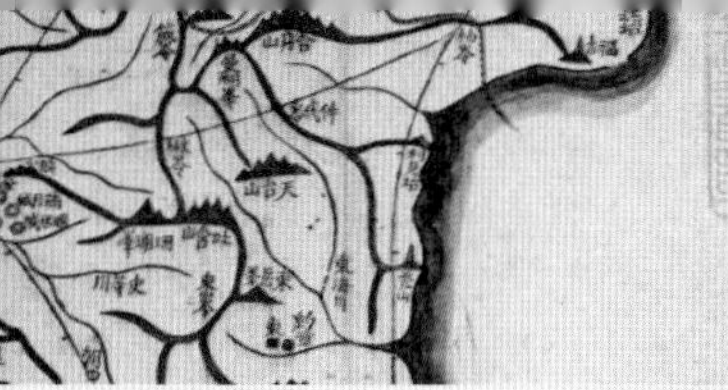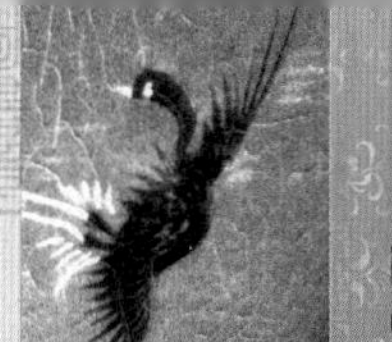

	1004년	거란 송, 전연의 맹
	1008년	일본 무라사키 시키부, 『겐지 이야기』 지음
강조의 정변	1009년	베트남, 리왕조 성립
거란의 2차 침입	1010~1011년	
초조대장경 조판 시작	1011년	
거란의 3차 침입, 귀주대첩	1018~1019년	
	1023 년	송, 세계 최초의 지폐인 교자 발행
	1028년	덴마크왕 크누트 1세, 북해제국 건설
개경 나성 완성	1029년	
	1037년	셀주크 왕조 성립
	1038년	서하 건국
천리장성 축조	1044년	
	1048년	송나라 필승, 활자 인쇄술 발명
	1054년	동서 교회, 서로 파문
최충, 구재학당 세움	1055년	
면류관 최초 도입	1064년	
	1066년	노르망디 공 윌리엄, 잉글랜드 정복
	1069년	왕안석, 신법 추진
경정전시과 시행	1076년	
	1077년	카노사의 굴욕
	1082년	송나라 소식, 「적벽부」 지음
의천, 송나라 유학	1085~1086년	
	1095년	교황 우르바누스 2세 제창에 따라 제1차 십자군원정
동국통보 주조	1097년	

1 탐라국 | 지금의 제주도는 삼국 시대 이래 '탐라국'이라는 섬나라로 역사에 등장한다. 고려는 1105년부터 이곳을 '탐라군'이라는 이름으로 직접 다스렸다.

비양도

1002년, 1007년 탐라에서 화산이 폭발하다

탐라국[1](지금의 제주도)에서 화산이 활동해 산과 섬이 새로 생겼다. 먼저 1002년에 산이 분출해 5일간 용암이 흘러내렸고, 5년 뒤에는 바다에서 산이 솟아났다. 이로 인해 탐라국의 민심이 흉흉해졌고, 사건을 전해 들은 고려 정부는 태학박사 전공지를 사신으로 보냈다. 전공지는 화산 활동 상황을 조사한 뒤 탐라 사람들이 무서워 접근하지 못하는 현장으로 가서 산의 모습을 그려 정부에 제출했다.

지금 제주도에서는 이때 솟아오른 기생화산(제주 말로 '오름')을 제주시 한림읍 협재리 앞바다에 있는 비양도(飛揚島)로 보고 있다.

2 천추태후에 대한 평가 | 조선 시대 유학자들이 쓴 『고려사』 등에서는 천추태후를 음탕한 여인으로 묘사하고 있으나, 이는 고려 시대의 관습을 무시한 왜곡된 평가라는 비판도 있다. 유학을 강조했던 성종에 맞서 전통 사상과 북진 정책을 지키려 했던 여걸로 재평가하는 사람들도 있다.

1009년 강조가 정변을 일으켜 목종을 폐하다

목종의 어머니 천추태후[2]가 외척 김치양과 함께 그들 사이에 태어난 아들을 목종의 후계자로 세우려고 하다가 실패했다. 천추태후와 김치양은 목종의 후계자인 대량원군 순을 숭교사라는 절에 보내 승려로 만든 뒤 죽이려 했다. 이때 어머니의 음모를 눈치챈 목종은 서북면도순검사 강조를 불러들여 이를 막으려 했다.

그러나 개경에 들이닥친 강조는 김치양을 죽이고 천추태후를 유배 보내는 데서 그치지 않고, 목종마저 물러나게 한 뒤 대량원군 순을 왕위에 앉혔다. 이가 8대 현종(재위 1009~1031)이다.

1010년 거란의 2차 침입이 일어나 현종이 나주로 피란하다

거란의 성종이 목종을 시해한 강조를 벌 주겠다며 직접 40만 대군을 이끌고 쳐들어왔다. 강조는 행영도통사가 되어 30만 군사로 맞서 싸우다 사로잡혔다. 강조는 거란 성종으로부터 거란의 신하가 되라는 요청을 받았으나, 끝내 거절하고 죽임을 당했다.

이로써 성종이 내건 정벌의 이유는 사라졌으나 성종의 진짜 속셈은 고려와 송나라의 교류를 완전히 끊고 강동6주를 빼앗으려는 것이었다. 따라서 거란은 공격을 계속해 개경까지 함락시켰고, 현종은 전라도 나주로 피란을 떠나야 했다.

아시아

1004년 송나라와 거란 사이에서 화친이 이뤄지다

거란의 성종[1](재위 982~1031)이 대군을 이끌고 송나라에 침입해 황하 남쪽 전주(澶州)까지 진격했다. 전주는 송나라 수도 개봉에서 얼마 떨어져 있지 않은 곳이었다. 송나라 3대 황제 진종은 어쩔 수 없이 이를 상대하러 나갔으나 이길 자신이 별로 없었다. 문신 우대 정책으로 군사력이 약화된 송나라가 거란에 승리한 적이 거의 없었기 때문이다. 그래서 진종은 성종에게 화친을 제의했고, 해마다 비단 20만 필과 은 10만 냥을 거란에 보낸다는 조건으로 강화를 맺었다. '전연(澶淵, '전연'은 '전주'의 다른 이름)의 맹'[2]으로 불리는 이 협약으로 두 나라는 북송(1127년 참조)이 망할 때까지 백여 년간 평화를 유지한다.

1 거란 성종 | 송나라에 대한 군사적인 승리와 행정 제도 정비로 거란의 전성기를 이끌어 냈다. 고려에 대한 세 차례의 침입은 모두 성종 때 이뤄졌다.

2 '전연의 맹'의 이해득실 | 송나라가 거란에 보내기로 한 공물의 양은 거란과의 전쟁에 소요되는 군사 비용에 비하면 적은 것이어서 송나라 측에서는 큰 이의가 없었다. 한편 거란 역시 이 맹약으로 송나라와 교역이 가능해지면서 막대한 경제적 이득을 얻었다. 이처럼 양측의 이해득실이 맞아떨어졌기 때문에 '전연의 맹'은 한 세기가 넘게 유지될 수 있었다.

아시아

1008년 헤이안 시대의 대표적인 일본어 문학 작품인 『겐지 이야기』가 쓰이다

일본 여성 작가 무라사키 시키부가 일본어 소설인 『겐지 이야기[源氏物語]』를 썼다. 이 작품은 이보다 몇 년 앞서 완성된 세이 쇼나곤의 일본어 수필집 『마쿠라노소시[枕草子]』와 더불어 헤이안 시대의 일본어 여성 문학을 대표한다(894년 참조). 세련되고 섬세한 심리 묘사로 후세의 산문 문학에 큰 영향을 끼쳤다.

일본 2000엔권 지폐에 인쇄된 『겐지 이야기』 삽화(왼쪽)와 지은이 무라사키 시키부(오른쪽 아래)

아시아

1009년 베트남에서 리왕조가 일어나다

베트남[3](대월[4]) 궁중의 근위 대장이었던 리 꽁 우언(리 태조)이 열 살 된 어린 황제를 물리치고 제위에 올랐다. 이로써 9대 216년 동안 베트남을 다스리게 될 리왕조(1009~1225)가 탄생했다.

리왕조는 안정적으로 존속한 베트남 최초의 왕조였다(939년 참조). 리 태조는 왕권 강화를 위해 중국의 행정 제도를 본떠 중앙 집권적 관료 체제를 만들었다. 이를 통해 황제(베트남 군주는 중국과 대결하는 과정에서 황제를 칭했다)가 지방 호족들을 효과적으로 억누르면서 장기적 통치의 기반을 잡았다. 리왕조는 이후 과거제를 도입하고 학교를 설치하는 등 유교 보급에 힘썼는데, 이를 통해 베트남은 동남아시아에서 유일하게 유교적 색채가 짙은 나라가 된다.

3 베트남[越南] | 중국인들이 베트남을 가리켜 부르던 명칭인 '남월(南越)'이 베트남 어순에 맞게 변형된 것이다.

4 대월 | 베트남의 정식 국호는 대월(大越, 다이 비엣), 또는 대구월(大瞿越, 다이 꼬 비엣)이었다. 리왕조 건국 당시에는 대구월이었지만, 유교 보급에 힘쓰던 3대 황제 성종이 1054년 국호를 중국식인 '대월'로 바꿨다. 이후 베트남 왕조들은 모두 '대월'을 국호로 쓰게 된다.

아시아

1010년 피르다우시가 이란의 국민 서사시 『왕서』를 완성하다

이란의 시인 피르다우시가 35년간 심혈을 기울여 쓴 대작 『왕서』를 완성했다. 5만 행이 넘는 이 방대한 작품은 페르시아의 전설과 역사를 정리해 이란의 국민 서사시라 불린다.

이란의 테헤란에 있는 피르다우시의 동상
발밑에 있는 어린이와 새는 『왕서』에 등장하는 '잘'과 '시모르그'다.

1011년 초조대장경을 만들기 시작하다

불교 신앙의 힘을 빌려 거란의 침략을 물리치겠다는 뜻으로 대장경을 만들기 시작했다. 성종 때 전래된 송나라의 대장경을 참조하고 고려의 불교적 역량을 한데 아우르는 국가적 사업이 전개된 것이다.

약 6000권에 이르는 대장경은 1087년(선종 4)에야 완성되지만, 1232년(고종 19) 몽골의 침략 때 대구 부인사에서 불타 없어진다. 처음 만든 대장경이라는 뜻에서 '초조대장경'이라고 불리며, 판목은 없어졌어도 인쇄본은 국내와 일본에 남아 있어 고려 목판 인쇄술의 높은 수준을 보여 주고 있다.

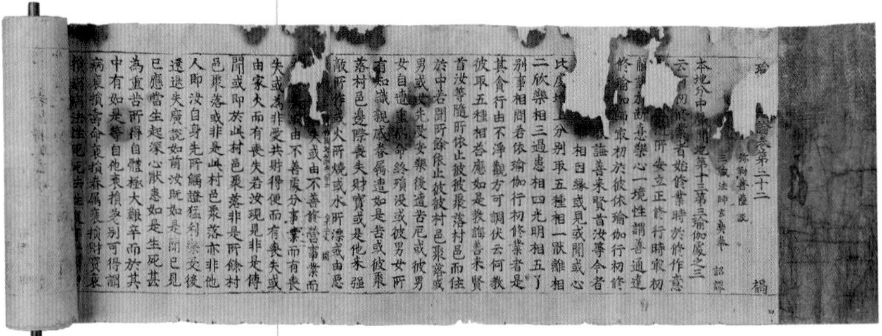
고려대장경 초조본

1011년 거란의 2차 침략군이 철수하다

고려가 화친을 청하자, 거란 성종은 현종이 직접 거란으로 들어와 항복하라는 조건을 걸고 철수했다. 그러나 현종은 이 조건을 이행하지 않았다.

1018년 거란이 3차 침략을 감행하다

12월, 거란 장수 소배압이 10만의 정예 병력을 이끌고 쳐들어왔다. 2차 침략 때의 약속을 현종이 지키지 않은 데다 1013년에는 고려가 거란과의 국교를 끊고 송나라와 외교 관계를 다시 맺었기 때문이다. 이때 상원수 강감찬이 이끄는 고려군은 20만의 병력으로 거란군을 압도했다. 거란군은 1019년 정월 개경에 접근했으나 개경을 함락할 수 없다는 사실을 깨닫고 돌아가다가 귀주에서 강감찬의 공격을 받고 전멸하다시피 했다. 10만 병력 가운데 살아 돌아간 자는 수천 명에 불과했다.

용상사
경기도 파주시 월롱면 덕은리 월롱산에 있는 사찰. 거란이 쳐들어와 개경을 함락시키자 현종은 민간인 차림으로 월롱산으로 피신했다. 훗날 강감찬이 거란군을 물리치자 현종은 이곳에 절을 지었다. 왕이 머물렀던 곳이라는 뜻에서 '용상사'라는 이름이 붙었다.

아시아

1014년 촐라왕조의 전성기를 일군 라젠드라 1세가 즉위하다

촐라왕조[1]의 전성기를 가져온 라젠드라 1세가 즉위했다. 당시 인도는 550년경 굽타왕조[2]가 멸망한 이래 수많은 소국들로 분열돼 뚜렷한 강자가 없었다. 촐라왕조는 이러한 소국들 중 9세기 중엽부터 두각을 나타내며 착실히 세력을 키운 나라였다. 특히 985년 즉위한 라자라자 1세는 주변 국가들을 정복하고 행정 체제를 정비해 촐라왕조가 강대국으로 도약할 발판을 마련했는데, 라자라자 1세의 아들이 바로 라젠드라 1세였다.

라젠드라 1세는 아버지로부터 물려받은 튼튼한 재정과 군대를 기반으로 활발한 대외 원정을 펼쳐 인도 남부의 대부분을 통일했다. 그가 재위하는 동안 촐라왕조의 영역은 스리랑카에서부터 인도 북부의 갠지스강에 이르렀다. 라젠드라는 해상 무역을 중시해 동남아시아의 말레이반도까지 함대를 파견했는데, 덕분에 촐라왕조는 인도와 동남아시아의 해상 무역을 지배할 수 있었다. 촐라왕조는 12세기 중엽까지 인도를 대표하는 세력으로 군림하다가 내분과 외침으로 몰락한다.

1 촐라왕조 | 타밀족(인도 남동부의 민족)이 2세기경 세워 1279년까지 존속한 인도 남부의 왕조

2 굽타왕조 | 320년부터 550년경까지 인도 북부 전체를 지배한 왕조

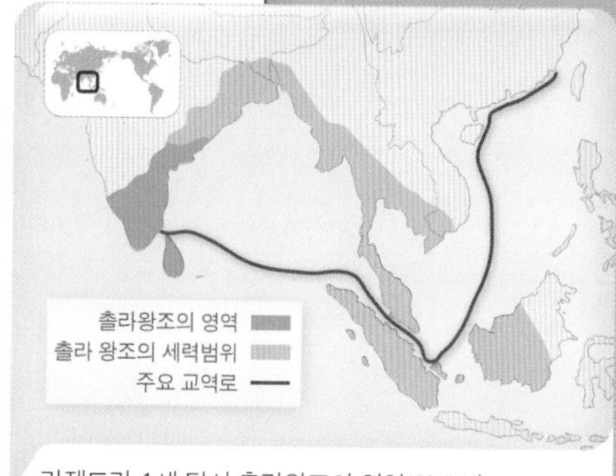

라젠드라 1세 당시 촐라왕조의 영역(청색)과 세력권(분홍색)

유럽

1015년 피사공화국과 제노바공화국의 연합 함대가 사르데냐섬에 원정하다

이탈리아의 신생 도시 국가들인 피사공화국[3]과 제노바공화국이 연합 함대를 꾸려 사르데냐섬[4]의 이슬람 세력 정벌에 나섰다.

피사와 제노바는 이탈리아반도 서북부 해안에 위치한 상업 도시들로, 그 무렵 도시의 실권을 장악한 부유한 상인들이 봉건 제후로부터 독립해 공화국 체제를 이룩하고 있었다. 이곳의 상인들은 당시 지중해의 패권을 장악했던 이슬람 세력의 방해 때문에 무역을 하는 데 어려움을 겪었다. 피사와 제노바의 사르데냐섬 원정은 이탈리아 상인들의 안전한 무역로를 확보하기 위한 것이었다.

이듬해까지 계속된 원정에서 수적으로 우세했던 연합군은 이슬람 세력을 몰아내는 데 성공했다. 공동의 적인 이슬람 세력이 사라지자 피사와 제노바는 사르데냐섬의 지배권을 둘러싸고 곧장 충돌했다. 두 나라는 제노바가 우세를 확보하는 13세기 후반까지 이탈리아 서부 해상의 패권을 둘러싸고 대립한다.

3 공화국 | 군주의 독재가 아니라 여러 사람의 협의를 통해 다스려지는 나라. 제노바공화국, 피사공화국, 베네치아공화국 등 중세 이탈리아의 공화국들은 지배층인 부유한 상인들의 협의를 통해 다스려졌다.

4 사르데냐섬 | 이탈리아 반도 서쪽에 있는 섬

제노바의 항구

1029년 개경의 나성을 완성하다

개경 나성

1009년(목종 12) 강감찬의 건의로 쌓기 시작한 나성 공사가 끝났다. 거란의 2차 침입 때 참혹하게 파괴됐던 개경은 지난 1024년 5부의 행정 구역이 정비된 데 이어 나성이 완성됨으로써 재정비를 마치게 됐다.

23킬로미터에 이르는 나성은 송악산, 용수산 등 산악을 따라가며 개경 시가지와 황성을 호위하는 역할을 하게 된다. 훗날 조선의 서울인 한양의 도성이 18킬로미터라는 점을 감안하면 개경이 얼마나 큰 도시인지 짐작할 수 있다.

개경 이야기

오늘날의 개성(개경)

개경은 풍수지리에서 말하는 명당의 조건을 고루 갖춘 도시였다. 북쪽의 송악산을 비롯한 산악이 사방으로 우뚝 솟아 개경을 지켜 주고 있는가 하면, 서쪽으로 예성강, 남쪽으로 한강 하류가 지나면서 지방으로부터 재물들이 올라오는 개방된 지세를 겸비하고 있다. 또한 예성강을 따라 서쪽으로 가면 황해를 내다보는 곳에 벽란도라는 국제 무역항이 자리 잡고 있어 개방적인 국제도시의 조건도 탁월하다.

고려의 황성은 송악산 기슭에 자리 잡아 개경을 굽어보고 있으며 23킬로미터의 나성이 산 능선을 따라가며 황성과 개경 5부를 둘러싸고 있다. 황성 앞에는 십자가, 남대가 등의 큼직한 도로를 따라 상서성, 중서성, 추밀원 등이 도열한 관청가와 종이, 기름, 차, 만두 등을 파는 시전 거리가 뻗어 있다. 또한 시내 곳곳에는 높이 60미터에 이르는 5층탑이 위용을 과시하고 있는 광통보제사를 비롯해 봉은사, 흥국사 등의 절이 랜드마크 역할을 하며 우뚝 서 있어 새삼 고려가 불교의 나라라는 것을 실감하게 한다.

나성의 안팎을 이어 주는 25개의 문으로는 개경과 전국 곳곳을 이어 주는 역참로가 달려 나간다. 고려에 개경을 중심으로 22개의 역도(驛道: 역참을 따라 가는 길)가 있고, 이 역도를 따라 525개에 이르는 역참이 전국을 왕래하는 사람과 말에게 휴식을 제공하고 있다.

개경은 전성기에 인구가 50만 명에 이르렀으며, 풍수와 불교와 교통로를 두루 갖춘 고려의 '열린 서울'이었다.

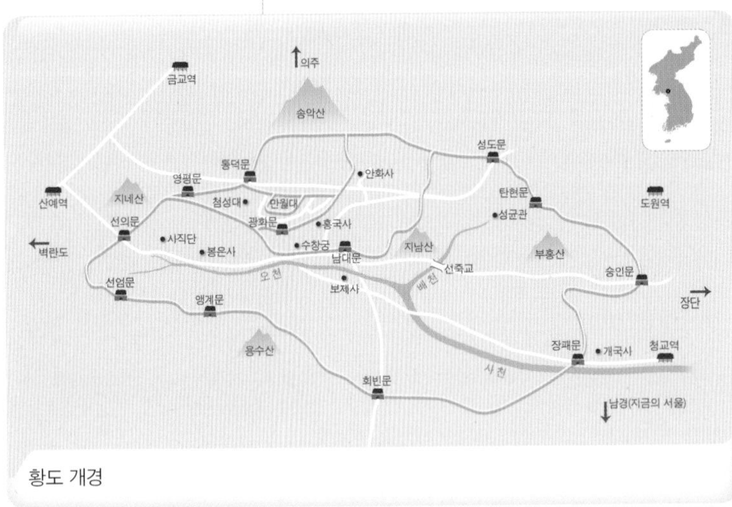

황도 개경

아시아

1023년 송나라가 세계 최초의 지폐인 교자(交子)를 발행하다

교자

송나라 정부가 쓰촨 지방에 지폐 발행 기관인 교자무[1]를 세웠다. 이로써 세계 최초의 종이 돈인 교자가 유통되기 시작했다.

송나라가 교자를 발행한 것은 상업 발달[2]로 동전이 부족해졌기 때문이다. 생산량이 한정된 금속 화폐로는 수없이 벌어지는 상거래를 도저히 감당할 수 없었다. 이 때문에 상인들은 돈 대신 종이로 만든 증명서(어음)를 주고받으며 거래를 하기 시작했다. 교자는 이것이 발전한 것인데, 쉽게 말하면 '전국적으로 언제 어디서나 쓸 수 있는 통일된 어음'이었다고 할 수 있다.

지폐 발행으로 화폐 부족 문제가 해결되자 송나라 경제는 더욱 활발해졌다. 그러나 지폐에는 남발되기 쉽다는 약점이 있었다. 지폐 발행의 주체인 정부는 재정 문제를 겪을 때마다 돈을 찍어서 위기를 넘기려는 유혹을 끊임없이 받았다. 그래서 북송 말기와 원나라 말기에는 지폐 남발로 물가가 폭등했고, 명나라 때에 이르면 모습을 거의 감춘다.

지폐는 원나라 때 서양에도 알려졌고, 1661년 스웨덴에서 유럽 최초의 지폐가 발행된다.

1 교자무 | 본래 민간 금융업자들이 모여 만든 어음 발행 기관이었으나 정부가 이를 넘겨받으면서 지폐 발행 기관으로 승격됐다.

2 송대의 상업 발달 | 오대십국 시대에는 각 나라들이 부국강병을 추구했기 때문에 지방별로 농업 생산이 늘어나고 상공업이 활발해졌다. 이런 상황에서 송나라가 중국을 통일하자 각 지방의 산업이 한꺼번에 통합됐다. 이에 송나라의 상업은 전례 없는 활기를 띠었다.

아시아

1024년 이븐 시나가 『의학전범』을 쓰다

18세 때 이미 모든 학문에 통달했다고 전해지는 이슬람 학문의 제왕 이븐 시나가 『의학전범』을 완성했다. 『의학전범』은 이슬람 의학을 집대성한 작품으로, 이후 수세기 동안 서양 의학의 성전으로 군림한다. 이븐 시나는 이 밖에도 철학, 수학, 천문학, 법학 등에서 수많은 업적을 남겼는데, 그의 학문은 이슬람 세계뿐 아니라 유럽에도 지대한 영향을 미쳤다.

이븐 시나

유럽

1028년 덴마크 왕 크누트 1세가 북해제국을 건설하다

덴마크 왕 크누트 1세가 무력과 외교를 적절히 활용해 잉글랜드와 노르웨이의 왕위를 차지했다. 이로써 북해 지역의 주요국들이 모두 통합된 이른바 '북해제국'이 탄생했다. 그러나 덴마크의 통치에 반발하는 토착 귀족들의 저항이 심했기 때문에 1035년 크누트가 죽자 잉글랜드와 노르웨이는 다시 독립했고, 북해제국은 7년 만에 해체된다.

1031년 **9대 덕종이 즉위하다**

고려 8대 현종이 죽고 그의 장남인 왕원량이 왕위에 오르니, 이가 덕종(재위 1031~1034)이다. 천리장성을 쌓으라는 지시를 내리고(1044년 참조) 현종 때 시작한 국사 편찬 사업을 마무리했다. 불행하게도 이때 편찬된 국사책은 지금 남아 있지 않다.

1034년 **10대 정종이 즉위하다**

고려 9대 덕종이 죽고 그의 동생인 왕신조가 왕위에 오르니, 이가 정종(재위 1034~1046)이다. 형 덕종의 뜻을 이어받아 천리장성을 완성했다.

1038년 **거란의 중희 연호를 쓰다**

거란의 중희(中熙) 연호를 쓰기 시작했다. 그동안 사용하던 송나라의 연호는 더 쓰지 않게 됐다. 고려와 거란 사이의 무역도 늘어났다. 이로써 동북아시아에는 거란-송-고려가 정립(鼎立, 세발솥처럼 나란히 섬)하는 시대가 열렸다.

1039년 **천자수모법(賤者隨母法)을 시행하다**

양민 남자와 여자 노비 사이에 아이가 태어나면 그 아이는 자동적으로 노비가 되는 규정이 시행됐다. 본래 노비의 자식은 노비가 되도록 해 한번 노비가 되면 좀처럼 신분의 굴레를 벗어날 수 없었다. 그런데 이번 법령의 시행으로 아버지가 양민이어도 어머니가 노비이면 노비가 될 수밖에 없어 노비의 수는 더 늘어났다.

1040년 **아라비아 상인이 입국하다**

8대 현종 때에 이어 대식국(大食國)[1] 상인이 송나라 상인과 함께 벽란도를 통해 입국했다. 대식국이란 아라비아에 있는 나라들을 가리키는 말이다.

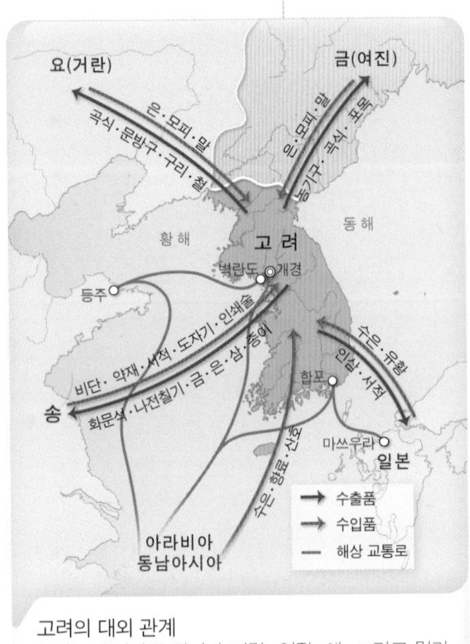

고려의 대외 관계
고려는 송나라뿐 아니라 거란, 여진, 왜, 그리고 멀리 아라비아 등과 다양한 교역 관계를 맺었다.

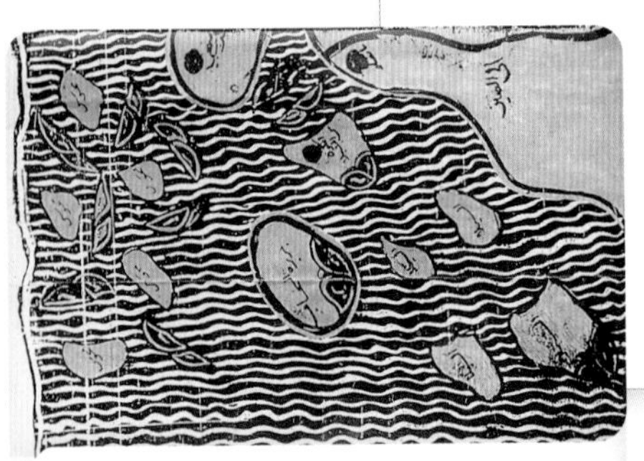
아라비아인이 그린 우리나라 지도. 섬으로 묘사돼 있다.

1 대식국 | 아랍어나 페르시아어로 무역 상인을 뜻하는 말에서 유래했다는 설도 있고, 중국의 서쪽 변방에서 맹렬하게 영토 확장을 해 나가던 아바스 제국을 가리켜 중국인들이 모멸감을 섞어 부르던 말이라는 설도 있다. 또한 아라비아의 부족인 '타지크'를 가리킨다는 말도 있다.

아시아

1037년 토그릴 베그가 셀주크왕조를 열다

셀주크족의 족장 토그릴 베그가 이란 북동부의 니샤푸르에서 스스로 술탄[1]이 됐다. 이로써 서아시아의 새로운 패자가 될 셀주크왕조가 탄생했다.

셀주크족은 10세기에 셀주크란 이름의 족장을 따라 카스피해 동쪽으로 이주한 튀르크족 무리를 가리킨다. 셀주크는 이슬람교를 받아들인 후 여러 전쟁에 용병으로 참전하며 차츰 세력을 쌓았다. 토그릴 베그는 셀주크의 손자였는데, 그는 술탄이 된 후 날랜 튀르크족 기병대를 앞세워 순식간에 이란 지방의 강자로 떠올랐다. 1049년에는 동로마제국이 지배하던 아나톨리아 지방으로 진출했고, 1055년에는 칼리파가 거주하는 바그다드를 점령한다.

셀주크왕조의 등장은 중앙아시아에서 온 튀르크족이 이슬람 세계의 새로운 지배층으로 떠올랐음을 알리는 사건이었다. 튀르크족이 세운 셀주크왕조(1037~1157)와 오스만왕조(1299~1922)는 19세기 후반까지 서아시아의 패권을 차지한다.

셀주크왕조의 최대 영역(11세기 후반)

1 술탄 | 본래 아바스왕조의 칼리파가 칼리파 휘하의 지방 정권 지배자에게 내리던 칭호였다. 아바스 칼리파들이 실권을 잃자 11세기경부터 실질적인 군주의 호칭이 됐다.

아시아

1038년 이원호가 서하를 세우다

탕구트족[2]의 지도자 이원호가 지금의 닝샤후이족자치구 일대에서 황제를 칭했다. 국호는 고대 중국의 하(夏)나라를 계승한다는 의미에서 '하'로 정했다. 후세 사람들은 이전의 하나라와 구분하기 위해 이원호의 나라를 '서하(西夏)'라 부른다.

중국 왕조를 계승하겠다고 한 점에서도 볼 수 있듯이, 이원호는 중국 전체를 지배할 꿈을 품고 있었다. 그는 이미 송나라 군대를 여러 차례 물리친 경험이 있어 송의 힘을 우습게 여겼다. 거란과 불안한 평화를 근근히 유지하던 송나라는 이 새로운 위협에 전전긍긍했다. 군사력으로 맞설 자신이 없던 송나라는 거란에게 그랬듯이 서하에게도 공물을 바치기로 했다. '천하의 주인' 송나라가 거란과 서하 두 '오랑캐' 나라에 해마다 공물을 바치는 신세가 된 것이다.

이처럼 송나라는 주변국의 조롱거리가 되는 일이 많았다. 송나라의 군사 제도는 변경 수비보다는 황제의 권력 유지에 초점이 맞춰져 있었다. 그래서 지휘관을 수시로 교체하는 등 전투력보다는 군사 반란 방지에 신경을 썼다. 이러한 군사 정책은 정치적 안정을 가져왔지만, 국방력을 현저히 약화시키는 부작용을 낳았다.

2 탕구트족 | 중국의 간쑤성과 산시성 일대에서 살던 유목민

11세기의 동아시아
서하, 요나라, 송나라의 세 나라가 서로 견제하며 세력 균형을 이뤘다.

1044년 천리장성을 완성하다

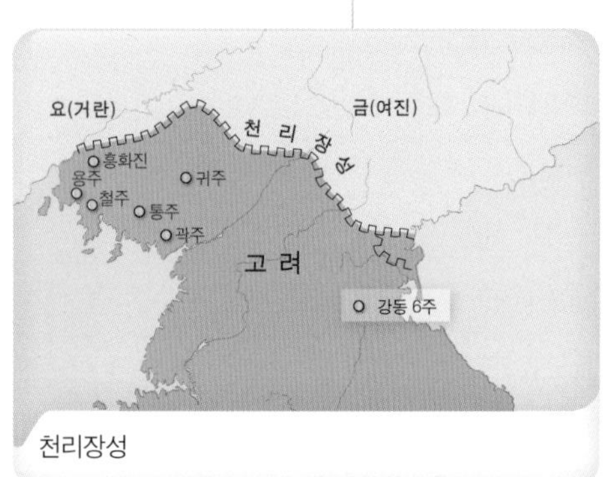

천리장성

북방 민족의 침입을 막기 위해 쌓기 시작한 천리장성(고려장성)이 11년의 대역사(大役事) 끝에 완공됐다. 고려는 993년부터 1019년까지 거란의 대규모 침공을 받은 이래 북방의 안정을 위한 장성을 쌓으려 했으나, 이를 실행에 옮긴 것은 그로부터 한참 지난 1033년의 일이었다.

천리장성을 설계하고 축조를 지휘한 사람은 거란의 침입을 막아 낸 적이 있는 유소였다. 유소는 거란과 싸우는 과정에서 옛 성을 수리했는데, 이 성들을 바탕으로 여러 곳에 흩어져 있는 성들을 잇고 비어 있는 곳에 새로운 성을 쌓는 방법으로 400킬로미터에 이르는 장성을 완성해 나갔다.

압록강 유역부터 동해안의 도련포에 이르는 천리장성은 성벽의 높이가 4~7미터에 이르러 한국 역사상 가장 규모가 큰 성으로 꼽힌다.

1046년 11대 문종 즉위하다

고려 10대 정종이 죽고 그의 동생 왕촉유가 왕위에 오르니, 이가 문종(재위 1046~1083)이다. 각종 법률을 정비하고 불교와 유학을 모두 존중했으며 송나라의 선진 문화를 받아들이는 데 힘쓴 왕이다. 그의 치세는 고려 역사상 문화의 황금기로 꼽힌다.

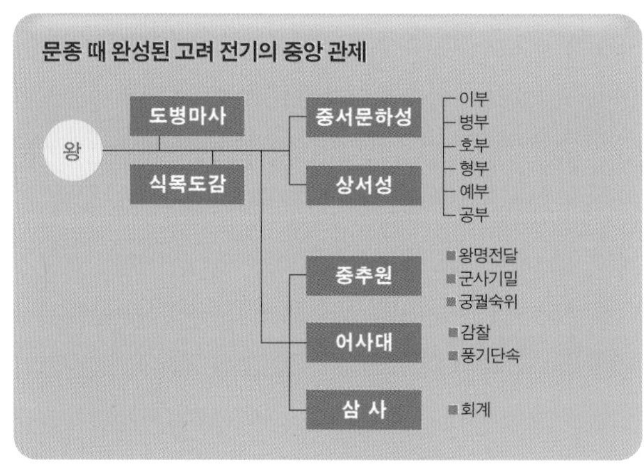

아시아

1048년 필승이 활자 인쇄술을 발명하다

송나라의 기술자인 필승이 활자 인쇄술을 발명했다.

활자 인쇄술이란 글자 단위로 활자를 만들어 인쇄하는 것을 말한다. 이때까지의 인쇄술은 목판 인쇄술, 즉 책의 한 면을 통째로 나무(목판)에 새겨 종이에 찍는 것이었다. 목판 인쇄는 책을 찍을 때마다 목판 수백 장을 새로 만들어야 했기 때문에 무척 비효율적이었고, 다양한 종류의 책을 발간하기에는 적합하지 않았다. 그러나 활자가 발명되면서 미리 만들어 놓은 활자를 조합하면 어떤 문서라도 손쉽게 인쇄할 수 있게 됐다.

활판 인쇄술의 보급으로 송나라에서는 다양한 종류의 서적과 문서가 대량으로 유통되기 시작됐다. 서민들이 인쇄된 책을 값싸게 살 수 있게 되면서 소설 등의 대중 문학이 유행했고, 정부의 각종 칙령이 빠르게 전국으로 복사되면서 송나라 특유의 중앙 집권적인 관료제가 단단하게 뿌리내렸다. 지식이 활발하게 유통되면서 과학과 철학도 발전해 나침반과 물레 등 새로운 발명품이 쏟아져 나오고 '송학'이라 불리는 정교한 유학 이론들이 등장했다. 서양에 활자 인쇄술이 등장하는 것은 이보다 약 400년 뒤인 15세기 중엽이었다.

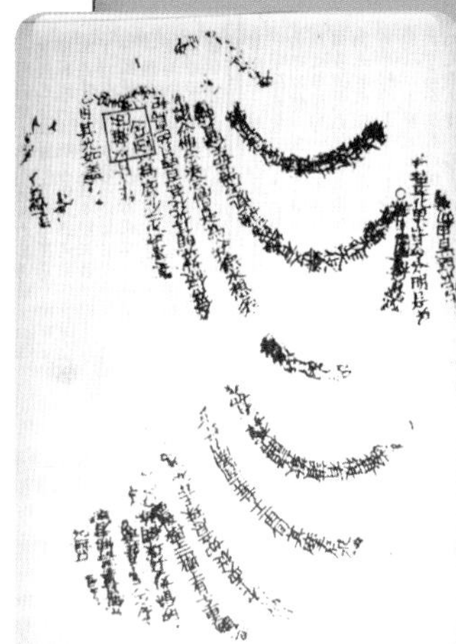

활자로 인쇄한 현존 최고의 문헌인 「불설관무량수불정잔혈(佛說觀無量壽佛經殘頁)」(1103년)
이때는 아직 금속 활자가 발명되기 전이라 점토 활자로 인쇄했다.

원나라 때의 활자판 모형
인쇄공이 활자판에 빽빽이 꽂혀 있는 활자들을 쉽게 골라 쓸 수 있도록 회전식으로 만들어졌다.

중국의 4대 발명

17세기 영국의 철학자 프랜시스 베이컨은 종이, 활자 인쇄술, 화약, 나침반을 근대 서양 문명의 토대를 놓은 4가지 중요한 발명품으로 꼽았다. 이 발명품들은 모두 중국에서 나왔는데, 그중에서도 종이를 제외한 나머지 3가지는 중국 과학의 전성기라 할 수 있는 송나라 때 발명됐다. 4대 발명품은 서양인의 시각에서 선정됐기 때문에 대부분 중국보다는 서양 역사에 큰 영향을 끼쳤다. 예컨대 활자 인쇄술은 중국의 복잡한 한자보다는 서양의 단순한 알파벳에 적합했기 때문에 중국보다 유럽에서 더 큰 변화(르네상스)를 가져왔고, 나침반 역시 서양에서 15세기의 대항해 시대를 열었지만 경제에서 해상 무역의 비중이 낮았던 중국에는 큰 영향을 못 끼쳤다. 화약 또한 서양에서는 봉건 기사 계급의 몰락을 초래했지만, 무사가 아닌 관료들이 지배층을 형성했던 중국에서는 별다른 사회적 변화를 가져오지 않았다.

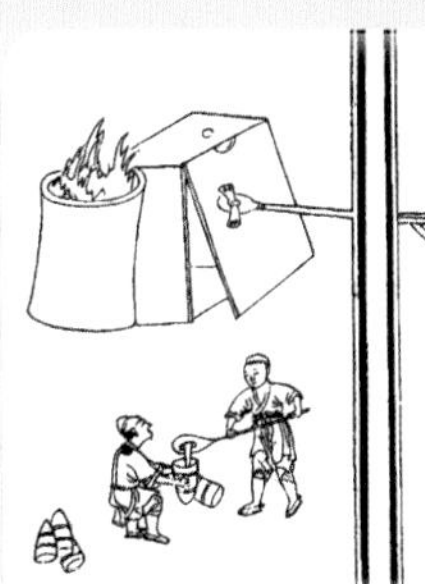
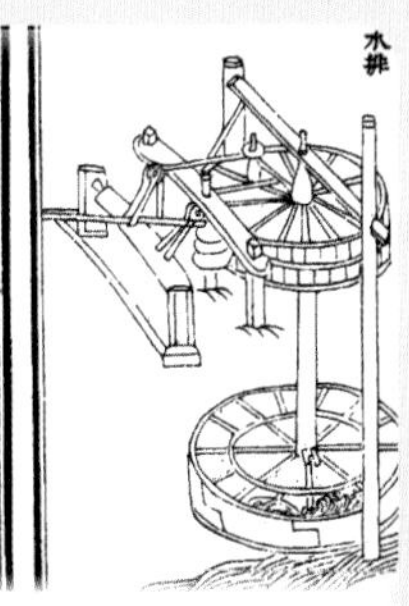

중국의 제철 공장
오른쪽의 기계는 물의 힘을 이용해 거대한 용광로에 풀무질을 하는 장치다. 기술의 발달과 대형 공장의 설립으로 송나라의 철강 생산량은 산업 혁명 시대의 영국을 능가했다. 14세기 그림.

1055년 최충이 구재학당을 세우다

72세로 문하시중 자리에서 물러난 명재상 최충이 개경 송악산 자락에 있는 자하동에 학당을 마련해 제자들을 가르치기 시작했다. 최충은 문과에 장원 급제한 뒤 국사수찬관으로 태조에서 목종까지의 『칠대실록』 편찬에 참여했으며(1013년), 1037년에는 『현종실록』도 편찬했다. 최충은 학문과 문장에 두루 뛰어나 이 땅에 태어난 공자라는 뜻에서 '해동공자'라고 불렸으며, 고려 유학의 발전에 크게 기여한 인물이었다.

최충이 세운 자하동 학당은 악성(樂聖), 대중(大中) 등 아홉 개의 전문 강좌를 개설하고 이를 구재(九齋)라 했다. 최충이 죽은 뒤(1068년) 그의 시호를 따라 '문헌공도'라고 불린 이 학당에서는 유학의 경전과 역사책을 중심으로 가르치고 시와 문장도 배우도록 했다. "무릇 과거에 응시하는 자제들은 반드시 먼저 도중(徒中, 사학)에 속해 배웠다"라고 할 정도로 문헌공도는 번성하게 된다.

문헌공도의 성공은 고려 사회에 큰 반향을 불러일으켰다. 다른 유학자들도 앞다투어 개경에 문헌공도와 같은 사립 학원을 열었는데, 그 가운데 홍문공도·광헌공도 등 유명한 학당 열두 곳을 일러 '사학 12도'라고 부른다. 12도의 창립자들은 고려 전기의 대표적인 대학자들로 대부분 과거의 시험관인 지공거(知貢擧)를 지낸 고관 출신이었다. 이처럼 사학 열풍이 불면서 과거 시험을 준비하는 귀족 자제들이 국립대학인 국자감보다는 사학 12도로 몰리는 현상이 나타났다. 국자감의 시설이나 교육 수준은 대유학자들이 설립한 사학을 따라가지 못했기 때문이다.

최충의 영정을 모시고 있는 문헌서원과 최충 영정 경기도 오산시. 조선 시대인 1550년 황해도 해주에 처음 건립됐다가 남북 분단 뒤 해주 최씨 종중에서 다시 세웠다.

유럽

1054년 **교황과 콘스탄티노플 대주교가 서로 파문, 동서 교회가 완전히 갈라서다**

교황 레오 9세가 콘스탄티노플 대주교[1] 케룰라리우스를 파문[2]했다. 케룰라리우스가 동로마제국 내의 로마가톨릭 교회들을 폐쇄했다는 이유에서였다. 이에 케룰라리우스도 지지 않고 로마 교회를 맞파문했다. 이로써 로마가톨릭과 동방정교회는 완전히 갈라서고 말았다.[3]

교황(왼쪽)과 콘스탄티노플 총대주교(오른쪽)

아시아

1055년 **셀주크왕조, 바그다드의 새 주인이 되다**

이란을 석권하며 승승장구하던 셀주크왕조가 부와이왕조의 수도 바그다드에 입성했다. 이로써 부와이왕조는 망하고 셀주크왕조가 서아시아의 패권을 장악했다.

아프리카

1056년 **베르베르족 최초의 이슬람 국가 알모라비데왕조가 일어나다**

베르베르족[4]이 세운 최초의 이슬람 왕조인 알모라비데왕조(1056~1147)가 서아프리카의 세네갈강 유역에 들어섰다. 알모라비데왕조의 건국자들은 지배층에게 엄격한 규율을 강조하는 이슬람 신학자 아브드 알라 이븐 야신의 가르침을 받았기 때문에 종교적 열정이 강했다. 이들은 빠른 속도로 모로코 일대를 장악해 나가며 서북아프리카의 새로운 패자로 등극한다.

당시 이베리아반도의 이슬람 세력은 1031년 후우마이야왕조가 멸망한 뒤 이렇다 할 만한 강자 없이 분열돼 있었다. 이 때문에 이베리아 북쪽의 크리스트교 왕국인 레온-카스티야[5]에 점점 밀려나는 중이었다. 알모라비데왕조는 이러한 세력 공백을 메워 이 지역에서 이슬람 세력이 부흥하는 계기를 만들었다. 1086년 알모라비데군은 크리스트교 군대를 앗잘라카전투에서 대파하고 이베리아 대부분을 장악한다. 베르베르족은 알모라비데왕조 멸망 후에도 알무와히드왕조, 마린왕조 등을 잇달아 세우며 15세기 후반까지 이베리아의 주요 세력으로 군림한다.

1 콘스탄티노플 대주교 | 동방정교회는 교회 전체를 이끄는 공식적인 지도자를 두지 않았지만, 콘스탄티노플 대주교가 실질적인 우두머리 역할을 했다.

2 파문 | 종교 교단이 신도의 자격을 빼앗고 추방하는 것

3 동방정교회의 명칭 | 1054년 동서 교회 분리 후 동로마 교회는 정통성을 주장하며 '정교회(orthodox)'를 자칭했다. 로마교회는 이를 인정하지 않고 '동방교회'라 불렀다. '동방정교회'는 동로마 교회의 중립적 호칭이다.

4 베르베르족 | 주로 북아프리카의 사하라사막 일대에 살고 있는 유목민족. 무어인이라고도 한다.

5 레온-카스티야왕국 | 오늘날 에스파냐의 모태가 되는 왕국이다.

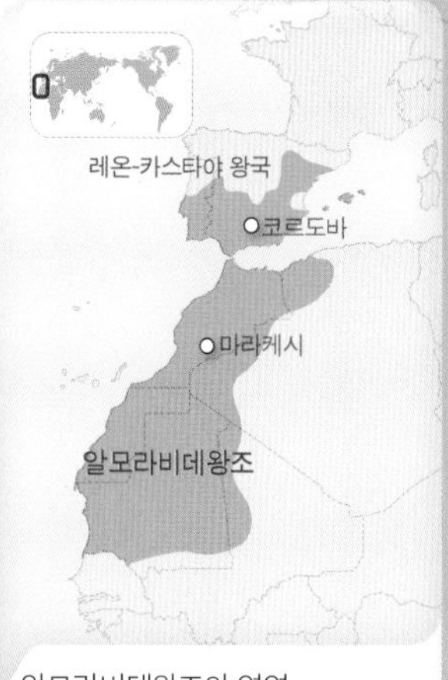

알모라비데왕조의 영역

면류관과 면복

1 면류관 | 중세 중국에서는 사대부 가운데 고관은 7류 면류관, 하급 관리는 5류 면류관을 썼다. 그러나 송나라 이후 황족이나 제후가 아니면 면류관에 구슬 꿴 줄을 늘어뜨리지 않았다.

1065년 국왕이 큰 제사 때 쓰는 면류관이 들어오다

거란이 구장복(九章服, 9가지 무늬를 수놓은 면복)과 함께 9류(旒, 구슬을 꿰어 모자에 매단 줄)가 달린 면류관(冕旒冠)[1]을 보내 왔다(『고려사』「여복지(輿服志)」). 중국의 관례에 따르면 천자(황제)는 십이장복을 입고 12류 면류관을 쓰며, 황태자와 친왕(제후)은 구장복에 9류 면류관을 쓴다. 그러니까 거란은 고려 왕을 친왕(황태자를 제외한 남자 황족)급으로 대우한 셈이다.

이후 구장복과 9류 면류관은 조선 시대까지 국왕이 국가의 큰 제사 때 입는 최고의 예복과 예모로 자리 잡는다. 1897년 고종이 대한제국을 선포하고 황제의 자리에 올랐을 때 처음으로 십이장복을 입고 12류 면류관을 쓰게 된다.

1067년 서울에 남경을 두고 삼경(三京)의 하나로 삼다

고구려 때 북한산군으로 불리던 지금의 서울을 남경(南京, 남쪽 서울이라는 뜻)으로 지정하고 유수관(留守官, 삼경의 장관)을 두어 다스리게 했다. 고려는 본래 중경(中京, 개성), 서경(西京, 평양), 동경(東京, 경주)을 삼경(三京)으로 삼고 국왕이 순행하곤 했다. 그러나 서울을 남경으로 한 뒤부터는 동경을 빼고 남경을 삼경에 포함시켰다. 이처럼 개경 외에 다른 경성을 둔 데는 풍수지리설에 따라 지덕(地德, 땅의 은혜)을 보충하고 국운을 넓히기 위한 목적이 있었다.

경복궁
고려는 서울을 남경으로 지정하고 이곳에 궁궐을 지었다. 조선 왕조의 정궁이던 경복궁 일대가 고려 때에도 궁궐터였을 가능성이 높다.

유럽

1066년 노르망디공 윌리엄이 잉글랜드를 정복하다

노르망디공국의 윌리엄 공작이 5000명의 기사를 이끌고 잉글랜드에 쳐들어갔다. 그는 보병 위주의 잉글랜드 주력군을 헤이스팅스에서 무찌르고 잉글랜드의 새 왕이 됐다. 그는 즉위 후 자신을 도운 기사 전원을 봉건 영주로 임명했는데, 이로써 잉글랜드에 서유럽의 봉건제가 이식됐다. 윌리엄이 세운 노르만 왕조는 이 밖에도 법률을 정비하고 서유럽 문화를 대대적으로 받아들여 오늘날 영국의 기초를 닦았다.

헤이스팅스에서 잉글랜드군과 싸우는 노르망디공 윌리엄

아시아

1069년 왕안석이 부국강병책을 추진하다

왕안석이 갓 즉위한 22세의 젊은 황제 신종에게 혁신적인 부국강병책을 제안했다. 이른바 '신법'이었다. 거란과 서하 등 주변국의 시달림으로부터 벗어날 궁리를 하던 신종은 왕안석의 제안대로 개혁에 착수했다.

신법은 군사 제도 개편에서 과거제 개혁에 이르기까지 광범위한 대상을 아우르고 있었다. 그중에서도 핵심은 11세기 중반부터 송나라 정부를 압박한 심각한 재정 적자의 해결이었다. 당시 송나라는 북방 민족의 위협 때문에 군사비 지출이 늘어나고 과거 합격자의 증가로 관료가 많아지면서 재정 지출이 급격하게 늘어난 상태였다. 그럼에도 불구하고 만성적인 탈세 문제(1072년 참조) 등으로 세금은 오히려 줄어들었다.

왕안석은 재정 수입을 늘리기 위해서는 농업 생산을 늘리고 농민들의 생활을 안정시켜야 한다고 생각했다. 이를 위해 청묘법과 시역법 등의 복지 정책을 실시했다. 또 농경지 개발을 장려하고, 부유층의 탈세를 막기 위해 토지 조사를 실시하기도 했다. 왕안석의 신법은 효력을 보여 재정을 흑자로 전환시키는 데 성공한다. 그러나 자신들의 이익 감소를 우려한 대지주와 대상인들로부터 격렬한 항의를 받기도 한다.

청묘법과 시역법, 그리고 송대의 대상인(大商人)

청묘법은 가난한 농민에게 정부가 돈을 꾸어 주는 제도고, 시역법은 가난한 상인에게 정부가 대출해 주거나 필요한 상품을 조달해 주는 제도다. 이 제도들은 당시 시장을 좌지우지하던 대상인들을 견제하기 위한 것이었다. 송대에 상업이 발달하면서 시장 상품을 독점할 수 있을 정도로 막대한 부를 지닌 대상인 계층이 등장했다. 이들은 가난한 농민이나 상인들을 고리대금으로 압박하면서 그들의 상품을 헐값에 싹쓸이했다. 이렇게 대부분의 상품이 대상인들의 수중에 들어가고 나니 대상인들은 무제한적인 폭리를 취할 수 있었고, 대상인들로부터 군수물자를 사야 하는 정부도 많은 손해를 봤다. 청묘법과 시역법은 영세 상인과 농민의 생활을 안정시킴으로써 이들에 대한 대상인의 영향력을 줄이려는 것이었다.

왕안석

1073년 탐라(지금의 제주도)에서 말을 바치다

조랑말(제주마)
기록에 따르면 한국에는 향마(鄕馬)와 호마(胡馬)라는 두 종류의 말이 있었다. 과하마(果下馬)로 알려진 향마는 오랜 옛날 북아시아에서 스키타이 문화와 함께 들어온 것으로 알려져 있다. 호마는 과하마보다 약간 큰 말로, 중세 이후 몽골 여진 등 북방 유목민으로부터 전래된 북방계 말을 아울러 이르는 말로 여겨진다. 오늘날 한국의 재래종 말을 대표하는 조랑말은 향마가 오랜 세월 호마의 영향을 받으며 형성된 품종으로 보인다.

탐라가 고려 조정에 말을 진상했다. 탐라 말은 부여 및 고구려 때부터 사육되어 온 토종 말로, 풍토에 잘 적응하고 거친 먹이도 잘 먹으며 지구력이 강한 장점이 있어 밭갈이나 짐 나르는 일에 안성맞춤이었다. 과하마(果下馬), 토마(土馬)로도 불리는데, '과하마'는 몸집이 작아서 과수나무 밑을 갈 수 있는 말이라는 뜻에서 유래했다.

1258년 몽골족이 세운 원나라가 탐라총관부를 두고 이곳을 다스릴 때부터 몽골 말이 들어와 탐라 말과 섞여 오늘날의 조랑말(제주마)에 이른 것으로 보인다.

1076년 경정전시과를 실시하다

고려 토지 제도의 뼈대를 이루는 전시과 제도가 최종적으로 개정됐다. 문무 관리에게 벼슬의 등급에 따라 토지를 지급하는 전시과는 976년(경종 1) 처음으로 시행된 이래 100년 동안 이번까지 네 차례의 개정을 거쳤으며, 이후로는 다시 고치는 일이 없게 된다.

이번에 시행된 전시과 제도는 '경정전시과'라고 불린다. 998년(목종 1) 실시된 개정전시과에 비해 지급되는 토지의 결수가 줄어들었고, 무관에 대한 대우가 좋아졌으며, 퇴직자는 토지 지급 대상에서 제외되고 현직 관리에게만 지급하는 것이 이번에 달라진 점이다.

이후 전시과 제도는 1170년 무신정변이 일어나 토지 제도가 흐트러지기 시작할 때까지 고려 경제의 밑그림 역할을 하게 된다.

전시과를 받는 사람들

직전(職田)	현직 관리
한인전(閑人田)	지방 토호의 성격을 가진 무인
군인전(軍人田)	군인
공음전(功蔭田)	공신
공해전(公廨田)	관청

전시과의 등급(총 18과)

1과	중서령상서령문하시중. 전(田)100결과 시(柴, 땔나무 숲) 50결을 지급
한인전(閑人田)	지방 토호의 성격을 가진 무인

아시아

1071년 셀주크왕조, 만지케르트에서 동로마제국을 대파하다

셀주크왕조의 술탄 알프 아르슬란이 지금의 터키 동부 만지케르트에서 동로마제국 군대를 대파했다. 동로마 황제는 포로가 됐고 아나톨리아반도 대부분이 셀주크왕조에 넘어갔다. 동로마제국은 이후에도 계속해서 셀주크왕조의 압박에 시달리다가 결국 교황에게 도움을 요청하는데, 이것이 십자군전쟁의 발단이 된다(1095년 참조).

알프 아르슬란에게 사로잡혀 모욕을 당하는 동로마 황제

아시아

1072년 왕안석이 방전균세법을 시행하다

왕안석이 지주[1]들의 탈세 문제를 해결하기 위해 방전균세법을 시행했다. 방전균세법이란 정부에서 농지를 직접 측량해 세금을 부과하는 제도다. 대지주들이 지닌 미신고된 토지[2]를 적발하는 것이 주된 목적이었다.

방전균세법의 시행으로 송나라의 재정은 대폭 개선된다. 그러나 지주들의 반발이 거세지면서 개혁파는 점차 수세에 몰린다.

1 송대의 지주와 소작농 | 당나라 후기에 양세법을 시행하면서 자유로운 토지 매매가 가능해지자 부유층에게 토지가 몰리면서 많은 농민이 소작농(전호)으로 전락했다. 송대에 이르면 전체 농민의 약 80~90퍼센트 정도가 전적으로 또는 부분적으로 소작을 했다고 한다.

2 미신고된 토지 | 중국의 역대 왕조들에서 지주들이 탈세를 하는 가장 흔한 수법은 자신이 보유한 토지를 축소해서 신고하는 것이었다. 토지 거래가 활발했던 송나라 때는 대지주들이 새로 얻은 토지를 미신고하는 문제가 특히 심했다. 방전균세법으로 황하 이북 지방에서만 적발된 미신고 토지가 당시 정부가 파악하고 있던 전체 농지의 절반이 넘었다고 하니, 탈세의 규모를 짐작할 만하다.

유럽

1077년 신성로마제국 황제 하인리히 4세가 '카노사의 굴욕'을 당하다

신성로마제국 황제 하인리히 4세가 한겨울의 냉기 속에서 맨발인 채로 사흘 동안 사죄하는 굴욕을 당했다. 사죄의 대상은 바로 교황이었다. 교황이 신성로마 황제를 파문하면서 벌어진 이 사건은 하인리히가 용서를 빈 곳의 지명을 따서 '카노사의 굴욕'이라 불린다.

사건의 발단은 성직자 임명권을 둘러싸고 교황과 황제가 벌인 대결이었다. 10세기 중반 오토 1세가 북이탈리아를 정복한 이래 교황은 신성로마제국 황제들의 꼭두각시에 가까웠다. 그러나 클뤼니 수도원(910년 참조) 출신의 열렬한 교회 개혁론자 그레고리우스 7세는 교회의 독립을 선언하고 앞으로 모든 성직자는 왕이나 영주가 아닌 교회에서 임명하겠다고 밝혔다.

성직자 임명권은 성직자들에 대한 영향력과 직결된 문제라 하인리히도 쉽게 포기할 수 없었다. 하인리히가 자기 밑의 주교들에게 교황을 무시하라고 종용하자 교황은 하인리히를 파문했다. 그러자 봉건 제후들 사이에서 하인리히에 대한 폐위 움직임이 일어났고, 교황의 영향력을 실감한 하인리히는 그레고리우스를 찾아가 사죄하기에 이른 것이다. 이 사건은 황제마저 능가하는 교황의 막강한 권위를 보인 사건으로 꼽힌다.

카노사의 굴욕

1083년 **12대 순종이 왕위에 오르다**

고려 문화의 황금기를 이룩한 문종이 죽고 그의 장남인 왕의공이 즉위하니 순종이다. 불행하게도 어려서부터 앓던 병이 도져 즉위 2개월 만에 죽었다.

1083년 **13대 선종이 왕위에 오르다**

순종이 죽자 동생인 왕계천이 즉위하니 선종(재위 1083~1094)이다. 대각국사 의천의 형으로 유학을 장려하고 불교도 적극 신봉했다.

1085~1086년 **의천이 송나라에 유학하다**

11대 문종의 넷째 아들인 의천이 불교를 깊이 탐구하기 위해 송나라로 유학을 다녀왔다. 의천은 1065년 11세의 나이로 출가해 승려가 됐으며 2년 후 문종으로부터 승통(僧統)이라는 직위를 받고 불교 강론을 시작했다. 문종이 승하한 뒤 송나라 유학을 추진했으나 많은 신하들이 거란과의 외교 관계를 고려해 송나라 유학을 거세게 반대했다. 그러나 의천은 이러한 반대에도 어머니 인예왕후와 형인 선종에게 편지를 남겨 놓은 채 1085년 송나라 행을 감행했다.

송나라 철종의 극진한 환대를 받은 의천은 그곳에서 여러 승려들과 화엄학과 천태학을 논의했으며, 항주(지금의 저장성 항저우)에서 종간 등과 사귀며 천태종[1]에 대해 깊이 연구하게 됐다.

1086년 고려가 귀국을 재촉하는 사신을 보내자, 의천은 고국으로 돌아가면서 중국 천태종의 아버지인 지의 무덤에 참배하고 천태종을 널리 알리겠다는 글을 지었다. 귀국한 의천은 흥왕사에 교장도감을 설치하고 초조대장경과 속대장경을 간행하는 일에 전념해 이듬해인 1087년 완성을 보게 된다.

이후 의천은 교종과 선종으로 나뉘어 있던 고려 불교를 천태종으로 통합하는 일에 온 힘을 다한다.

1 천태종 | 화엄종과 더불어 중국 교종의 양대 교파로 일컬어진다. 그러나 고려에 들어와서는 교종보다는 선종의 일파로 인식되고 기능했다.

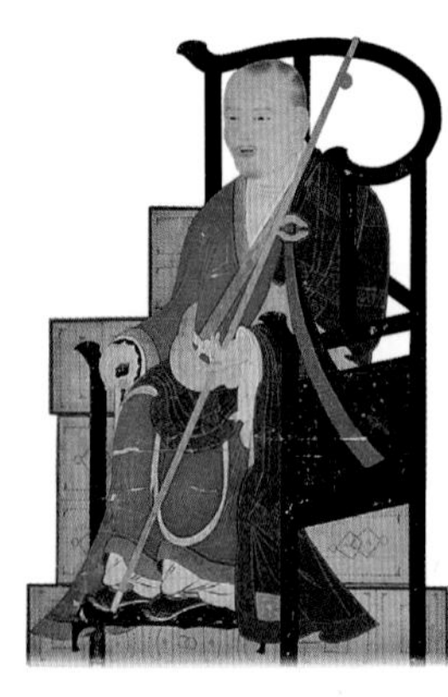

대각국사 의천

아시아

1082년 소식, 「적벽부」를 쓰다

'동파'라는 호로 우리에게 친숙한 북송의 시인 소식이 대표작 「적벽부」를 썼다. 이 작품은 신법에 비판적이었던 소식이 양자강 유역의 적벽 부근에서 유배살이 할 때 쓴 것이다. 인생의 덧없음과 자연과의 합일을 유려한 필치로 노래해 오늘날까지도 많이 읽히는 중국 고전의 하나다.

동파육
오늘날 중국의 인기 요리인 동파육은 소식(소동파)이 유배살이하던 중 실수로 고기를 태우면서 만들게 됐다고 전해진다.

유럽

1082년 베네치아공화국, 동로마제국으로부터 무역 특권을 받다

이탈리아 북부의 도시 국가 베네치아공화국이 동로마제국을 도와 발칸반도에 쳐들어온 노르만족[1]을 물리쳤다. 그 대가로 동로마제국은 베네치아에 무역 특권을 주었다. 상업 국가 베네치아는 이로써 지중해 무역의 중심으로 떠오른다.

베네치아는 발칸반도에서 서유럽으로 들어가는 바닷길에 자리 잡은 항구 도시다. 따라서 서유럽과 동로마제국 사이의 무역을 중개하기에 적합한 위치였다. 중세 초기 서유럽이 장원(850년 참조)의 굴레에 묶여 자급자족 경제에 머무는 동안 베네치아가 활약할 여지는 많지 않았다. 그러나 10세기에 접어들어 서유럽의 농업 기술이 발전[2]하고 생활 형편이 나아지자 상업이 점점 활발해졌고, 베네치아의 무역상들은 막대한 부를 쌓기 시작했다. 베네치아는 이 부를 바탕으로 강력한 해군을 건설했는데, 동로마제국을 도운 함대도 그렇게 탄생했다.

베네치아는 이후 유럽의 십자군을 지원하며 자신들의 무역망을 서아시아까지 확대한다. 이슬람의 풍부한 문화 유산을 접한 베네치아인들은 14세기 르네상스의 주역이 된다.

소동파상

1 노르만족의 지중해 진출 | 11세기 초부터 노르망디공국에 살던 노르만족이 이탈리아 남부의 전쟁에 용병으로 참전하기 시작했다. 이들 중 일부는 그 대가로 영지를 얻었는데, 이 영지들을 기반으로 지중해에 노르만족 왕국들이 생기기 시작했다.

2 서유럽 농업 기술의 발전 | 이 무렵 농지를 3부분으로 나눠 경작하는 삼포제, 말을 이용한 쟁기질, 물레방아 등이 보급되면서 서유럽의 농업 생산력이 증가했다.

유럽

1084년 하인리히 4세, 로마를 점령하고 그레고리우스 7세를 추방하다

'카노사의 굴욕'으로 수모를 당했던 신성로마 황제 하인리히 4세가 복수에 성공했다. 교황 그레고리우스 7세를 무력으로 내쫓은 것이다. 교황과 신성로마 황제 사이의 알력은 12세기까지 계속된다.

아시아

1085년 신종 사망, 신법이 중지되다

지주와 대상인들의 반대에도 불구하고 신법을 끝까지 지지했던 신종이 죽었다. 그러자 사마광을 필두로 한 보수파가 득세해 신법을 폐지했다. 이후 조정에서는 신법을 지지하는 측과 반대하는 측이 서로 엉켜 북송이 망할 때까지 격렬한 당쟁을 벌인다.

1094년 **14대 헌종**(재위 1094~1095)**이 왕위에 오르다**

1095년 **15대 숙종**(재위 1095~1105)**이 왕위에 오르다**

1097년경 의천의 건의에 따라 동국통보를 발행하다

1 동국통보 | 고려 때 찍어 낸 동전은 종종 무덤의 껴묻거리(부장품)로 사용됐다. 1910년대 초 개성 부근의 고려 시대 분문에서 출토된 뒤 약 20종류가 수집 시장에서 매매되고 있다.

동국통보

은병

화폐를 찍어 내는 주전관(鑄錢館)이라는 관청을 두어 동국통보[1]를 주조했다. 이로써 고려 경제도 본격적으로 주화를 발행하는 단계로 접어들었다.

1086년 송나라 유학을 마치고 돌아온 대각국사 의천은 선종에게 「청주전표(請鑄錢表)」라는 글을 올려 고려 경제를 실용적이지 못하게 만드는 네 가지 항목을 지적하고 그 폐단을 시정하려면 오직 화폐를 찍어 내어 이를 유통시키는 방법밖에 없다고 주장했다. 이때부터 돈을 만들자는 주전론(鑄錢論)이 대두된 끝에 동국통보의 발행으로 열매를 맺은 것이다.

이후 1101년에는 은 1근으로 만든 은병이 법정 화폐로서는 처음 만들어진다. 은병은 구리로 만든 동전이나 쇠로 만든 철전에 비해 고액 화폐라는 특징을 가지고 있었다. 또한 1102년에는 화폐의 유통을 촉진하기 위해 해동통보 1만 5000관을 찍어, 고위 관리와 문무 양반, 군인에게 나누어 주고 사용케 한다. 이때 고려 조정은 화폐 경제를 정착시키기 위해 지방에 술과 밥을 파는 주식점을 설치하고 백성들이 동전으로 술과 음식을 사 먹도록 하기도 한다.

화폐 유통을 적극적으로 지지한 사람으로는 대각국사 의천과 윤관이 있다. 그러나 고려의 사회경제적 여건이 성숙하지 않은 데다 화폐에 대한 인식이 부족해 이러한 노력은 큰 성공을 거두지 못한다.

의천이 지적한 고려 경제의 네 가지 폐단

❶ 먼 길을 갈 때엔 그 운반에 한정된 양이 있어서 대부분이 양식이나 노자로 없어질 뿐 아니라 겨울과 여름에는 베와 쌀을 가지고 다니는 게 여간 어렵지 않다.
❷ 악질 상인배들이 도량형을 속이고 흙이나 모래를 섞어 넣기도 한다.
❸ 문무양반의 녹봉으로 지급되는 베와 쌀은 흉년이나 재해가 있으면 지급을 늦추거나 빠뜨리기 쉽다.
❹ 베와 쌀은 오래되면 자연히 축나거나 줄기 마련이다.

유럽

1094년 엘 시드가 발렌시아를 정복하다

에스파냐의 크리스트교 재정복 운동[1]의 명장 엘 시드가 이베리아반도 남부의 발렌시아를 정복했다. 그는 오늘날까지도 크리스트교의 정복 영웅으로 숭상받는다.

1 재정복 운동 | 레콘키스타라고도 한다. 이베리아반도 북부의 크리스트교 국가들이 이베리아의 무슬림 세력을 몰아내려고 한 운동이다. 재정복 운동이 격화된 시기는 십자군원정의 시기와 대체로 겹친다.

유럽

1095년 교황 우르바누스 2세가 십자군원정을 제창하다

셀주크왕조가 동로마제국의 수도 콘스탄티노플을 향해 진군하자 동로마 황제가 교황에게 구원을 요청했다. 교황 우르바누스 2세[2]는 이를 로마가톨릭 세력이 서아시아로 진출할 절호의 기회라 여겨 종교 회의를 소집하고 십자군원정을 제창했다.

교황의 십자군[3] 제창에 가장 먼저 호응한 것은 영주들의 가혹한 착취에 시달리던 가난한 농부들이었다. 교황이 정식 십자군을 채 조직하기도 전 약 1만 명의 '거지 십자군'이 제멋대로 모여 일확천금을 꿈꾸며 아나톨리아로 떠났다. 변변한 무장조차 갖추지 못했던 이들은 곧 셀주크군의 먹잇감이 되고 말았다. 그러나 이 사건은 십자군전쟁의 성격이 어떤 것이었는가에 대한 단서를 준다.

11세기 무렵 유럽의 인구는 점차 늘기 시작했고(1082년 참조), 이에 따라 대외 팽창 욕구도 점차 커졌다. 대를 거듭하면서 수가 늘어난 봉건 영주들은 영지가 갈수록 줄면서 자기들끼리 치고받는 상황이었고, 영주들의 횡포에 신물이 난 농민들은 장원에서 벗어나기 위해 무엇이든 할 태세였다. 새로운 상업적 활기에 눈뜬 상인들은 동방의 재물에 침을 흘렸고, 교황은 이참에 동방정교회에 대한 로마 교회의 우위를 확실히 다질 생각이었다.

이처럼 순수한 종교적 열정보다는 세속적 이해타산에 의해 결성된 십자군은 잔혹하고 야만스러운 양상을 보이며 두 세기에 걸쳐 일곱 차례 파견된다. 이 중 성지 탈환이라는 소기의 목적을 달성한 것은 1차 원정(1095~1099)뿐이었다. 원정이 번번이 실패하면서 교황의 권위는 땅에 떨어지고 참전한 봉건 제후들도 몰락하게 된다. 한편 동방에서 약탈한 수많은 서적과 재물이 유럽에 들어오면서 이탈리아를 필두로 르네상스가 꽃피게 된다.

2 우르바누스 2세 | 그의 재임기(1088~1099)에 가톨릭 교회가 고도로 중앙 집권화했다. '로마 교황청'이란 이름도 우르바누스 2세 때 처음 등장했다.

3 십자군 | '십자군'이란 명칭은 후대에 붙여진 이름이고, 당대의 유럽인들은 십자군을 '크리스트의 기사', '성지순례단' 등의 다양한 이름으로 불렀다. 이슬람 측에서는 십자군을 단순히 '프랑크족'이라 불렀다.

셀주크군(왼쪽)과 싸우는 십자군(오른쪽)

1차 십자군의 원정로

11세기의 목소리

태어나자마자 밤낮으로 울어대기만 하다가 어디선지 목어(木魚) 소리만 들리면 울음을 뚝 그쳤다. 왕이 목어 소리가 나는 곳을 찾아가 보게 했더니 중국 항주의 낡은 절이었다. 그 절의 스님은 자초지종을 듣고 따라나섰다. 아기는 스님을 보더니 울음을 딱 그쳤다. 스님이 아기의 손을 쓰다듬자 아기가 손을 활짝 폈는데 손바닥에 '불무령(佛無靈)'이라고 써 있다. 스님은 합장을 하며 반가움의 눈물을 흘렸다.
그 스님이 존경하던 스승이 계셨다. 청빈하고 덕이 높았다. 그런데 그 스승이 어찌 된 일인지 1년 만에 앉은뱅이가 되고 다시 1년 만에 장님이 되더니 3년째에는 벼락을 맞아 죽고 말았다. 너무도 기가 막혀서 스님은 스승의 손바닥에 '불무령', 즉 '부처가 효험이 없구나' 라고 썼다는 것이다.
의천은 그 스승이 환생한 것이었다. 스님은 의천을 바라보며 '불유령(佛有靈, 부처가 효험이 있도다)'이라고 말했다.[1]

1 대각국사 의천의 탄생 설화

귀한 자들이 마땅히 솔선해서 재앙을 구제하고 허리띠를 졸라매야 할 것이다.[1]

국고가 부족한 것은 (지주들의 탈세를 방치하는 등) 재물을 잘 관리하지 못했기 때문이다.[2]

그대들이 살고 있는 이 땅은 사람들이 너무 몰려 있기에 빈궁해졌다. 이 땅은 자원도 풍부하지 않고 경작자들에게도 얼마 되지 않는 곡물밖에 생산해 주지 않는다. (……) '젖과 꿀이 흐르는 땅'을 불신의 무리로부터 해방시켜 우리 것으로 하지 않겠는가?[3]

1 사마광

2 왕안석
위의 두 주장은 황하 북쪽에 가뭄이 들어 재정이 궁핍해지자 구법당의 우두머리 사마광과 신법당의 지도자 왕안석이 각각 내놓은 대책이다. 구법당은 지배층에게 칼을 들이대던 왕안석의 개혁을 회피하기 위해 지배층이 스스로 모범을 보임으로써 문제를 해결할 수 있다고 주장했다. 반면에 신법당은 부정부패가 만연할 수밖에 없는 사회적 구조를 제도적으로 뜯어고치자고 했다.

3 교황 우르바누스 2세, 십자군 제안 연설 중에서
십자군전쟁은 당시 유럽의 인구 증가와 밀접한 관계가 있었다. 10세기 무렵부터 이민족의 침입이 줄고 새로운 농업 기술이 보급되면서 유럽 인구가 급증함에 따라 토지가 부족해졌다. 이에 유럽인들은 새 땅을 찾아 유럽 바깥으로 눈을 돌렸는데 그 결과가 십자군전쟁으로 나타난 것이다.

12 세기

1101~1200

앙코르와트 사원의 중앙탑

한국과 일본에 무신 정권이 들어서고,
유럽에서는 십자군전쟁이 계속되다

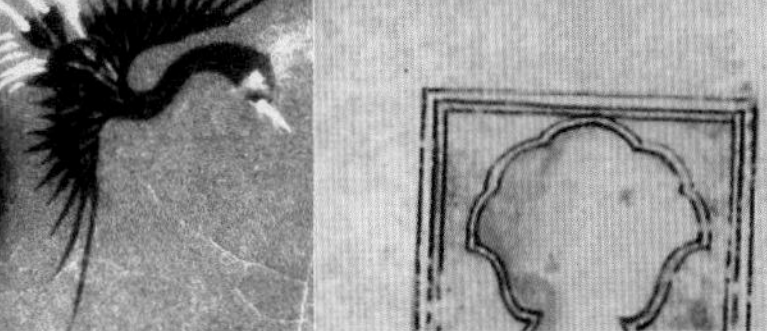
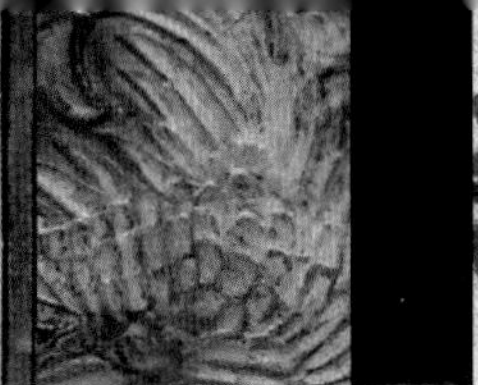

12세기의 한국과 세계

한국과 일본에 무신 정권이 들어서고, 유럽에서는 십자군전쟁이 계속되다

무인들의 칼이 유난히 번뜩인 세기였다. 동아시아 국제 정세가 어지럽게 돌아가자 고려의 국내 정세도 어지러워졌다. 이자겸의 난, 묘청의 난 등 굵직한 내란이 잇따르더니, 차별 대우를 받으며 불만을 쌓아 온 무신들이 들고일어나 세상을 바꿔 버렸다.

무신이 정권을 장악하는 일은 비슷한 시기에 일본에서도 일어났다. 미나모토 요리토모라는 무인이 천황을 상징적인 존재로 주저앉히고 오늘날의 도쿄 근처에 있는 가마쿠라에 바쿠후를 세워 일본을 요리했다.

유럽의 기사들은 본격적인 십자군원정에 나섰다. 십자군전쟁은 군사적으로는 성공하지 못했으나, 서유럽의 크리스트교 세계를 단결시키고 바깥 세상에 대한 유럽인의 눈을 뜨게 했다. 전쟁의 혼란 속에서도 유럽 최초의 대학인 볼로냐대학이 자치권을 얻고 중세 유럽 최대의 서사시인 『니벨룽겐의 노래』가 완성되었다.

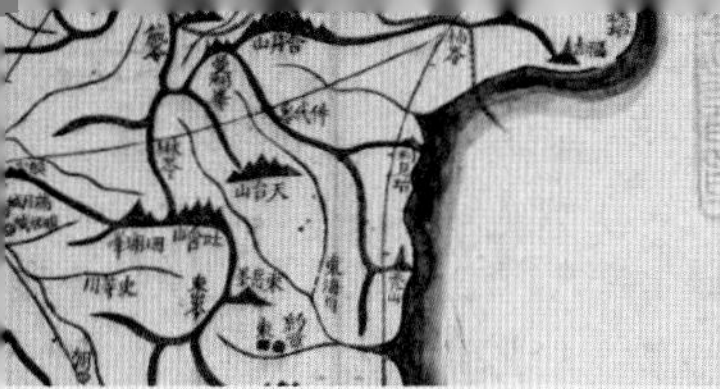

윤관, 9성 축조	1108년	
	1113년	수리아바르만 2세, 앙코르와트 건설
	1115년	아구다, 금 건국
송나라에서 〈대성아악〉 도입	1116년	
	1122년	보름스협약
고려, 금과 사대관계 체결	1125년	요(거란) 멸망
이자겸의 난	1126년	
	1127년	북송 멸망, 남송 건국
	1134년	남송 악비, 금 정벌
묘청의 난	1135년	
	1139년	포르투갈왕국 건국
	1142년	금-남송 화친
『삼국사기』 완성	1145년	
	1147년	제2차 십자군원정
	1154년	잉글랜드, 플랜태저넷 왕조 시작
	1158년	볼로냐대학 자치권 획득
	1169년	살라흐 앗 딘, 아이유브왕조 개창
무신의 난	1170년	
망이-망소이의 난	1176년	
	1177년	주희, 『사서집주』 저술
경대승 집권	1179년	
이의민 집권	1183년	
	1185년	일본, 무사 정권 탄생
	1189년	제3차 십자군원정
보조국사 지눌, 정혜결사 조직	1190년	
이규보, 「동명왕편」 발표	1193년	
최충헌 집권	1196년	
만적의 난	1198년	
	1200년경	『니벨룽겐의 노래』 완성

1 번국(蕃國) | 더 높은 나라의 군주로부터 책봉을 받는 제후의 나라

1105년 **탐라(지금의 제주)가 고려의 군(郡)이 되다**

탐라가 고려의 지방 1개 군으로 편입돼 번국[1]의 지위를 잃었다. 탐라국은 938년(태조 21) 12월 고려에 태자를 파견해 고려의 책봉을 받고 번국으로 독립된 체제를 누려 왔다.

1105년 **16대 예종이 왕위에 오르다**

숙종이 죽고 아들인 왕세민이 즉위하니, 예종(재위 1105~1122)이다. 예종 때 북쪽 여진족과의 관계에서 큰 변화가 있었다.

1108년 윤관, 여진족을 정벌하고 9성을 쌓다

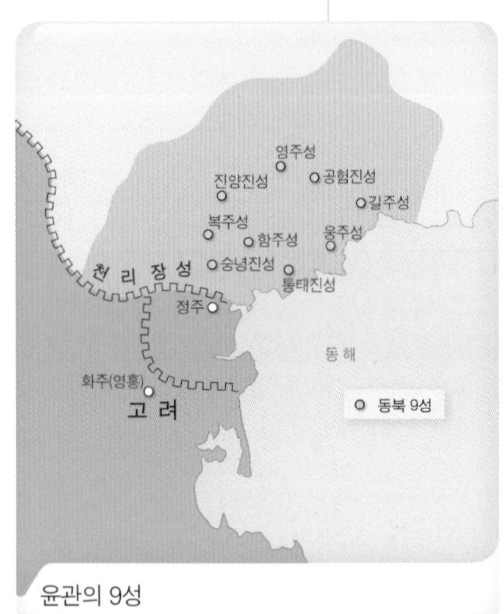

윤관의 9성

윤관이 두만강 지역으로 세력을 넓힌 여진족을 몰아내고 이 지역에 아홉 개의 성을 쌓았다. 여진족은 고구려와 발해에 복속했던 말갈족의 후예로, 고려를 '부모의 나라'로 받들어 왔다. 그러나 11세기 말부터 여진족의 일부인 완옌부가 북만주에서 세력을 키우더니 두만강 유역을 침범해 왔다. 1104년(숙종 9)에는 고려에 복속한 여진족을 공격하고 고려에 귀화하는 여진족을 쫓아 지금의 함경도 정주까지 쳐들어오자, 고려 조정에도 비상이 걸렸다.

숙종은 임간, 윤관 등을 파견해 여진족과 싸우게 했으나, 보병 중심의 고려군으로는 기병이 주력인 여진족을 당할 수 없었다. 패인을 분석한 윤관은 숙종에게 건의해 별무반이라는 새로운 군사 조직을 창설했다. 별무반은 기병인 신기군(神騎軍), 보병인 신보군(神步軍), 승려 부대인 항마군(降魔軍)에 활과 포를 다루는 각종 특수 부대가 결합된 조직이었다.

별무반 편성을 마친 고려는 1107년 윤관을 원수, 오연총을 부원수로 하는 17만 명의 대부대를 동원해 여진족을 소탕하는 작전을 벌였다. 135개의 여진족 마을을 점령한 고려군은 점령 지역에 모두 9개의 성을 쌓고 남쪽 지방에서 6만 9000여 호에 이르는 백성을 이주시켰다.

그러나 여진족이 거듭 공격해 오자 고려 조정은 관리하기 어렵다는 이유로 1109년 9성 지역을 여진족에게 반환한다.

〈척경입비도〉 윤관이 17만 군사로 두만강 이북 70여 리를 개척해 여진족을 물리친 뒤 국경을 넓혀 그곳에 9성을 쌓는 장면을 그린 것으로 조선 후기 작품이다. 고려대 박물관 소장

유럽

12세기 초 프랑스에서 무훈시『롤랑의 노래』가 지어지다

유럽 중세 무훈시[1]의 최고봉으로 꼽히는『롤랑의 노래』가 프랑스에서 지어졌다. 이 작품은 8세기 말 카롤루스 대제의 이베리아 원정[2]을 배경으로, 이슬람 세력에 맞서 영웅적으로 싸우는 기사들의 활약상을 그렸다(800년 참조). 봉건제가 절정에 달했던 11~15세기의 프랑스에서는 이처럼 기사들을 미화한 무훈시가 많이 지어졌다. 십자군전쟁에 대한 당시의 열기를 반영하듯 무훈시에는 무슬림을 무찌르는 이야기가 많았다.

1 무훈시 | 왕이나 봉건 영주의 활약상을 노래한 서사시

2 이베리아 원정 | 구체적으로는 778년 벌어진 롱스보 통로의 전투다. 이 싸움은 이베리아의 토착민인 바스크인들과 프랑크왕국 사이에 벌어진 소규모 충돌이었지만,『롤랑의 노래』에서는 이슬람제국의 대군을 상대한 대승부로 묘사됐다.

아시아

1103년 송나라에서 신법이 변질되다

송나라 황제 휘종[3]이 신법 지지파인 채경을 재상으로 임명했다. 기회주의자였던 채경은 사치벽이 심한 휘종의 비위를 맞추기 위해 전매[4]를 강화하거나 토지세를 높이는 등, 신법을 이용해 재정을 크게 늘렸다. 더 많은 세금과 노동에 시달리게 된 백성들은 정부의 착취 수단으로 전락한 신법에 등을 돌리고 만다.

이 시기에 신법이 이렇게 타락한 것은 그것이 애초부터 가지고 있던 한계를 보여 준다. 신법의 주된 관심사는 어디까지나 재정 확보였다. 백성들의 생활 안정은 그것이 재정 확보에 도움이 되는 경우에만 고려됐다. 따라서 신법이 송나라의 재정을 안정시키기는 했지만 백성들의 생활을 그리 향상시키지는 못했다. 이러한 경향은 휘종 때 한층 심해져 북송 말기 농민 반란의 원인이 된다.

휘종의 〈도구도〉

3 휘종 | 북송의 8대 황제(재위 1100~1125). 예술을 사랑해 송나라 미술을 크게 일으켰으나 사치가 심해 북송의 쇠락을 초래했다.

4 전매 | 특정 물품의 거래를 국가가 독점하는 것. 중국의 역대 왕조들은 세금 확보를 위해 소금이나 차 등을 전매해 백성에게 비싸게 팔았다.

아시아

1107년 성리학의 기초를 닦은 정이가 세상을 뜨다

성리학[5]의 기초를 닦은 정이가 세상을 떠났다. 정이의 사상은 남송의 주희에게로 이어져 19세기까지 중국과 우리나라의 통치 이념이 된다.

5 성리학 | 중국 송나라 때 등장한 유학의 한 파. 인간의 본성[性, 성]과 사물의 원리[理, 리]를 탐구해 이를 기반으로 도덕 규범을 세우려 했다. 정이와 주희의 성을 따 '정주학'으로도 불린다.

유럽

1109년 스콜라철학의 시조 안셀무스가 죽다

신의 존재를 논리적으로 증명하려 해 스콜라철학의 기초를 놓은 안셀무스가 잉글랜드에서 죽었다. 그는 북이탈리아 출신으로 젊었을 때 그리스·로마의 철학 고전을 많이 접한 인물이었다.

스콜라철학이란 '학교의 철학'이란 뜻으로, 중세 유럽의 수도원에서 발달했던 신학 중심의 철학을 말한다.

캔터베리 대주교로 생을 마감한 안셀무스의 시신이 안치된 캔터베리 대성당

1 문벌 귀족 | 문종 때를 거치면서 형성된 고려 전기의 지배 세력. 혈연과 혼인 등으로 높은 지위를 세습한 문신 엘리트 집단이다.

2 대성아악 | 1105년 송나라의 대성부(大晟府)가 편곡·반포한 음악

1113년 예의상정소(禮儀詳定所)를 두다

복식·예의·문서 양식 등 여러 의례를 제정하는 일을 맡은 예의상정소를 설치했다. 여러 가지 규범을 정해 문벌 귀족[1] 사회를 정착시키려는 뜻이 있었다. 1234년(고종 21)에 이곳에서 발행한 『고금상정예문』은 세계 최초의 금속활자본으로 추정된다.

1116년 송나라 〈대성아악〉이 들어와 아악이 시작되다

송나라 휘종이 문묘 제례 등 국가적 의식에 쓰이는 〈대성아악[2]〉과 여기에 쓰이는 관현악기, 무용 장비, 무용복 등을 보내 왔다. 의식을 치를 때 대뜰 위에서 연주되는 관현악을 등가악(登架樂)이라 하고 대뜰 아래에서 연주되는 관현악을 헌가악(軒架樂)이라 하며, 음악에 맞추어 추는 문무(文舞), 무무(武舞) 등의 춤을 일무(佾舞)라 한다. 〈대성아악〉을 들여오면서 우리나라에서도 이 모든 요소를 갖춘 아악(雅樂)의 역사가 시작된 것이다.

아악은 '바르고 우아한 음악'이라는 뜻으로, 좁게는 '문묘제례악'만을 가리키지만 넓게는 궁중 밖에서 쓰이는 민속악과 구별되는 궁중 의식에 쓰이는 당악·향악·아악 등을 아울러 가리킨다. 아악은 중국 주나라 때부터 궁중 제사 음악으로 발전하다가 송나라에서 〈대성아악〉을 편곡, 반포함에 따라 제도적으로 확립됐다. 〈대성아악〉을 받아들인 고려는 원구단(황제가 하늘에 제사를 지내는 곳), 사직단(땅과 곡식의 신에게 제사를 지내는 곳), 태묘(왕실의 사당), 문묘 등의 제례에 이 음악을 쓰게 된다. 고려 말에는 악공을 명나라에 유학 보내 악기를 들여오기도 한다.

고려의 아악은 조선왕조에도 그대로 계승되지만, 세종 때 악학별좌를 지낸 박연이 조선 실정에 맞게 정리한 뒤 후대로 이어졌다.

아악의 악기인 어(위), 편경(아래)

아시아

1113년 수리아바르만 2세가 앙코르와트를 건설하다

앙코르와트

캄보디아의 앙코르왕국에 번영기를 가져온 수리아바르만 2세가 즉위했다. 그는 분열돼 있던 왕국을 통일하고 베트남, 미얀마, 말레이반도 일대를 공격하면서 앙코르왕조의 위세를 동남아시아 전역에 떨쳤다. 당시의 앙코르왕조는 관료제가 잘 갖추어진 고도의 중앙 집권 국가였다. 수리아바르만 2세가 약 30년에 걸쳐 건설한 앙코르와트[1]는 당시의 강력했던 왕권을 보여 주는 살아 있는 증거다. 앙코르왕국은 이후에도 새 수도 앙코르톰을 건설한 자야바르만 7세(재위 1181~1218) 등이 즉위하면서 13세기까지 황금기를 누린다. 앙코르톰의 인구는 전성기에 100만에 이르렀다.

1 앙코르와트 | '사원(와트)의 도시(앙코르)'란 뜻이다. 약 40킬로미터 떨어진 쿨렌산으로부터 500만 톤 이상의 암석을 운반해 지어진 이 건축물은 둘레 5.5킬로미터에 가장 높은 탑의 높이가 65미터에 이르러 당시 세계적으로 유례를 찾기 힘든 규모를 자랑했다.

아시아

1115년 여진족의 지도자 아구다가 금나라를 세우다

만주에서 목축과 농경 생활을 하던 민족인 여진족[2]이 새로운 지도자 완안 아구다를 중심으로 통합됐다. 아구다는 스스로 제위에 오르고 나라 이름을 '금(金)'이라 정했다.

여진족은 본래 발해의 지배를 받다가 발해 멸망 후 요나라(거란)와 고려를 상전으로 섬기던 종족이었다. 그러나 요나라가 송나라와의 무역으로 부유해지면서 사치스런 생활에 빠지자 여진족에게 기회가 왔다. 오랫동안 거란족에게 눌려 설움을 당했던 여진족은 폭발적인 기세로 요나라 땅을 점령해 나갔다. 안락에 젖어 기강이 해이해진 요나라 군대는 여진족의 상대가 되지 못했다. 금나라의 등장으로 교착 상태에 있던 동아시아의 정세는 급변한다.

2 여진족 | 오늘날 만주족의 조상이다. 만주 지방에 거주하던 유목민으로 12세기에 금나라, 17세기에 청나라를 세웠다. 금나라는 300호를 1모극(謀克)으로 해 100명의 병사를 내고, 10모극을 1맹안(猛安)으로 해 그 장이 부민을 통치하게 하는 맹안모극 제도를 기초로 발전했다.

아시아

1120년 송나라에서 방랍의 난이 일어나다

휘종 황제의 사치가 극에 달하자 불만을 품은 백성들이 방랍을 중심으로 반란을 일으켰다. 관리들이 황제에게 바칠 진귀한 물건을 수집하기 위해 백성들을 마구 쥐어짠 것이 원인이었다. 반란군은 삽시간에 불어나 강남 일대를 휩쓸었는데, 정부는 진압을 위해 북쪽 국경의 군대를 남쪽으로 이동시켜야 했다. 가뜩이나 약한 송나라의 군사력은 더욱 약해졌고 그사이 금나라의 세력이 급성장했다. 14세기 명나라의 소설 『수호전』은 방랍의 난을 배경으로 한 작품이다.

『수호전』
14세기에 북송 말기의 농민 반란을 배경으로 쓰인 소설. 『삼국지연의』, 『서유기』, 『금병매』와 더불어 중국의 '사대기서(四大奇書)'로 꼽힌다. 명나라 때에는 서민들의 교육 수준과 경제력이 좋아지면서 서민들을 상대로 한 대중 소설이 크게 유행했다.

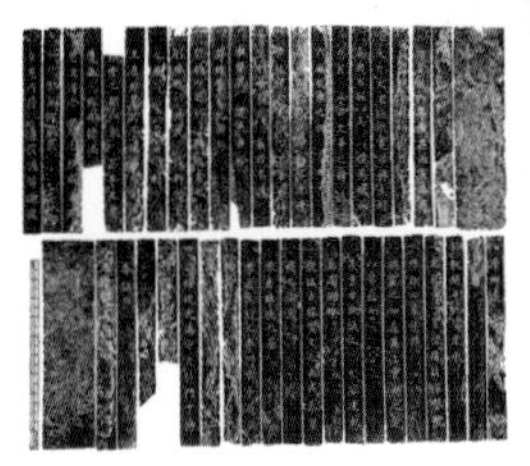

인종의 청동 도장과 인종 옥책
경기도 파주시 장단면에 있는 인종의 장릉에서 각종 청자, 청동 수저 등과 함께 발견됐다. 도장의 높이는 6.8센티미터.

1122년 **17대 인종이 왕위에 오르다**

예종이 죽고 맏아들인 왕인표가 즉위하니 인종(재위 1122~1146)이다. 인종의 치세에는 이자겸의 난, 묘청의 서경 천도 운동 등으로 문벌 귀족의 지배 체제가 흔들리기 시작했다.

1126년 **금나라와 사대 관계를 맺다**

여진족이 세운 금나라가 거란족의 요나라를 멸망시킨(1125년) 뒤 고려에 사대의 예를 갖추라고 요구했다. 이자겸을 중심으로 한 문벌 귀족 체제는 이 요구를 받아들여 금나라와 사대 관계를 맺었다.

1126년 이자겸의 난이 일어나다

인종의 외할아버지 이자겸이 인종을 몰아내고 스스로 왕위에 오르려 하다가 인종의 반격을 받아 귀양을 떠났다.
이자겸은 문종 때부터 왕실의 외척으로 권력을 잡은 인주 이씨 가문에서도 권력욕이 강한 인물이었다. 인종의 외할아버지였으면서도 권력을 굳히기 위해 두 딸을 인종의 왕비로 들여보낼 정도였다. 인종은 외할아버지의 권력욕 때문에 이모들과 혼인한 셈이다.
이자겸은 자기에게 반대하는 사람들을 모조리 죽이거나 유배 보냈고, 자기 생일을 인수절이라는 국경일로 만들어 나라와 백성의 축하를 받았다. 그리고 나라의 중대한 일을 자기 마음대로 주물렀다. 인종은 제멋대로인 이자겸을 제거하라는 명령을 신하들에게 내렸지만, 막강한 군사를 보유한 이자겸은 거꾸로 궁궐을 불태우고 점령해 버렸다. 이자겸은 '십팔자(十八子, 이 세 글자를 합치면 이자겸의 성씨인 李가 됨)'가 왕이 된다는 도참설을 퍼뜨리며 인종을 독살하고 왕위에 오르려 했으나 실패했다.
결국 인종은 이자겸의 부하인 척준경을 꼬여 이자겸을 체포하도록 해 위기를 벗어났다. 이자겸은 유배지인 전라도 영광에서 죽었고, 이자겸을 몰아낸 뒤 위세를 떨치던 척준경도 당대의 문장가인 정지상의 탄핵을 받아 쫓겨난다. 이로써 이자겸의 난은 진압되지만, 문종 때 전성기를 맞았던 문벌 귀족 체제는 큰 상처를 입게 된다.

청평사 고려선원
이자겸과 달리 그의 사촌동생 이자현은 소양강 오봉산 자락으로 숨어들어 보현원(후일 '문수원'으로 개칭)을 만들고 '참 즐거움을 아는 늙은이'로 자처하며 유유자적했다.

유럽

1122년 신성로마제국 황제와 교황이 보름스협약을 맺다

수십 년째 성직자 임명권 문제를 둘러싸고 갈등을 벌이던 신성로마제국의 황제와 교황이 독일 남서부의 도시 보름스에서 타협을 했다(보름스협약). 타협안은 성직자의 세속적 권위와 종교적 권위를 구분한 것이었다. 즉, 성직자는 황제에게 신하로서 충성을 맹세하지만 종교적으로는 교회에 충성한다는 내용이었다. 이로써 황제는 더 이상 종교적 권위를 주장할 수 없게 되어 지위가 약해졌다.

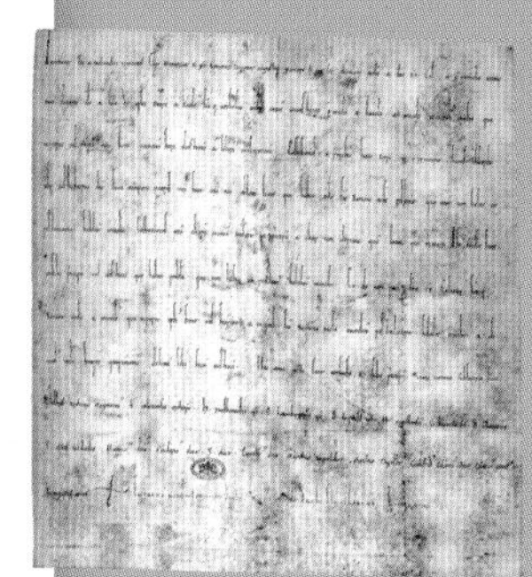

보름스협약

아시아

1125년 금나라가 요나라를 무너뜨리다

금나라가 송나라의 요청으로 요나라를 쳐서 멸망시켰다. 송나라는 이로써 숙적을 제거했지만, 오히려 금나라라는 더 강한 적과 마주치게 됐다.

아시아

1127년 '정강의 변'으로 북송이 금나라에 망하고 중국 남부에 남송이 세워지다

요나라를 정복한 금나라가 강성해지자 송나라가 금나라와의 동맹을 깨고 요나라 잔존 세력과 어울려 금나라를 치려 했다. 격분한 금나라는 송나라를 공격해 순식간에 수도 개봉을 포위했다. 미처 피하지 못한 송나라 황제 흠종은 한 해 전 자신에게 양위했던 아버지 휘종과 더불어 포로가 됐고, 북송은 멸망했다. 이를 정강(靖康) 연간에 일어난 변란이라 해서 '정강의 변'이라 한다.

송나라가 예상 외로 맥없이 무너지자 금나라도 당황했다. 졸지에 광활한 중국 땅을 떠안는 처지가 됐기 때문이다. 금나라는 본래 송나라를 완전히 정복할 생각은 없었다. 여진족의 인구나 정치적 힘이 광대한 중국 땅을 지배할 만큼 크지 않았기 때문이다. 결국 송나라 황제의 동생인 조구가 저항 세력을 결집하자 금나라는 더 이상의 세력 팽창을 단념하게 된다. 조구는 금나라 세력이 미치지 못한 강남 지방으로 달아나 남송(1127~1279)을 건국한다.

이후 중국은 1234년 금나라가 망할 때까지 100여 년 동안 북쪽의 금나라와 남쪽의 송나라(남송)가 대치하는 형국을 맞는다. 남송은 옛 영화를 되찾기 위해 비옥한 강남 지방의 개발에 힘을 쏟는데, 덕분에 강남 지방은 중국 경제의 확고부동한 중심지가 된다.

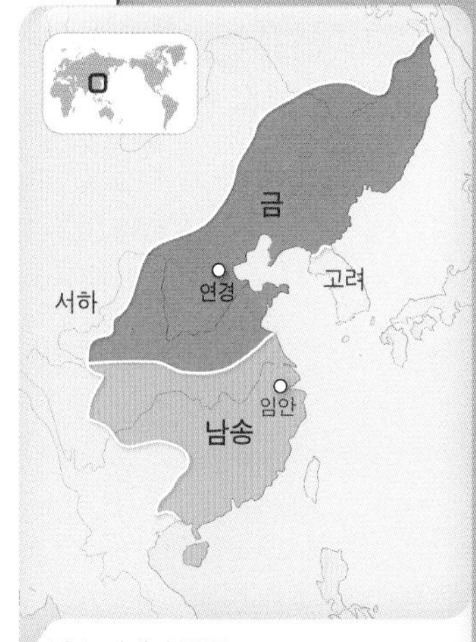

남송 시대의 중국

1135년 묘청이 서경에서 반란을 일으키다

승려 묘청이 서경(지금의 평양)에서 조광, 유참 등과 함께 반란을 일으켰다. 묘청은 나라를 세워 '대위국'이라 이름 붙이고 연호를 '천개(天開)'라고 했다. 그리고 개경에서 파견된 관리들을 모조리 잡아 가두고 주변의 여러 군대를 서경에 집결시켰다.

묘청은 같은 서경 출신인 정지상이 인종에게 소개한 인물이었다. 고려가 금나라의 압력에 굴복해 사대 관계를 맺자(1126년 참조) 묘청, 정지상, 윤언이(윤관의 아들) 등은 고려도 칭제건원[1]을 하고 금나라를 정벌해야 한다고 주장했다. 묘청은 나아가 개경은 기운이 쇠약해졌으니 "서경으로 도읍을 옮기면 주변 36개국이 고려에 조공을 바칠 것"이라며 서경 천도 운동을 벌여 나갔다. 인종도 묘청의 말에 솔깃해 1128년에는 서경에 궁궐을 짓도록 명령하기도 했다. 묘청과 정지상은 대동강에 상서로운 기운이 어려 있으니 이는 용이 침을 토한 것으로 천 년에 한 번도 보기 힘든 일이라고 주장했다.

1 칭제건원(稱帝建元) | 황제를 칭하고 연호를 세움. 고려도 한때 황제국을 자처하고 독자적인 연호를 제정했으나(949년 참조), 송 금 등 중국 왕조와 사대 관계를 맺으면서 이를 포기할 수밖에 없었다.

그러나 금나라에 사대를 하는 것이 현실적이라고 생각한 김부식 등은 금나라 정벌은 물론 서경 천도도 반대했다. 풍수, 도참 등에 비판적이었던 유학자 김부식은 묘청이 허무맹랑한 술수로 임금을 속이고 있다면서 서경 천도파를 맹렬히 공격했다. 대동강의 상서로운 기운이란 것도 묘청 일파가 참기름 넣은 큰 떡을 가라앉혀 그곳에서 기름이 떠오르도록 꾸민 속임수였다는 것이 드러났다.

김부식 초상

인종은 묘청의 황당한 언행에 실망해 서경 천도를 중단한다고 선언했다. 그러자 묘청은 동지인 정지상, 백수한 등이 개경에 있는 상태에서 반란을 일으켰다. 김부식은 즉각 인종의 명을 받아 토벌군을 꾸리고 먼저 개경에 남아 있던 정지상, 백수한 등을 잡아 죽였다. 김부식의 군대가 서경으로 진격하자 묘청의 부하였던 조광은 혼자 살아남겠다는 생각으로 묘청의 목을 베어 김부식에게 바쳤다. 그러나 김부식은 조광의 항복을 받아들이지 않고 서경 포위를 계속했다. 절망한 조광은 남은 군사를 모아 김부식에게 저항하지만, 서경 반란군은 1년 만인 1136년 모두 진압되고 만다. 이로써 서경 천도 운동은 막을 내리고 김부식은 문벌 귀족의 최고 자리에 오르게 된다.

대동강

아시아

1134년 **악비가 금나라 정벌에 나서다**

남송의 명장 악비가 고종 황제에게 금나라 정벌을 제안했다. 고종이 승인하자 악비는 3만 명의 부하를 이끌고 금나라를 쳐서 중국 중부의 대도시 양양을 수복했다. 연전연승하던 그는 이대로 북중국 전체를 되찾자고 주장했으나, 주화론자[1]들의 반대로 무산됐다.
악비는 가난한 농민 출신으로 정규군의 지휘관이 아니었다. 그가 이끌던 의용군 부대는 막강한 전투력을 자랑했지만 정부의 통제에서 벗어나 있었다. 금나라와의 화친을 주장하는 신중론자들의 눈에 그가 몇 번의 승리에 도취해 무모한 전쟁을 벌이려는 위험 인물로 보인 것도 무리는 아니었다. 결국 그는 1141년 38세의 나이로 주화론자들에게 살해되고 만다.

악비의 딜레마
악비는 이민족과 맞서 싸운 한족(漢族)의 영웅으로 중국에서 오랫동안 높은 존경을 받았다. 그러나 최근 중국 정부가 중국 내 소수 민족을 포용하는 정책을 펴면서 악비에 대한 영웅화는 일종의 금기가 되고 있다. 한족과 소수 민족 사이의 갈등을 부채질할 우려가 있다는 점에서다.

악비

1 주화론자 | 화의를 주장하는 사람

유럽

1139년 **포르투갈왕국이 탄생하다**

포르투갈 영주 아폰수 1세가 이슬람 세력인 알모아히데왕조의 대군을 쳐부수고 왕위에 오르면서 포르투갈왕국이 탄생했다.
아폰수는 본래 카스티야왕국의 신하였기 때문에 왕이 되려면 그럴듯한 명분이 있어야 했다. 그는 교황에게 즉위 승인을 요청하는 편지를 보내면서 자신이 왕이 되면 이베리아반도를 이슬람 세력으로부터 되찾겠다고 맹세했다.
즉위 후에도 아폰수는 자신이 가치 있는 군주임을 증명하기 위해 누구보다도 열정적으로 무슬림과의 전쟁에 나서곤 했다. 46년의 재위 기간 동안 그는 포르투갈의 영토를 두 배 가량 늘렸는데, 이는 거의 이슬람 세력의 땅을 빼앗아 이룬 것이었다. 무슬림의 땅과 재산을 빼앗는 것은 당시 유럽에서는 범죄가 아니라 선행으로 여겨졌다.
이처럼 무슬림에게 빼앗겼던 땅을 되찾는 재정복 운동과 십자군전쟁은 유럽의 야심만만한 젊은 영주들에게 출세의 기회로 여겨지곤 했다. 이들은 자신들의 탐욕을 정당화하기 위해 무슬림을 악마로 몰아갔고, 점령지에서 곧잘 무슬림을 학살했다.

리스본 공격

1145년 김부식이 『삼국사기』 50권을 편찬하다

김부식이 인종의 명령을 받고 최산보, 김충효 등과 함께 작업한 역사책 『삼국사기』를 완성했다. 고구려·백제·신라 삼국의 역사를 기전체[1] 형식으로 정리한 이 책은 본기(삼국 역대 왕들의 기록) 28권, 지(志, 문화 및 제도의 역사) 9권, 연표 3권, 열전(주요 인물의 전기) 10권 등 모두 50권으로 이루어져 있다.

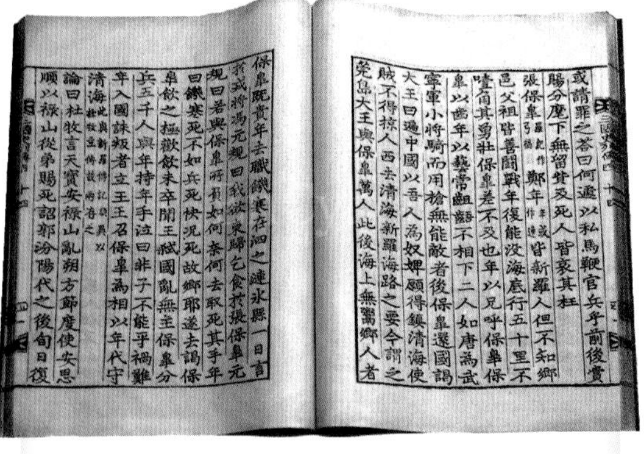

『삼국사기』
김부식 등은 객관적인 역사 서술을 위해 『신라고사』, 『구삼국사』, 『삼한고기』와 최치원의 『제왕연대력』, 김대문의 『화랑세기』·『고승전』·『계림잡전』 등 우리나라 역사책과 『삼국지』, 『후한서』, 『위서』, 『진서』, 『송서』, 『남북사』, 『구당서』, 『신당서』, 『자치통감』 등 중국 역사책을 폭넓게 참고했다.

김부식은 『삼국사기』를 펴내는 뜻을 이렇게 적고 있다. "사대부가 우리 역사를 잘 알지 못하니 유감이다. 중국의 역사책은 우리나라 사실을 간략히 적었고, 고기(古記, 당시까지 있던 우리나라 옛 역사책)는 내용이 부족해 왕, 신하, 백성의 잘잘못을 가려 규범을 후세에 남기지 못하고 있다." 여기에는 유교적 가치관에 따라 고려 이전의 역사를 정리하고 문벌 귀족이 지배하는 고려의 국가적 정체성을 분명히 하려는 뜻이 담겨 있다. 이때 김부식이 참고한 옛 기록은 훗날 모두 사라져 『삼국사기』는 오늘날 남아 있는 우리나라 역사책 가운데 가장 오래된 것이 됐다.

1 기전체 | 중국 한나라 때 역사가인 사마천이 쓴 『사기』에서 비롯된 역사 서술 방식으로 왕조사인 기(紀)와 주요 인물의 전기인 전(傳)을 중심으로 이루어진다(1권 서기전 91년경 참조). 동아시아에서 기전체와 쌍벽을 이루는 역사 서술 방식으로는 편년체가 있다. 시간순으로 기록하는 통사(通史)로는 송나라의 사마광이 쓴 『자치통감』이 대표적이다.

1146년 18대 의종이 왕위에 오르다

인종이 죽고 맏아들인 왕일승이 즉위하니 의종(재위 1146~1170)이다.

신채호의 「조선 역사상 일천 년래 제일 대사건」

근대 민족주의 역사학을 세운 신채호는 1929년에 낸 『조선사연구초』에 「조선 역사상 일천 년래 제일 대사건」이라는 글을 싣고 김부식을 평가했다. 신채호는 묘청과 김부식의 싸움이 "독립당 대 사대당의 싸움이며, 진취 사상 대 보수 사상의 싸움"이라면서, 이 싸움에서 김부식이 이기는 바람에 우리 역사가 사대적·보수적·속박적 사상인 유교 사상에 정복되고 말았다고 보았다.

신채호

신채호가 역사 연구에 열중하던 때는 일본이 우리나라를 침략하여 국권을 빼앗은 식민지 시기였다. 그러니 외세를 물리치고 자주 국가를 건설하는 것이 시대의 소명이었다. 그런 소명에 충실했던 신채호는 묘청 세력을 국권 회복과 자주 정신을 위한 아이콘으로 부활시키고, 김부식을 노예 근성의 원흉으로 못 박았던 것이다.

아시아

1142년 송나라와 금나라가 화친하다

송나라 재상 진회의 주도로 송나라와 금나라 사이에 화친이 맺어졌다. 화친의 조건은 송나라에게 치욕적이었다. 송나라는 해마다 금나라에 은 25만 냥과 비단 25만 필을 바치기로 했는데, 이는 북송이 거란에 바쳤던 것보다 훨씬 많은 액수였다. 굴욕은 거기서 그치지 않았다. 송 황제는 금 황제에게 신하의 예를 갖춰야 했다. 이 역시 거란과 형제 관계를 맺고 송나라가 형 역할을 했던 '전연의 맹' 때와 비교하면 엄청난 수모였다(1004년 참조).

무릎 꿇은 진회 부부의 동상
'민족 영웅' 악비를 처형하고 외세와 굴욕적인 화친을 주도한 진회는 중국 민족주의가 절정에 이른 20세기에 많은 비난을 받았다. 그러나 최근에는 그를 현실주의적 외교관으로 재평가하는 움직임도 있다.

송나라가 이처럼 굴욕적인 강화 조건을 감수한 것은 부분적으로는 금나라가 송나라 황제의 아버지(북송 휘종)와 형(북송 흠종) 두 황제를 포로로 잡았기 때문이다. 그러나 그 이상으로 중요한 이유는 송나라의 군사력이 금나라와 대결할 정도로 튼튼하지 못했다는 점이다. 남송은 북송이 지녔던 두 가지 큰 문제, 즉 대지주의 증가로 인한 재정 감소와 취약한 군사력을 그대로 이어받았다. 금나라와 정면 대결을 하기에는 재정도 군사력도 모두 부족했다. 조정은 전부 구법당으로만 채워졌는데, 이는 신법당이 북송 멸망의 주범으로 지탄받아 모조리 축출됐기 때문이다(1103년 참조). 따라서 개혁이 일어날 여지도 별로 없었다. 이후에도 남송은 경제적 번영에 걸맞은 군사적 힘을 끝내 갖추지 못한다. 송나라의 외교적 굴욕이 계속되면서 사람들 사이에는 민족주의적인 정서가 강하게 싹튼다.

유럽

1142년 프랑스의 철학자 아벨라르가 사망하다

스콜라철학자 피에르 아벨라르가 사망했다. 그는 아리스토텔레스의 논리학을 받아들여 중세 철학의 발전에 큰 기여를 했다. 파리에는 수많은 학생들이 그의 강의를 듣기 위해 모였는데 이것이 훗날 파리대학(1215년 설립)의 기초가 됐다고 한다. 제자 엘로이즈와의 연애담으로도 유명하다.

아벨라르와 엘로이즈
당시로서는 파격적일 정도로 이성을 존중했던 아벨라르는 연애에서도 파격적이었다. 제자 엘로이즈와의 사랑 이야기는 중세에는 좀처럼 볼 수 없었던 자유 연애담이었다.

유럽

1147년 제2차 십자군원정이 시작되다

시리아 지방의 십자군 국가[1] 에데사백국이 이슬람 세력으로부터 위협을 받자 이를 구원하기 위해 2차 십자군(1147~1148)이 결성됐다. 그러나 통일된 지휘 체계가 없었던 십자군은 연전연패했고 결국 별 성과 없이 해산했다.

1 십자군 국가 | 1차 십자군원정 때 크리스트교 세력이 팔레스타인과 시리아 지방에 세운 나라들을 가리킨다. 13세기 후반 이슬람 세력에게 모두 무너졌다. 십자군은 이밖에도 발칸반도와 동지중해 일대에 많은 국가를 세웠다.

1157년 **청자로 기와를 만들다**

12세기 중엽 들어 상감 기법을 비롯한 청자 제조 기술[1]이 절정으로 치달으면서 지붕도 청자로 기와를 만들어 덮기에 이르렀다. 왕궁 동쪽에 새로 마련한 궁궐 뜰에 양이정(養怡亭)이라는 정자를 세우고 그 지붕을 청자로 만들었던 것이다(『고려사』).

고려의 세계적 자랑거리인 청자는 지금의 전라북도 부안과 전라남도 강진의 가마터에서 집중적으로 만들어졌다. 섭씨 1100~1200도의 고온에서 구워야 하는 청자는 고도의 기술이 필요한 값비싼 자기였으나, 풍요로운 생활을 누린 문벌 귀족은 전혀 개의치 않고 다양한 청자를 주문해 썼다. 접시, 술병, 찻잔 등의 식기뿐 아니라 침실의 베개, 거실의 꽃병과 의자, 서재의 필통과 향로 등 귀족 집 곳곳에 청자가 자리 잡고 있었다.

이처럼 청자는 예술 작품인 동시에 당대의 최첨단 소재로 만들어진 생활 용기였다.

1 **청자의 기술 수준** | 일반적으로 도자기는 토기 석기 도기 자기로 나뉘며, 이 가운데 자기가 가장 단단하고 열과 부식에도 잘 견디는 최고급품이다. 자기에는 청자와 백자가 있는데, 12세기에 자기를 만들 수 있는 기술을 가진 나라는 세계에서 중국과 고려뿐이었다.

상감청자

상감 기법은 청자에 무늬를 새기는 방법 가운데 가장 발달한 것으로, 12세기 중엽에 완성된 것으로 짐작된다. 1146년에 죽은 인종의 무덤에서는 상감청자가 나오지 않았지만, 1159년에 죽은 문유라는 관리의 무덤에서는 세련된 상감 기법으로 무늬를 새겨 넣은 청자 대접이 발견됐기 때문이다.

'상감'은 태토(도자기를 만드는 흙) 표면에 음각으로 무늬를 새기고 붓으로 색을 메운 뒤 유약을 발라 구워 내는 방법이다. 이렇게 하면 무늬의 빛깔이 유약을 통해 은은히 비쳐 보이기 때문에 아름답고 품격 높은 청자를 얻을 수 있다.

무늬가 없는 순청자 시대를 거쳐 등장한 상감청자는 13세기 몽골의 침략을 받아 국력이 기울 때까지 고려 귀족의 사랑을 받았다.

청자 기와, 청자 향로, 청자 매병

유럽

1152년 신성로마제국에서 프리드리히 1세가 즉위하다

'바르바로사'[1]란 별명으로 유명한 프리드리히 1세(재위 1152~1190)가 귀족들에 의해 신성로마제국 황제로 선출됐다. 그는 보름스협약(1122년 참조) 이후 약해진 황제의 권위를 회복하기 위해 교황과 정면 대결을 펼치기로 마음먹었다. 이를 위해 여섯 차례에 걸쳐 교황의 근거지인 이탈리아에 원정했는데, 원정에 협조하지 않는 제후들은 무력으로 굴복시켰다. 그는 기사도 정신에 충실해 많은 기사 전설의 주인공이 되기도 한다.

유럽

1154년 잉글랜드에서 플랜태저넷왕조가 시작되다

프랑스의 앙주 가문 출신인 헨리 2세가 잉글랜드[2]의 왕이 됐다. 1년 전 잉글랜드 왕을 무력으로 굴복시켜 강제로 왕위 계승자가 된 덕분이었다. 이로써 플랜태저넷왕조(1154~1399)의 막이 오른다.

앙주 가문은 정략 결혼으로 착실히 세력을 키워 온 노르망디 지방의 대귀족이었다. 헨리 2세 역시 정략 결혼으로 프랑스 왕과 갓 이혼한 엘레오노르를 부인으로 맞았다. 엘레오노르가 광대한 영지를 결혼 지참금으로 가져온 덕분에 프랑스 서부가 통째로 헨리의 손안에 들어왔다. 이로써 헨리는 일약 서유럽의 강자로 떠올랐다. 헨리는 이후 아일랜드, 웨일스, 스코틀랜드 지방을 정복하고 법률 제도를 개혁해 근대 영국의 기초를 다진다.

아시아

1156년 호겐의 난을 계기로 무사 계급이 대두하다

고시라카와 천황과 스토쿠 상황[3] 사이에서 무력 충돌이 일어났다(호겐의 난). 싸움은 천황 측의 승리로 끝났고, 천황 측에 가담한 무사들의 지위가 급상승했다. 무사들 중 전공이 특히 컸던 다이라 기요모리는 1167년 최고 관직인 태정대신에 임명되면서 다이라 정권을 열게 된다.

유럽

1158년 볼로냐대학이 자치권을 얻다

신성로마제국 황제 프리드리히 1세가 유럽 최초의 대학인 볼로냐대학(1088년 창립)의 자치를 인정했다. 볼로냐대학은 이탈리아 북부의 볼로냐시에서 학생과 학자들이 모여 만든 일종의 길드[4]였다. 이후 볼로냐대학과 같은 '학자 길드'는 전 유럽으로 퍼져 나가 프랑스의 파리대학(1215년), 영국의 옥스퍼드대학(1249년) 등이 잇달아 설립된다.

1 바르바로사 | 이탈리아어로 '붉은 수염'이란 뜻이다. 그가 이탈리아에 원정할 때 이탈리아 사람들이 존경과 두려움의 뜻으로 붙인 별명이다.

2 잉글랜드와 영국 | '영국'은 본래 '잉글랜드'의 번역어지만, 실제의 잉글랜드는 아일랜드, 웨일스, 스코틀랜드를 포함하는 영국(United Kingdom)의 일부 지역이다.

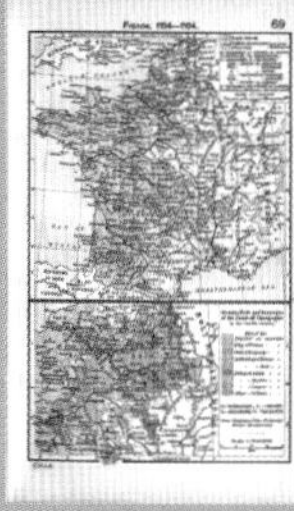

헨리 2세가 엘레오노르와의 결혼으로 획득한 프랑스 서부 영토

3 상황(上皇) | 퇴위한 천황을 가리키는 말. 11세기 말 후지와라 가문의 섭관 정치에 대한 하급 귀족의 반발이 심해지자, 은퇴한 천황이 직접 나서서 정치를 하곤 했다.

다이라 기요모리
무사로서는 최초로 태정대신이 되면서 무사 세력의 독세를 알렸다.

4 길드 | 중세 유럽에서 같은 직종에 종사하는 사람들이 만든 조합. 11~12세기경부터 서유럽의 상공업 발달에 힘입어 크게 번성했다.

볼로냐대학

고려의 무인상

1 나례희 | 음력 섣달 그믐날 밤에 민가와 궁중에서 마귀와 사신(邪神, 사악한 악귀)을 쫓아낸다는 뜻으로 베푼 의식

2 오방수박희 | 오늘날의 태권도에 해당하는 고려 시대의 무예

1170년 무신의 난이 일어나다

대장군 정중부와 견룡행수 이의방, 산원 이고 등이 이끄는 무신(武臣)들이 보현원이라는 절에서 정변을 일으켰다. 정중부는 순검군을 시켜 지어사대사 한뢰, 승선 임종식 등 문신들을 잔인하게 살해했다. 의종을 사로잡은 정중부는 개경으로 돌아가 닥치는 대로 문신들을 죽인 뒤 의종과 태자를 귀양 보내고 의종의 동생인 왕지단을 19대 임금(명종, 재위 1170~1197)으로 세웠다. 이로써 200여 년간 고려 사회를 지배해 온 문벌 귀족의 시대가 막을 내리고, 향후 100년간 계속될 무신 정권의 시대가 열렸다.

무신의 난은 문신을 우대하고 무신을 천대하던 문벌 귀족 시대의 문제점이 쌓인 끝에 터져 나온, 예고된 정변이었다. 고려는 976년(경종 1) 전시과를 실시하면서 관리들을 양반(동반과 서반)으로 분류했다. 995년(성종 14)부터 동반은 문신, 서반은 무신으로 삼고 동반은 종1품 문하시중, 서반은 정3품 상장군을 가장 높은 벼슬로 정했다. 이처럼 무신이 문신보다 서열이 낮다 보니 전쟁이 나면 벼슬이 더 높은 문신의 지휘를 받아야 했다. 귀주대첩을 이끈 강감찬(1018년 참조), 9성을 쌓은 윤관(1108년 참조)은 모두 문신이었다.

무신에 대한 천대는 고려 사회가 안정돼 가면서 문벌 귀족의 향락 풍조가 심해질수록 더욱 심해졌다. 인종 때는 문벌 귀족의 최고 권력자인 김부식의 아들 김돈중이 나례희[1] 때 정중부의 수염을 태워 정중부가 화를 내자, 도리어 김부식이 인종에게 요청해 정중부를 벌한 일도 있었다. 이 같은 사례가 계속되자 정중부를 비롯한 무신들의 불만이 커 갔다.

예종과 문신들이 보현원으로 행차하던 중에는 나이 든 대장군 이소응이 젊은 문신과 오방수박희[2]를 겨루다 패한 일이 있었다. 이때 젊은 문신 한뢰가 이소응의 빰을 때려 무신들의 분노를 샀다. 무신들에게 원한을 산 김돈중과 한뢰는 모두 이번 정변의 희생자가 되고 말았다.

유럽

1167년 북이탈리아 도시들이 자치권을 지키기 위해 롬바르디아동맹을 결성하다

이탈리아 북부 롬바르디아 지방의 도시들이 이탈리아를 정복하려는 신성로마제국에 맞서 동맹을 맺었다(롬바르디아동맹). 참가한 도시들에는 모두 자치 도시[1]라는 공통점이 있었다.

11세기 무렵부터 서유럽에는 자치 도시들이 많이 생겼다. 자치 도시의 등장은 상공업의 발달과 밀접한 관계가 있었다. 당시 유럽에서는 생산력이 향상되면서 상공업 도시가 급증했다. 상공업 도시의 부유한 시민들은 봉건 영주의 속박으로부터 벗어나고자 했고, 실제로 영주를 몰아내고 자유를 얻은 곳도 있었다. 이렇게 자유를 얻은 도시들은 이탈리아 북부와 플랑드르 지방[2]에 특히 많았다. 이 두 지역은 프랑스, 신성로마제국의 변방으로 봉건 질서가 비교적 약했고, 상업의 요충지로 상공업 도시들이 밀집해 있었기 때문이다.

힘겹게 자유를 쟁취한 자치 도시 시민들이 자신들의 자유를 지키려는 것은 당연했다. 롬바르디아동맹은 신성로마제국과 10여 년에 걸친 싸움을 펼친 끝에 1183년 마침내 황제로부터 자유를 보장받는다. 자유의 정신이 충만해진 이탈리아 북부의 도시들은 이후 르네상스의 요람이 된다.

1 자치 도시 | 프랑스어로 '코뮌'이라고도 한다. 봉건 영주의 속박으로부터 벗어나 자유를 얻은 도시들을 가리킨다.

2 플랑드르 지방 | 지금의 벨기에를 중심으로 한 지역. 영국-스칸디나비아반도-라인강을 잇는 해상 무역의 요충지로 일찍부터 상공업이 발달했다.

아프리카

1169년 살라흐 앗 딘, 아이유브왕조를 열다

유럽에 '살라딘'이란 이름으로 알려진 살라흐 앗 딘 유스프 이븐 아이유브가 이집트에서 파티마왕조를 무너뜨리고 아이유브왕조를 열었다. 아이유브왕조는 이슬람 세계의 새 실력자로 떠오르게 된다.

살라흐는 십자군과 이슬람 세력의 대결이 한창이던 시리아에서 성장했다. 당시 이슬람의 주요 세력이던 셀주크왕조와 파티마왕조는 십자군의 활동에 대해 대체로 무관심했는데, 이는 십자군의 활동 범위가 주로 시리아와 팔레스타인에 국한돼 있었기 때문이다. 그러나 십자군전쟁의 폐해를 직접 경험한 살라흐가 이슬람 세계의 주요 지도자로 떠오르자 십자군전쟁은 새로운 국면을 맞이한다. 살라흐는 십자군 왕국들과 대결을 펼친 끝에 마침내 1187년 성지 예루살렘을 탈환해 이슬람 세계의 영웅이 된다.

살라흐 앗 딘

십자군전쟁에 대한 유럽과 이슬람 세계의 태도

살라흐는 이슬람 세계보다 유럽에서 훨씬 유명해졌다. 이는 십자군전쟁에 대한 유럽과 이슬람권의 관심 차이를 보여 준다. 유럽인들은 얻을 것이 많은 서아시아 진출에 대해 잔뜩 들떠 있었지만, 무슬림들은 십자군전쟁을 예루살렘에서 벌어지는 성가신 국지전 정도로 여겼다.

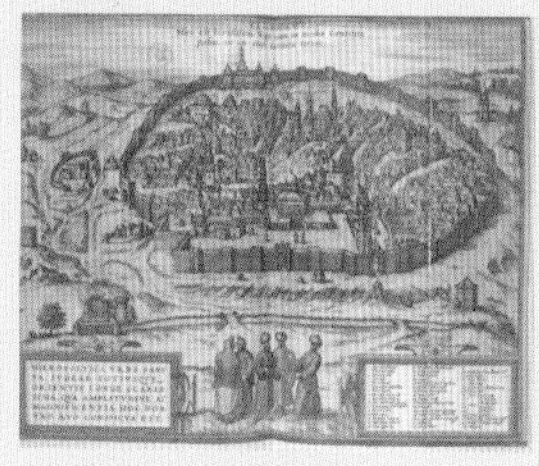
예루살렘 고지도

망이·망소이의 난을 소재로 대전시 서구가 기획한 연극 〈명학소의 북소리〉

고려 사회가 흔들리고 민란이 잇따르다

천대받던 무신이 문신들을 죽이고 왕을 귀양 보내는 하극상[1]이 일어나자 고려 사회가 걷잡을 수 없이 요동쳤다. 1173년에는 동북면병마사 김보당이 쫓겨난 의종을 다시 세우고 무신들을 몰아내기 위해 군사를 일으켰고, 1174년에는 서경유수 조위총이 서경(지금의 평양)을 중심으로 역시 무신 정권을 쓰러뜨리기 위한 반란을 일으켰다.

김보당과 조위총의 난이 기득권 세력의 반발이었다면, 1176년 천민 거주지인 명학소(지금의 충청남도 공주 부근)에서 일어난 망이·망소이의 난은 하층 신분이 일으킨 반란이었다. 그런가 하면 서경에서는 조위총의 난이 진압된 뒤에도 백성들이 2년 동안 무신 정권과 대치하는 민란이 일어났다. 신분 질서가 엄연한 고려에서 천민과 백성이 난을 일으켰다는 것은 무신의 난이 얼마나 고려의 신분 사회를 뒤흔들어 놓았는가를 잘 보여 준다.

1 하극상(下剋上) | 계급이나 신분이 낮은 사람이 예의나 규율을 무시하고 윗사람을 꺾고 오름

1179년 경대승이 정중부를 죽이고 권력을 잡다

젊은 장군 경대승이 무신 권력자 정중부와 그 아들 정균을 죽이고 무신 권력 기관인 중방[2]을 해체했다. 경대승은 무신이지만 무신의 난 이후 횡포와 비리를 저지르는 무신 권력자들에게 분노해 왔다.

최고 권력을 쥔 경대승이 무신들을 견제하고 무신과 문신을 고루 등용하자 그를 미워한 무신들은 살해 위협까지 가했다. 그러자 경대승은 도방[3]을 설치해 신변을 보호하고 무신들을 감시하며 권력을 강화했다.

2 중방 | 무신의 난 이전부터 있던 고위급 무신들의 논의 기구로, 무신의 난 이후 권력기관으로 떠올랐다

3 도방 | 경대승이 창설한 무신들의 사병(개인이 거느린 군사) 집단

고려의 투구와 무기들

아시아

1177년 주희가 『사서집주』를 쓰다

송나라 유학의 최고봉으로 꼽히는 주희가 유교 경전들 중 『논어』·『맹자』·『대학』·『중용』 4권을 '사서(四書)'로 정하고 주석을 달았다. 이것이 곧 『사서집주』다. 『사서집주』의 발간을 계기로 사서는 유학에서 가장 중요한 경전이 된다.

주희는 북송 때 성립한 성리학을 집대성했다. 그의 사상은 이상적인 도덕인 '이(理)'를 중시했기 때문에 '이학(理學)'이라고도 불린다. 그는 도덕을 세우려면 학문, 특히 유학을 연마해야 한다고 주장했는데, 이 주장은 송나라의 지배층인 사대부들의 지지를 받았다. 주희가 『사서집주』를 펴낸 것도 경전 학습을 통해 사회의 도덕성을 세우기 위해서였다.

주희는 자신의 엄격한 도덕관을 기준으로 권력자들의 부정을 비판했다. 이 때문에 한때 그의 학문이 금지됐다. 그러나 그가 죽고 얼마 안 있어 주자학[1]은 사대부들에 의해 중국의 통치 이념이 된다.

주희 초상

1 주자학 | 주희가 체계화한 성리학. 유교적 신분 질서를 옹호해 송나라 말기부터 중국의 통치 이념이 됐다.

유럽

1179년 필리프 2세가 프랑스의 중앙 집권화를 추진하다

프랑스가 잉글랜드의 거센 도전을 받고 있는 가운데(1154년 참조), 필리프 2세(재위 1179~1223)가 프랑스 왕으로 등극했다. 필리프 2세는 잉글랜드에 정면으로 맞설 처지가 못 됐다. 왕이 봉건 제후들의 눈치를 봐야 하는 프랑스에 비해 잉글랜드는 왕권이 더 강했으므로 잉글랜드 왕의 군사력이 더 우세했던 것이다.[2] 이에 필리프 2세는 정략 결혼 등 외교적인 수단을 활용해 착실히 실력을 키워 나갔다. 그는 특히 자치 도시(1167년 참조)들에 특혜를 주고 그들의 힘을 빌리는 정책을 썼다. 이는 자신과 자치 도시들이 모두 봉건 제후들과 대립 관계에 있었기 때문이다.

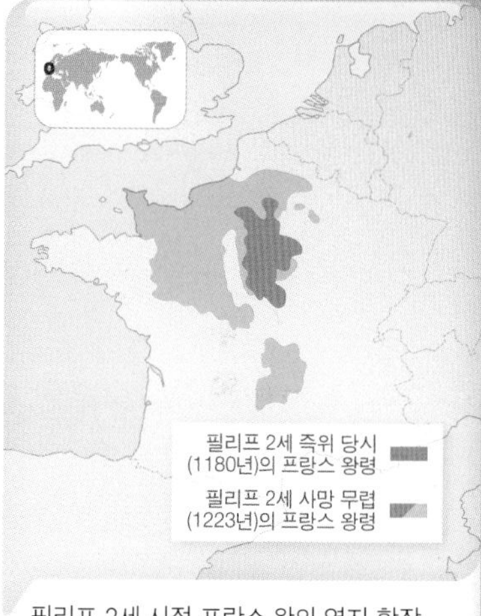

필리프 2세 시절 프랑스 왕의 영지 확장

왕권을 강화하려는 필리프 2세의 노력은 성공적이었다. 프랑스는 13세기 초반에 잉글랜드와 정면 대결을 벌일 수 있는 수준까지 실력을 키웠다. 필리프 2세는 자신의 영지를 3배가량 늘렸는데, 이로써 프랑스 왕의 힘은 봉건 제후들을 확실히 압도하게 된다.

2 프랑스의 왕권과 잉글랜드의 왕권 | 11~12세기의 잉글랜드 왕권은 1066년의 잉글랜드 정복을 통해 확립된 것이었기 때문에 비교적 강한 편이었다. 그러나 13세기 이후 잉글랜드에서는 대헌장 제정으로 왕권이 약해지는 반면, 프랑스에서는 왕권이 꾸준히 강화된다.

1183년 경대승이 병으로 죽고 이의민이 권력을 장악하다

경대승이 젊은 나이에 병을 얻어 죽자 동경(지금의 경상북도 경주)에 숨어 지내던 상장군 이의민이 올라와 권력을 손에 쥐었다. 이의민은 동경의 천민 출신으로 정중부가 일으킨 무신의 난에 참여했으며 김보당의 난을 진압하는 데 공을 세웠다. 경대승이 무신 세력을 억누르자 이의민은 그를 두려워해 병을 핑계로 동경에 내려가 기회를 엿보고 있었다.

이의민은 성격이 거칠고 힘이 세 '금강야차(불교의 수호신인 금강역사)'라 불렸으며, 소금장수였던 아버지 이선은 아들이 어릴 때 푸른 옷을 입고 황룡사 9층 목탑을 오르는 꿈을 꾸었다고 전해진다.

1 정혜결사 | 지눌은 정혜쌍수(定慧雙修, 깨달음의 상태인 '정(定)'과 사물의 본질을 파악하는 지혜인 '혜(慧)'를 함께 닦아 수행함)와 돈오점수(頓悟漸修, 깨달음에 이르기까지는 반드시 점진적인 수행이 있어야 함)라는 선종의 방법을 강조했다.

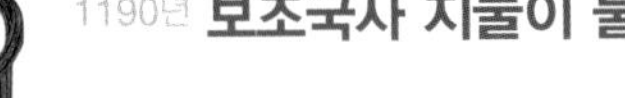

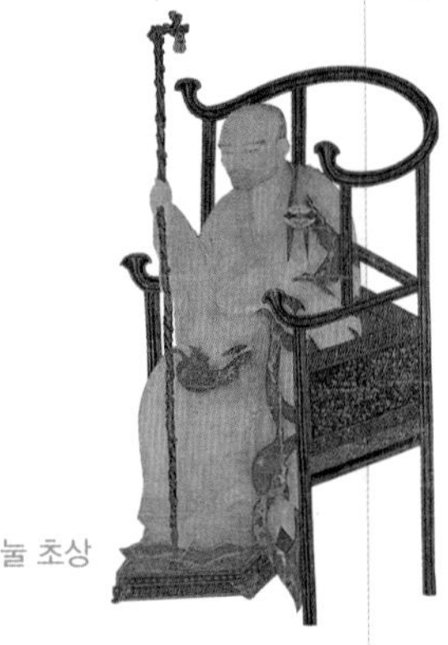

지눌 초상

1190년 보조국사 지눌이 불교 운동 단체인 정혜결사를 조직하다

보조국사 지눌이 공산(지금의 대구 팔공산) 거조사에서 정혜결사[1](훗날의 수선사)라는 신앙 공동체를 조직하고, 이 운동의 선언문인 「권수정혜결사문(勸修定慧結使文)」을 발표했다. 여기서 지눌은 왕실과 권력에 빌붙어 세속화되고 타락해 가는 기존 불교계를 신랄하게 비난하고 세속을 떠나 산림에 묻혀 지내며 신앙 생활에 힘쓰겠다고 밝혔다.

지눌의 뜻에 공감하는 신도들이 몰려 장소가 비좁게 되자 수선사는 송광산의 길상사로 옮겼다. 1205년 송광산은 왕명에 따라 중국 선종의 발상지인 조계의 이름을 따 조계산으로 이름이 바뀐다.

지눌의 불교 개혁은 그동안 교종 중심으로 이루어졌던 고려 불교계를 개편하고, 선종 중심으로 교종을 통합하는 운동으로 발전해 나간다. 그러나 정혜결사는 무신 정권의 지원을 받으면서 중앙 정치 세력과 연결돼 점차 보수화의 길을 가게 된다. 이후 정혜결사는 180년간 16명의 국사를 배출해 '승보사찰(僧寶寺刹)'의 명예를 얻었다.

순천 송광사

보조국사 지눌이 조계산으로 옮겨간 정혜결사(수선사)의 현재 모습. 조계종의 중흥 도량이 돼 조선 초기까지 180년 동안 16명의 국사를 배출했다.

아시아

1185년 일본 최초의 무사 정권이 탄생하다

다이라 정권(1156년 참조)의 폭정이 심해지자 미나모토 요리토모가 이들을 타도하고 가마쿠라에 무사 정권을 세웠다. 이로써 가마쿠라바쿠후(1185~1333)의 막이 올랐다.

바쿠후[1] 시대의 개막은 무사(사무라이) 계급이 일본의 지배층으로 올라섰다는 것을 의미한다. 무사 계급은 헤이안 시대 후기에 지방 귀족들이 세력을 확장하기 위해 무사들을 고용하면서 대두했다. 무사들은 점차 귀족을 압도하고 일본의 실질적인 지배층이 되어 갔는데, 바쿠후 정권의 등장으로 이러한 경향은 완성됐다.

가마쿠라바쿠후의 쇼군[2]들은 자신의 부하 무사들을 지방의 영주로 임명했다. 이로써 일본의 봉건 제도가 시작됐다. 또 쇼군이 정치적 실권을 장악하면서 천황은 명목상의 군주로 전락했다. 바쿠후 체제는 1868년까지 일본의 지배 체제가 된다.

1 바쿠후(幕府) | 장군이 출정 중 머물던 천막을 뜻하는 말로, 무사 정권을 가리킨다.

2 쇼군(將軍) | '장군'이란 뜻으로, 바쿠후의 우두머리다.

아카마 신궁
미나모토 요리토모가 지금의 시모노세키에서 벌어진 단노우라전투에서 다이라 정권에 승리할 때, 다이라 정권과 운명을 같이하며 바다에 뛰어들어 죽은 안토쿠 천황의 영령을 모신 신궁. 안토쿠 천황은 당시 여덟 살이었다.

유럽

1189년 제3차 십자군원정이 시작되다

아이유브왕조의 살라흐 왕이 십자군으로부터 예루살렘을 탈환[3]하자 유럽에서 3차 십자군이 결성됐다. 여기에는 잉글랜드의 리처드 1세[4], 프랑스의 필리프 2세, 신성로마제국의 프리드리히 1세(목적지에 도달하기 전에 죽음) 등 유럽의 주요 군주들이 총출동해 역대 십자군 중 가장 화려한 진용을 자랑했다. 이들은 살라흐와 접전을 펼쳤지만 예루살렘 점령에는 실패한다.

유럽의 주요 군주들이 출전하다 보니 3차 십자군은 유럽 정치에 큰 영향을 끼쳤다. 프랑스의 필리프 2세는 잉글랜드의 리처드 1세가 원정을 하는 사이 서둘러 귀국해 잉글랜드가 차지하고 있던 프랑스 서부를 공격했다. 한편 잉글랜드에서는 리처드 1세의 동생인 존이 권력을 장악하고 폭정을 펼쳤다. 존의 폭정은 1215년 대헌장의 배경이 됐을 뿐 아니라 '로빈 후드 전설'을 탄생시키기도 한다.

3 살라흐의 예루살렘 탈환 | 1차 십자군이 예루살렘을 점령할 때 십자군은 도시 내의 무슬림들을 남김없이 학살했다. 그러나 살라흐는 예루살렘 수복 후 크리스트교도들에게 관용을 베풀었기 때문에 유럽인으로부터 큰 존경을 받았다.

4 리처드 1세 | 헨리 2세의 아들로, 용맹이 뛰어나 '사자왕'이라 불렸다.

3차 십자군원정에 나란히 참가한 리처드 1세와 필리프 2세
사이 좋게 출전하는 듯 묘사됐지만 실은 두 왕 모두 딴마음을 먹고 있었다.

1 오언시 | 1구(句)가 다섯 글자로 이루어진 한시(漢詩)

2 기사체(記事體) | 사실을 보고 들은 그대로 적는 기사문의 문체

1193년경 **이규보가 「동명왕편」을 발표하다**

고려의 문호 이규보가 고구려의 시조인 동명왕의 전설을 오언시[1]체로 쓴 장편 서사시 「동명왕편」을 완성했다. 기사체[2] 문학의 선구적인 명작으로 꼽힌다.

1193~1194년 **김사미□효심의 난이 일어나다**

신라 부흥을 꾀하는 김사미와 효심이 각각 경상도 운문산과 초전(지금의 울산)을 근거지로 농민을 모아 반란을 일으켰다. 김사미와 효심은 힘을 합쳐 관군을 몰아붙였고, 신라를 부흥시켜 왕위에 오르려던 권력자 이의민의 아들 지순도 이들과 내통했다. 그러나 최인, 고용지가 활약해 이들의 난을 진압했다.

1196년 **최충헌, 이의민을 죽이고 최씨정권의 시대를 열다**

별초도령 최충헌이 동생 최충수와 함께 '금강야차' 이의민을 죽이고 권력을 장악했다. 그는 신변 보호를 위해 도방을 설치하고(1179년 참조), 정권의 중앙 기관으로 교정도감을 설치한다(1209년 참조). 이때부터 무신 정권은 안정을 찾고 4대에 걸쳐 세습되는 최씨정권이 60년간 이어진다.

무신 정권의 지배 기구

연도	집권자	지배 기구
1170	이의방	중방
1174	정중부	중방
1179	경대승	중방
1183	이의민	중방
1196	최충헌	교정도감
1219	최우	교정도감·정방
1249	최항	교정도감·정방
1257	최의	교정도감·정방
1258	김준	교정도감·정방
1268	임연	교정도감·정방
1270	임유무	교정도감·정방
1271		

1198년 만적의 노비 해방 운동이 일어나다

최충헌의 사노비(개인적으로 거느린 노비)인 만적이 개경의 노비들을 모아 반란을 모의했다. 만적은 개경 뒷산에서 나무를 하다 여러 노비를 모아 놓고 반란을 선동했다.

만적과 동지들은 노란 종이 수천 장을 '丁(정)' 자 모양으로 오려 표지를 삼고 흥국사에 모여 각자의 주인을 죽이고 노비 문서를 불태우기로 했다. 그러나 모인 노비가 수백 명에 불과해 다시 날을 정해 보제사에 모이기로 했으나, 율학박사 한충유의 사노비인 순정이 배신해 계획은 수포로 돌아갔다. 최충헌은 만적과 수백 명의 노비를 강물에 던져 죽이고 권력을 더욱 단단히 다졌다.

홍국사 석탑
만적이 노비 해방 운동을 일으키기 위한 결집 장소로 잡았던 홍국사의 석탑. 개성 고려박물관 야외 전시장에 있다.

아시아

1192년 '심학'의 시조 육구연이 사망하다

주희의 사상적 라이벌로 꼽히는 육구연이 사망했다. 그는 주희가 인간의 정신적 측면을 너무 강조한 나머지 지나치게 경직된 도덕주의에 빠졌다고 비판했다. 그 대안으로 육구연이 내세운 것은 욕망을 긍정하고 마음을 존중하라는 것이었다. 그의 학설은 주희의 '이학(理學)'과 대비되어 '심학(心學)'이라 불리게 된다. 육구연의 사상은 이후 명나라의 왕수인[1] 등에게 계승돼 주자학의 한계에 대한 비판의 목소리를 낸다.

1 왕수인 | 왕수인의 호는 양명으로, 그의 학문과 사상을 양명학이라 다.

아시아

1193년 구르왕조가 인도에 진출하다

구르왕조(1187~1215)의 통치자였던 무하마드 고리가 델리와 펀자브 지방을 포함한 인도 북서부를 평정했다. 구르왕조는 가즈나왕조의 뒤를 이어 아프가니스탄을 지배한 나라였다. 독실한 무슬림이었던 고리는 점령한 각 주의 지사를 정통파 무슬림으로 채우고 이슬람교 전파에 힘썼다. 1206년 그가 살해되자 부하였던 쿠트브 우딘 아이바크가 인도에서 일어난 최초의 이슬람 왕조인 델리술탄왕조를 세운다.

구르왕조

유럽

1198년 이븐 루슈드가 사망하다

유럽에 '아베로에스'란 이름으로 알려진 에스파냐의 철학자 이븐 루슈드가 사망했다. 그는 당시 이슬람 세계의 여러 석학들처럼 의학, 과학부터 그리스 고전에 이르기까지 다방면에 풍부한 지식을 쌓았다. 아리스토텔레스의 모든 저작을 해설한 것으로 유명했으며, 르네상스 시기의 유럽에 큰 영향을 끼쳤다. 이탈리아에서는 그의 이름을 딴 아베로에스 학파가 등장하기도 한다.

이븐 루슈드

유럽

1200년경 독일에서 『니벨룽겐의 노래』가 쓰이다

중세 영웅서사시의 최고 걸작이라 일컬어지는 『니벨룽겐의 노래』가 독일에서 쓰였다. 이 작품은 5세기경 게르만족 대이동 시대의 전설들을 기초로 했다. 그 덕분에 13세기 독일에서는 보기 힘들었던 원시적 격정으로 가득 차 있다. 『니벨룽겐의 노래』는 후대의 독일 문학에 큰 영향을 줬는데, 특히 19세기에 독일 민족주의가 대두하면서 독일인의 기상을 가장 잘 표현한 작품으로 각광받게 된다.

『니벨룽겐의 노래』

12세기의 목소리

(송나라) 조정에서 간간이 사신을 보내어 고려를 무마하기 위해 그 땅에 들어가지만, 정작 들어가 보면 성곽들이 우뚝우뚝하여 실로 쉽사리 업신여길 수 없다.[1]

무릇 문신(文臣)의 관을 쓴 자는 서리(胥吏, 낮은 계급의 관리)라도 죽여서 씨를 남기지 말라![2]

정중부의 난 이래 높은 벼슬아치는 천한 노예 중에서도 많이 나왔다. 장군과 재상이 어찌 씨가 따로 있겠는가? 때만 되면 누구나 할 수 있다. 우리라고 해서 언제까지나 주인의 매질에 근육과 뼈가 문드러지는 고통을 당할 수는 없다.
각기 자기 주인을 죽이고 노예 문서를 불 지르자. 노예 없는 나라를 만들면 우리도 공경대부 같은 높은 벼슬을 차지할 수 있다.[3]

1 서긍, 『고려도경』 중에서
서긍은 1123년(인종 1) 6월 사신으로 고려에 왔다가 7월에 돌아간 송나라 사람이다. 이때 그가 남긴 견문록이 『선화봉사고려도경』인데, 이 책은 12세기 고려인의 삶에 대한 귀중한 자료로 남아 있다.

2 1170년(예종 24) 무신의 난 때 정중부가 보현원에서 무신들에게 예종과 문신들을 공격하라고 명령하면서 한 말
문벌 귀족의 시대에 무신들이 얼마나 문신들에 대해 깊은 원한을 가지고 있었는지를 잘 보여 준다.

3 1198년(신종 1) 무신 집권자 최충헌의 개인 노비였던 만적이 개경 뒷산에 노비들을 모아 놓고 반란을 선동하며 한 말
기원전 3세기 말 중국 진나라 때, 만리장성을 수비하는 일에 동원됐던 진승은 약속된 시간에 도착할 수 없게 됐다. 그러자 어차피 죽을 목숨이라 생각하고 900여 명의 일행과 함께 반란을 일으켰다. 이때 진승은 "왕과 제후, 장수와 재상의 씨가 어찌 따로 있다는 말인가[王侯將相寧有種乎]?"하고 외쳤다 한다. 만적이 이 말을 했다는 것은 동아시아에 이 같은 말이 꽤 널리 알려져 있었다는 추측을 가능하게 한다.

임금과 신하가 있기 전에 이미 임금과 신하 간의 이(理, 도리)가 먼저 있고, 아버지와 자식이 있기 전에 이미 아버지와 자식 간의 이가 먼저 있다.(……) 임금은 모름지기 인자해야 하고 신하는 공경스러워야 하며, 자식은 모름지기 효성스러워야 하고 아비는 자애로워야 한다.[1]

세속 세계에서 부와 명예를 갖춘 왕과 제후, 유력자와 귀족 태생의 남녀가 그들의 오만스럽고 우쭐거리는 목덜미를 숙여 동물처럼 수레를 어깨에 메고 끌고 있었다.[2]

1 주희, 『주자어류』 중에서
주자학에서는 사람이 지켜야 할 도리는 어떤 상황에서든 변함없이 유지된다고 본다. 이 때문에 지나치게 경직된 도덕주의에 빠졌다거나, 명분을 현실보다 우선시하는 사상이라는 비판을 받기도 한다. 그러나 한편으로는 지배층과 피지배층 모두에게 각각의 도덕규범을 제시함으로써 권력층의 독단을 견제하기도 했다.

2 1145년 노르망디 지방의 성당 건축 장면을 묘사한 글
교회의 힘이 절정에 이르렀던 12세기에는 대규모 성당 건축이 유행했다. 성당을 지을 때는 왕과 영주들도 직접 수레를 끌고 자재를 나르곤 했는데, 이는 신앙심을 과시하고 교회와 돈독한 관계를 유지하기 위해서였다.

13세기

1201~1300

고려와 원나라의 일본 원정군이 상륙한 쓰시마의 고모다하마 해변

몽골은 세계 정복에 나서고, 고려는 저항하다

13세기의 한국과 세계

몽골은 세계 정복에 나서고, 고려는 저항하다

금나라에 예속된 몽골 부족들 가운데서도 가장 보잘것없던 세력이 13세기 들어서자마자 몽골 고원을 통일하고 유라시아 대륙을 향해 부챗살처럼 퍼져 나갔다. 칭기즈 칸을 영도자로 하는 몽골의 사냥꾼들은 서쪽으로는 서요·호라즘·아바스왕조를 넘어 러시아·폴란드·헝가리를 무너뜨리고, 동쪽으로는 중국 대륙을 나눠 갖고 있던 금나라와 남송을 무너뜨려 모든 국경선을 허물어 버렸다.

고려가 이 광풍으로부터 무사할 수는 없었다. 최우가 이끌던 무신 정권은 몽골군에 맞서 도성을 강화도로 옮기는 극약 처방을 내리며 저항했다. 온 백성의 불심을 모아 외적을 물리치기 위한 팔만대장경 사업도 벌였다. 몽골은 끝내 고려 정복을 포기하고 고려에 대한 간섭의 권리를 확보하는 선에서 타협했다.

몽골제국의 시대에 가장 큰 혜택을 입은 지역은 서유럽이었다. 헝가리까지 휩쓴 몽골군은 빈 함락을 눈앞에 두고 있었지만, 대칸이 죽자 철수를 결정해 서유럽은 참화를 피할 수 있었다. 이후 동아시아와 이슬람의 발달한 문물이 서유럽으로 흘러들어가 유럽인에게 세속적인 욕망의 불을 지폈다. 이것은 다음 세기에 서서히 기지개를 켜는 서유럽 문명에 자양분이 되어 주었다.

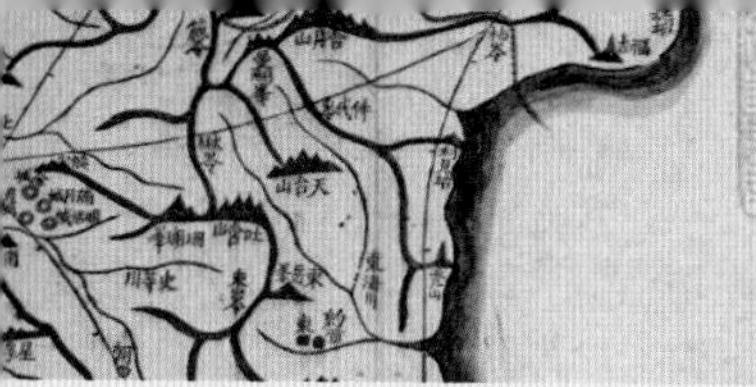

	1204년	제4차 십자군, 콘스탄티노플 약탈
	1206년	칭기즈 칸, 몽골 통일
최충헌, 교정도감 설치	1209년	
	1215년	대헌장(마그나카르타) 제정
고려·몽골 연합군, 거란군 격퇴	1219년	칭기즈 칸, 서방 원정
몽골 사신 저고여 피살	1225년	
	1227년	칭기즈 칸 사망
몽골, 고려 침략 개시	1231년	
최우, 강화도로 천도 결정	1232년	
	1234년	몽골, 금나라 정복
황룡사 9층 목탑 화재	1238년	
	1250년	이슬람에 맘루크왕조 성립
팔만대장경 완성	1251년	
	1258년	몽골, 바그다드 함락
고려 태자, 쿠빌라이와 강화	1259년	
삼별초의 난	1270년	
	1271년	쿠빌라이, 원 건국
충렬왕 즉위	1274년	여·원 연합군 1차 일본 원정
	1279년	원, 남송 정복
	1281년	여·원 연합군 2차 일본 원정
	1287년	원, 지폐 발행
충선왕의 개혁	1298년	
	1299년	마르코 폴로, 『동방견문록』 출간

1 문하시중 | 왕의 명령을 전달하고 신하의 건의를 받는 문하성의 최고 직책. 문하성·중서성·상서성을 3성이라 하고 3성의 책임자를 재신(宰臣)이라 했는데, 문하시중은 그 가운데 최고였다. 오늘날의 국무총리에 해당한다.

2 영은관(迎恩館) | 중국 사신을 영접하기 위해 개경에 지은 숙박 시설. 요나라 사신을 접대하기 위해 처음 지었으며, 요나라가 망한 뒤에는 금나라 사신을 접대하는 곳으로 쓰였다. 중국 사신을 맞이하는 숙소는 그 밖에도 인은관, 선은관이 있었다.

3 청교역 | 지금의 경기도 개풍군에 있던 역참. 역참은 개경과 지방을 오가는 전령이 휴식도 취하고 말도 바꿔 타는 곳으로, 개경의 동서남북에 도원역, 산예역, 청교역, 금교역을 두었다. 청교역은 개경과 지방을 오가는 공무원과 공문서들이 거쳐야 하는 곳으로 지금의 서울중앙우체국과 서울역의 역할을 했다.

1204년 21대 희종이 왕위에 오르다

신종이 죽고 맏아들인 왕불피가 즉위하니 희종(재위 1204~1211)이다. 희종은 자신을 왕위에 올려 준 공으로 최충헌을 문하시중[1]·진강군개국후로 봉했다.

1209년 최충헌이 최고 권력 기관으로 교정도감을 설치하다

최고 권력자 최충헌이 자신을 암살하려는 시도가 일어나자 관련자를 잡기 위한 임시 기관으로 개경 흥국사 남쪽 영은관[2]에 교정도감을 설치했다. 암살 기도의 주모자는 청교역[3] 역리(驛吏, 역에서 근무하는 하급 관리) 3명이었다. 이들은 최충헌과 최우 부자를 암살하기 위해 승려들과 힘을 모으고자 주변 사찰에 공첩(公牒, 공적인 일에 관한 편지나 서류)을 돌렸다. 그런데 귀법사의 승려가 공첩을 가지고 온 사람을 최충헌에게 고발하면서 일이 틀어지고 말았다.

이때 설치된 교정도감은 그 뒤로도 계속 남아 무신 정권에 반대하는 세력을 탄압하는 데 이용되며, 나아가 민간인 사찰과 세무 행정, 공직 비리 감시 등 국정을 아우르는 최고의 권력 기관으로 자리 잡는다. "최충헌이 정권을 독차지함에 모든 일이 교정도감으로부터 나왔다"(『고려사』)라고 할 정도였다. 교정도감은 1270년(원종 11) 무신 정권이 무너질 때까지 계속된다. 최고 책임자는 교정별감이었으며, 이 자리는 최충헌, 최우 등 무신 정권의 최고 권력자가 겸임했다.

희종의 무덤인 석릉
인천 강화군 양도면 도장리에 있다. 사적 제 369호

유럽

1204년 **제4차 십자군이 콘스탄티노플을 점령하다**

이슬람 세력의 본거지인 이집트로 향하던 제4차 십자군이 방향을 돌려 엉뚱하게도 동로마제국의 수도 콘스탄티노플을 점령했다. 동로마제국의 재물을 탐낸 베네치아 상인들이 십자군을 사주했기 때문이다. 이로써 500년 넘게 이슬람 세력의 거센 도전을 막아 내며 크리스트교 세계의 방패 노릇을 했던 콘스탄티노플은 같은 크리스트교도의 손에 약탈당하는 신세가 됐다. 공격을 주도한 베네치아공화국은 동로마제국 영토의 40퍼센트가량을 차지하며 지중해 북부의 패권을 거머쥐었다.

아시아

1206년 **칭기즈 칸이 몽골족을 통일하다**

칭기즈 칸이 몽골 부족들을 통일하고 대칸[1][大汗] 자리에 올랐다. 몽골 고원 곳곳에 흩어져 살며 오랫동안 서로 싸움을 거듭하던 몽골족은 이제 몽골제국이라는 하나의 깃발 아래 뭉치게 됐다.

새 제국을 건설한 칭기즈 칸이 가장 먼저 마주친 문제는 몽골 사회가 여전히 부족 단위로 움직인다는 점이었다. 각 부족의 구성원들은 칸보다는 부족의 수령에게 충성하는 경향이 있었다. 이런 상태에서 강력한 지도력을 발휘할 수 없다고 판단한 칭기즈 칸은 정복한 부족민들을 자신의 친인척과 가까운 부하들에게 나눠 주었다. 부족 단위로 이뤄져 있던 군대 조직은 1000호, 100호 등의 단위로 개편해 칭기즈 칸의 직속 부하들이 이끌게 했다. 이로써 몽골군은 충성스럽고 일사불란한 정예 부대로 거듭났다.

부족의 통일로 자신감을 얻은 몽골족은 눈을 바깥으로 돌렸다. 몽골족은 평생을 말안장 위에서 보내는 탁월한 기마 전사들이었다. 칭기즈 칸은 이들을 이끌고 동서양을 연결하는 대제국 건설에 나선다.

1 칸[汗] | 몽골족, 위구르족, 튀르크족 등 중앙아시아 유목민 지배자의 칭호

칭기즈 칸

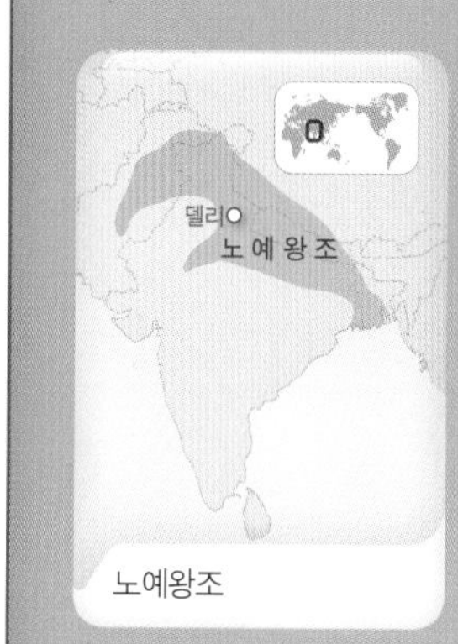

노예왕조

아시아

1206년 **인도에 노예왕조가 들어서다**

구르왕조의 튀르크계 노예 군인이었던 쿠트브 웃 딘 아이바크가 인도 북부의 델리에서 독립해 노예왕조(1206~1290)를 세웠다. 이로써 16세기까지 계속되는 인도의 델리술탄왕조[2] 시대가 막을 열었다.

노예왕조는 인도에서 일어난 최초의 이슬람 정권으로, 13세기 중엽에는 북인도의 대부분을 통일한다. 소수의 무슬림이 다수의 힌두교도를 지배해야 했기 때문에 힌두교에 무척 관대했다. 덕분에 이슬람 문화와 인도 문화가 결합된 독특한 인도·이슬람 문화가 탄생하게 된다.

쿠와이트알 이슬람 사원

2 델리술탄왕조 | 인도의 델리를 수도로 삼은 노예왕조(1206~1290)

1211년 최충헌이 희종을 폐하고 22대 강종을 왕위에 올리다

희종이 내시낭중 왕준명, 참정 우승경 등에게 명령을 내려 최충헌을 암살하려다 실패하고 왕위에서 쫓겨났다. 왕준명 등은 최충헌을 수창궁으로 불러 희종을 알현하게 하고, 이때를 노려 최충헌을 공격했다. 최충헌은 희종에게 구해 달라고 사정했으나 희종이 이를 거절하자, 지주사[1]의 방에 숨었다가 최우의 도움으로 목숨을 건졌다.

암살 음모를 조사한 최충헌은 왕준명, 우승경을 유배 보내고 희종을 폐위했다. 그리고 자신이 강화도로 쫓아냈던 19대 명종의 맏아들을 유배지 강화도에서 데려와 강종(재위 1211~1213)으로 즉위시켰다.

1 지주사 | 중추원에 딸린 승지방(承旨房)에 소속된 정3품 관직

1213년 23대 고종이 왕위에 오르다

강종이 죽고 맏아들 왕대명이 즉위하니 고종(재위 1213~1259)이다. 그의 치세는 몽골의 침략으로 얼룩졌다.

1219년 고려 · 몽골 연합군이 강동성에서 거란 침입군을 물리치다

몽골군에게 쫓겨 온 거란군이 서경 부근 강동성을 점령하자(1218년 12월), 합진이 이끄는 몽골군 1만 명이 동진국[2] 군사 2만 명과 함께 "거란군을 소탕하고 고려를 구한다"라는 명분을 내세워 고려 영토 안으로 추격해 왔다. 몽골군은 고려에 군량을 요청하면서 거란을 소탕한 뒤 고려와 '형제의 맹약'을 맺겠다는 칭기즈 칸의 말을 전했다.

망설이던 고려 정부는 몽골군과 화의를 약속하는 사절을 주고받은 뒤 조충, 김취려에게 몽골과 연합군을 편성해 강동성을 공격하도록 했다(1월). 연합군이 적의 도피를 막기 위해 성 밖에 못을 파고 공세를 펴자 거란군 장수 함사는 목매 자살하고 군사와 백성 5만여 명은 성문을 열고 나와 항복했다. 조충은 포로들을 각 지방의 개간이 덜된 곳에 보내 살게 했으며, 이때부터 거란장(契丹場, 고려의 거란족 집단 거주지)이 생겨났다.

강동성싸움은 고려와 몽골의 첫 만남이었으며, 고려는 약속한 대로 화의를 맺고 몽골을 형의 나라로 받들었다.

2 동진국 | 금나라의 요동선무사 포선만노가 1216년 요동 지역에 세운 나라

김취려 장군 유허비각
1216~1219년 거란 침입군을 물리친 김취려 장군의 기념비각. 울산시 울주군 언양읍에 있다.

1219년 최우가 치안을 유지하기 위한 야별초를 만들다

최충헌이 죽고 아들인 최우가 최고 권력을 계승했다. 최우는 밤에 들끓는 도둑을 잡기 위해 특수 부대인 야별초[3]를 창설했다.

3 야별초 | 좌별초와 우별초로 나뉜 뒤 신의군(몽골군에 포로로 잡혔다가 도망쳐 나온 군사들로 이루어진 부대)과 함께 무신 정권의 호위 부대인 삼별초를 이루게 된다.

아시아

1211년 몽골제국이 금나라 공격에 나서다

금나라 황제가 칭기즈 칸에게 신하가 될 것을 요구하자 칭기즈 칸이 거부하고 금나라 공격에 나섰다. 몽골군을 얕봤던 금나라 군대는 연전연패했고 위협을 느낀 금나라 황제는 수도를 연경(지금의 베이징)에서 개봉으로 옮겼다. 칭기즈 칸은 1215년 연경에 입성했는데, 이때 금나라 관리였던 야율초재를 부하로 얻었다. 야율초재는 농민으로부터 세금을 걷고 1220년에 수도 카라코룸의 건설을 제안하는 등 몽골제국이 국가의 틀을 갖추는 데 핵심적인 역할을 하게 된다.

유럽

1215년 잉글랜드에서 존 왕이 대헌장에 서명하다

프랑스와의 전쟁에서 패배한 잉글랜드의 존 왕이 손실을 만회하기 위해 세금을 대폭 늘렸다. 귀족들은 이에 반발해 반란을 일으켰는데, 존 왕 대신 왕으로 내세울 만한 마땅한 인물이 없었다. 이에 귀족들은 차라리 존 왕에게 강요해 자신들의 권익을 확실히 보장받는 편이 낫겠다고 판단했다. 존 왕은 마지못해 귀족들이 제출한 문서에 서명했는데 이 문서는 대헌장(마그나카르타)이라 불리게 된다.

63개 조항으로 이루어진 대헌장의 내용은 왕의 독단적인 행동을 막고 '자유민'의 권리를 보장하는 것이었다. 여기서 말하는 '자유민'은 귀족과 성직자들을 가리킨다. 12조 '일반 평의회[1]의 동의 없이 세금을 임의로 거둘 수 없다'는 부분이나, 39조 '자유민은 법률 또는 같은 자유민에 의한 재판 없이는 처벌될 수 없다'는 부분 등은 17세기 영국의 의회주의[2]와 입헌군주제[3] 확립에 커다란 영향을 끼치게 된다.

1 일반 평의회 | 대헌장을 계기로 구성된 귀족과 성직자들의 의회로, 영국 의회의 시초다.

2 의회주의 | 국가의 최고 정책을 의회에서 결정하고자 하는 사상

3 입헌군주제 | 군주의 권력이 헌법으로 제한되는 정치 체제

대헌장

대헌장에 서명하는 존 왕

아시아

1219년 몽골제국이 서방 원정을 개시하다

중앙아시아를 제압한 몽골제국이 실크로드 교역에 참여할 목적으로 호라즘[4]에 무역을 제의했다. 그러나 몽골에 침략 의도가 있다고 의심한 호라즘의 왕은 몽골 사절단을 살해하고 제의를 거부했다. 이에 칭기즈 칸은 대군을 이끌고 호라즘 원정에 나섰다.

파죽지세로 호라즘의 각 도시들을 잿더미로 만든 몽골군은 이어서 북인도와 흑해 북부 연안까지 쳐들어갔다. 1224년까지 계속된 이 원정으로 몽골제국의 영역은 이란과 우즈베키스탄 일대까지 확대된다.

4 호라즘 | 1077년 지금의 우즈베키스탄 일대에서 일어난 이슬람 왕조. 몽골과의 전쟁 당시 이란과 아프가니스탄 대부분을 차지한 서아시아 최강국 중 하나였다.

1225년 최우가 인사를 전담하는 정방을 설치하다

무신 정권의 최고 권력자 최우가 자기 집에 정방을 설치하고 문무백관의 인사를 이곳에서 전담하도록 했다. 무신 집권자가 관리의 인사를 좌지우지한 것은 아버지 최충헌 때부터였으며 최우는 최고 권력 기관인 교정도감에서 인사권만 분리해 정방에 맡겼다. 국왕은 정방에서 결정한 인사 내용을 승인하는 허수아비에 불과하게 됐다.

정방은 최우가 죽은 뒤에도 무신 집권자들에게 계승되며, 무신 정권이 무너진 뒤에는 국가 기관으로 개편된다.

1225년 몽골 사신 저고여가 귀국 중 살해당하다

칭기즈 칸의 사신으로 고려에 왔던 저고여가 몽골로 돌아가던 중 함신진(지금의 평안북도 의주)에서 의문의 죽음을 당했다.

몽골은 1219년 강동성싸움에서 고려에 큰 은혜를 베풀었다고 생각하고 해마다 동진국을 통해 지나친 공물을 고려에 요구해 왔다. 이러한 몽골의 태도에 대해 고려 무신 정권의 불만은 높아가고 있었다. 1221년에는 사신으로 온 저고여가 대접이 소홀하다며 관반낭중(사신 접대를 맡은 관리) 최공에게 활을 겨누고 지팡이로 폭행하는 등 행패를 부리자, 최공이 문을 잠가 그를 가두어 버린 적도 있었다.

이 무렵 몽골과 고려 사이에 있던 동진국 사람들이 두 나라를 이간질하기 위해 고려 복장을 입고 국경 지대에서 몽골인을 살해하는 일이 잦았다. 그때마다 몽골은 고려에 책임을 물었으나 고려에서는 동진국의 여진족 소행이라며 강경하게 혐의를 부인했다. 저고여의 죽음에 대해서도 고려는 같은 태도를 취했으나, 몽골은 칸(황제)의 사신이 죽은 것을 문제 삼아 고려와 맺은 형제의 맹약을 파기하고 국교를 끊었다. 그리하여 고려와 몽골 사이에는 전쟁의 먹구름이 드리웠다.

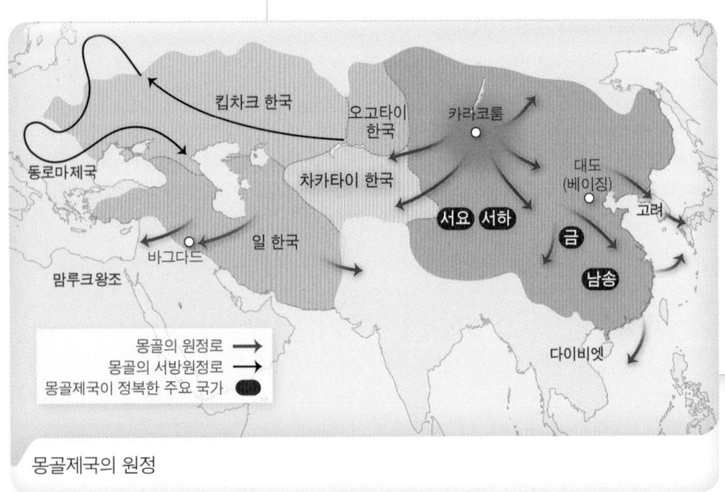

몽골제국의 원정

유럽

1221년, 1226년 도미니크 수도회와 프란체스코 수도회의 창설자가 사망하다

중세의 탁발 수도사
탁발 수도사들은 수도원의 울타리를 벗어나 일반 대중과 격의 없이 어울리며 포교 활동을 했다.

중세의 양대 탁발 수도회인 도미니크 수도회(1215년 설립)와 프란체스코 수도회(1209년 설립)의 창시자 도미니쿠스와 프란체스코가 잇따라 세상을 떠났다. 탁발이란 거리를 떠돌아다니며 동냥한다는 뜻이다. 탁발 수도회 회원들은 수도원을 박차고 거리로 나와 민중을 상대로 설교했다. 이들은 검소한 생활을 무엇보다 중시했는데 이것은 당시 절정에 이른 권세를 누리면서 타락한 기성 교회에 대한 반성에서 나온 것이었다. 탁발 수도사들은 특히 교회의 사치에 비판적이던 도시민[1]들을 상대로 포교 활동을 했다. 당시 횡행하던 '이단운동[2]'과 거리에서 직접 맞대결해야 하는 입장이었기 때문에 이들은 정교한 이론 체계를 가다듬었고, 뛰어난 스콜라철학자를 많이 배출했다.

1 중세 도시민과 교회의 관계 | 봉건 질서에 기반을 둔 중세 교회는 봉건 질서에서 벗어난 도시들과는 대체로 사이가 나쁜 편이었다.

유럽

1223년 스노리 스튀르들뤼손이 『에다』를 펴내다

『에다』에 묘사된 노르만족 신화의 한 장면

아이슬란드의 족장이자 문필가였던 스노리 스튀르들뤼손이 노르만족의 옛 시가들을 모아 『에다』를 펴냈다. 아이슬란드는 그 무렵 크리스트교 문화에 많이 동화된 스칸디나비아반도에 비해 노르만족 전통이 잘 보존된 편이었다. 『에다』에 수록된 시가들은 고대 노르만족의 신화와 전설에서 일상의 지혜를 담은 잠언에 이르기까지 그 주제가 무척 다양해 노르만족 문학의 보고라 일컬어진다.

아시아

1227년 칭기즈 칸이 사망하다

몽골에게 항복했던 서하가 금나라와 동맹해 몽골제국에 재차 맞서려는 움직임을 보였다. 이에 칭기즈 칸은 서하를 공격해 황족을 몰살하고 서하를 멸망시켰다. 그러나 칭기즈 칸 자신도 전투에서 입은 부상 때문인지 얼마 뒤 죽었다. 칭기즈 칸의 후계자로는 셋째 아들인 오고타이가 지목됐다. 지적인 성품의 오고타이는 몽골제국의 행정적 기초를 다지는 데 많은 노력을 기울인다. 아울러 칭기즈 칸의 정복 사업을 계승해 남송, 고려, 유럽 등에도 계속해서 원정대를 파견한다.

2 이단 운동 | 11세기부터 세속 권력과 야합한 성직자의 부패에 실망한 사람들이 성직자 비판 운동을 전개했는데, 기성 교회는 이들을 이단으로 낙인찍고 탄압했다. 그러나 이단 운동가들의 주장은 당시의 종교 권력에 반감을 가진 도시민 사이에서 큰 호응을 얻었다.

1231년 몽골의 1차 침략이 시작되다

몽골이 저고여 피살을 이유로 고려를 침략했다(8월). 그러나 저고여 사건은 핑계일 뿐 진짜 목적은 금나라와 전쟁 중이던 몽골이 배후의 근심을 없애려는 것이었다. 몽골은 1230년부터 심양에 3만 명의 군사를 모아 고려 침공을 준비해 왔다. 몽골 장군 살리타는 저고여가 살해당한 함신진을 넘어 공격해 왔으나, 귀주에서 박서가 이끄는 고려군에게 패했다. 대오를 정비한 살리타가 개경 성의문까지 공격해 오자 고려 정부는 사신을 보내 화의를 청했다.

1232년 고려가 대몽항쟁을 결의하고 강화로 천도하다

살리타가 다루가치[1] 72명을 남겨 두고 돌아갔으나, 최우가 이끄는 고려 정부는 몽골과의 화의를 거부하고 강화로 천도해 항쟁을 계속하기로 결정했다. 최우는 20일 안에 강화로 떠나지 않는 자는 군법으로 다스린다는 명령을 내리고 수레 100여 량을 동원해 천도를 총지휘했다. 열흘 넘게 장대비가 내리는 가운데 개경이 빈 것을 확인한 최우는 역대 왕의 초상과 신위를 모시고 강화로 들어갔다(7월 6일).

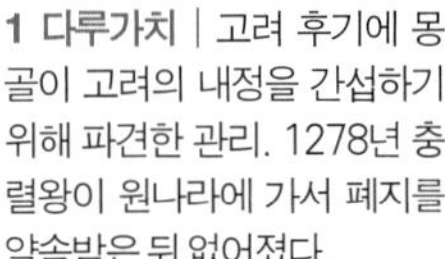

1 다루가치 | 고려 후기에 몽골이 고려의 내정을 간섭하기 위해 파견한 관리. 1278년 충렬왕이 원나라에 가서 폐지를 약속받은 뒤 없어졌다.

처인성
김윤후 부대가 몽골 장수 살리타를 사살한 대몽항쟁의 성지(聖地)

1232년 승려 김윤후가 몽골 2차 침략군을 물리치다

고려가 강화로 천도하자 살리타가 이끄는 몽골군이 다시 고려를 침략했다. 승려 김윤후는 처인부곡[2]의 처인성(지금의 경기도 용인시 소재)으로 피신해 이곳에서 몽골군을 맞아 싸웠다.[3] 이 전투에서 살리타가 죽자 몽골군은 철수했으나, 고려는 대구 부인사에 있던 초조대장경(1087년 참조)이 불타 없어지는 손실을 입었다(12월).

2 부곡 | 향, 소와 더불어 삼국시대부터 조선 초기까지 있었던 천민들의 집단 거주 지역

3 김윤후의 전공 | 강화의 고려 정부는 김윤후가 살리타를 사살했다고 보고 그에게 상을 내리려 했으나, 김윤후는 자기 혼자만의 공이 아니라며 상을 거절했다.

1235~1239년 몽골의 3차 침략으로 황룡사 9층 목탑이 불타 없어지다

몽골이 다시 침략군을 보내 고려 곳곳을 유린했다. 고려는 신앙의 힘으로 국난을 극복하기 위해 팔만대장경을 만들기 시작했으며, 전쟁으로 늘어난 환자들을 향약(고려의 약재)으로 돌보기 위해 의학책인 『향약구급방』을 간행했다(1236년). 그러나 몽골군은 전국을 휩쓸면서 신라 3대 보물 가운데 하나인 황룡사 9층 목탑을 불 지르는(1238년) 등 만행을 저질렀다.

황룡사 9층 목탑 축소본

아시아

1234년 몽골제국이 금나라를 무너뜨리다

몽골제국이 남송과 협력해 금나라에 마지막 일격을 가했다. 금나라라는 중간 장애물이 없어진 남송과 몽골제국은 곧바로 충돌해 45년간의 기나긴 전쟁에 돌입한다.

아시아

1235년 오고타이 칸이 카라코룸을 건설하고 행정 제도 정비에 나서다

오고타이 칸이 수도 카라코룸을 본격적인 도시로 만들기 위해 대대적인 공사에 착수했다. 카라코룸은 칭기즈 칸에 의해 1220년 수도로 지정됐지만, 유목 생활을 하던 몽골족의 습관 때문에 크게 발전하지 못하고 몽골군의 보급 기지 수준에 머물러 있었다. 오고타이는 카라코룸 주위에 성벽을 건설하고 궁전을 지었다. 이는 몽골 지배층이 정착민의 생활양식과 문화를 받아들이기 시작했다는 신호였다.

오고타이는 여기서 그치지 않고 행정 조직 정비에 나섰다. 그중 특기할 만한 것은 역참 제도를 정착시킨 것이다. 역참 제도는 광대한 제국 통치에 필수적인 통신 및 교통 체계로, 몽골제국 전역에 도로를 건설하고 하루 여행 거리마다 여관과 역마[1]를 둔 것이다. 역참은 단순히 제국의 행정 효율을 높이는 데서 그치지 않고, 장거리 무역을 하는 상인들도 이용할 수 있게 함으로써 몽골제국의 경제적 번영을 가져왔다. 오고타이는 이 밖에도 이슬람 상인들을 요직에 앉히는 등 상업 장려책을 많이 썼다. 이처럼 몽골의 정책이 상인들에게 큰 이익을 가져왔기 때문에 상인들은 몽골의 세력 확장에 적극적인 도움을 주곤 했다.

1 역마 | 역참에서 여행자들에게 제공하던 말

카라코룸의 에르덴조 사원 유적
오늘날의 카라코룸은 폐허로 변했지만 몇몇 유적 잔해들은 당시의 영화를 엿보게 해 준다.

몽골제국 영내를 여행하는 대상 행렬
몽골제국이 각지에 설치한 역참 덕분에 동서 무역은 전례 없는 활기를 띠게 된다.

아시아

1238년 타이에서 수코타이왕조가 일어나다

포콘시인드라딧이 크메르왕조로부터 독립해 타이족[2] 최초의 통일 왕조인 수코타이왕조(1238~1438)를 세웠다. 그는 국가의 통일을 꾀하기 위해 불교를 국교로 삼았다. 포콘시인드라딧의 아들인 3대 왕 람캄행은 타이의 국력을 크게 키워 크메르왕조와 동남아시아의 패권을 다툴 정도가 됐다. 오늘날까지도 쓰이는 타이 문자는 1283년 람캄행의 치세에 만들어졌다.

다이비엣
수코타이왕조
앙코르왕조
참파
마자파힛왕조

수코타이왕조

아시아

1240년 몽골제국이 키예프공국을 정복하다

몽골제국이 러시아 최대의 국가였던 키예프공국을 정복했다. 러시아는 이후 200여 년간 몽골족의 지배를 받는다.

2 타이족 | 오늘날 타이 인구의 대부분을 이루는 민족. 본래 중국 윈난성 일대에 살다가 몽골 침입 때 인도차이나반도로 이주했다.

1247~1248년 몽골이 4차 침략군을 보내다

몽골의 아모간이 몽골에 귀화한 고려인 홍복원을 앞세워 고려를 침공했다. 홍복원은 몽골의 1차 침략 때 살리타에게 항복해 몽골로 간 뒤 몽골의 고려 침략에 협력해 '주인을 무는 개'로 불렸다.

아모간은 강화도 연안인 염주에 군대를 주둔시키고 강화의 고려 정부를 위협했으나, 몽골의 3대 황제인 귀위크 칸이 죽자 철수했다.

1249년 최우가 죽고 아들 최항이 최고 권력을 계승하다

1250년 강화도성에 내성을 쌓다

강화도에서 태조 왕건을 모시던 봉은사의 탑

고려 정부가 강화에 크고 작은 문 17개가 딸린 둘레 약 2.4킬로미터의 내성을 쌓았다. 이로써 천도 후 4년간 해안을 따라 12킬로미터에 이르는 외성을 쌓은 데 이어 내성이 모습을 드러내 이중 구조로 된 강화도성이 완성됐다.

섬으로 간 개경, 강도(江都)

무신 정권은 왜 강화도로 천도했을까? 흔히 몽골군이 해전에 약하다는 판단에서 강화도로 천도했다고 알려져 있지만, 그것만은 아니다. 그리 작은 섬이 아닌 데다 물산도 풍부했고 바닷길을 따라 삼남의 곡창 지대와 연락하며 조세를 운송하는 데 어려움이 없다는 점이 고려됐다. 고려 정부는 몽골의 침략에 오랫동안 맞서 싸울 각오를 하고 이곳에 개경 못지않은 화려한 궁궐과 관청을 세웠다.

고려 문인 최자는 「삼도부」라는 시를 써서 강도(江都, 강화도성)를 개경, 서경과 더불어 '삼도(三都)'로 불렀으며, 이규보는 『동국이상국집』에서 강화도성의 모습을 이렇게 묘사했다. "송악산 옛 자취 허황한 꿈이거니, 황폐해진 그 땅일랑 다시 생각 마오. 새로운 화산(花山, 강화의 산 이름) 가운데 궁전 열어 천자를 받드노라. 일천 집 여기 저기 푸른 기와 즐비하고 일만 부엌 아침저녁 푸른 연기 나네."

이규보 묘

아시아

1241년 **몽골군이 폴란드와 헝가리에 쳐들어가다**

칭기즈 칸의 손자인 바투와 오고타이 칸의 아들인 귀위크가 이끄는 몽골군이 유럽 본토에 쳐들어갔다. 몽골군은 베네치아 상인들이 제공한 정보 덕분에 유럽 상황을 소상히 알고 있었지만 유럽인들은 몽골에 대해 아는 바가 전혀 없었다. 몽골군은 레그니차전투와 모히강변전투에서 폴란드와 헝가리의 주력 부대를 연달아 격파하고 유럽을 휩쓸 태세를 갖췄다. 그러나 때마침 오고타이 칸이 사망했다는 소식이 전해지자 바투와 귀위크는 카간[1] 선출에 참여하기 위해 몽골 본토로 철수하고 말았다.

1 카간(大汗) | '칸 중의 칸'이란 뜻으로 오고타이 칸이 형제들에 대한 자신의 우위를 강조하기 위해 쓰기 시작했다.

아시아

1241년 **오고타이 칸이 사망하고 지배층의 내분이 시작되다**

오고타이 칸이 갑작스럽게 사망하자 카간의 자리를 둘러싸고 내분이 시작됐다. 몽골제국의 카간은 유력한 부족장들의 회의인 쿠릴타이에서 선출하게 돼 있었다. 오고타이가 지명한 후계자는 귀위크였지만 바투는 칭기즈 칸의 막내아들이었던 툴루이 가문의 지지를 받았다. 바투는 귀위크의 즉위를 방해할 목적으로 쿠릴타이에 불참하면서 카간 선출을 지연시켰다. 이 때문에 귀위크는 오고타이가 죽고 5년이 지난 뒤에야 카간이 될 수 있었다.

바투와 귀위크 간의 대립은 귀위크의 즉위 이후에도 계속됐다. 귀위크가 즉위 3년 만에 죽자 바투는 오고타이 가문을 몰아내고 툴루이 가문의 몽케를 칸으로 세웠다. 이후 몽골제국의 카간들은 모두 툴루이 가문에서 나오게 된다.

아시아

1250년 **맘루크왕조가 성립하다**

노예 병사인 맘루크 출신 아이바크가 아이유브왕조의 술탄 투르샤를 몰아내고 맘루크왕조(1250~1517)를 열었다.

투르샤는 맘루크 부대를 이끌고 십자군전쟁에서 맹활약한 알 살리흐의 아들이었다. 투르샤는 권력 강화를 위해 아버지가 거느렸던 맘루크 부대를 탄압했다. 그러자 맘루크들은 알 살리흐의 후궁이었던 샤자르를 새 술탄으로 추대하고 반란을 일으켰다. 칼리파가 샤자르가 여성이란 이유로 즉위를 승인하지 않자 샤자르는 아이바크와 결혼하고 아이바크를 왕위에 올렸다.

맘루크왕조가 성립한 시기는 십자군 및 몽골제국과의 전쟁으로 노예 병사들의 활약이 어느 때보다 두드러진 때였다. 맘루크 군주들은 이슬람 세계의 수호자를 자처하며 침입자들에 대한 완강한 저항을 계속해 나간다.

맘루크왕조

1251년 **팔만대장경을 완성하다**

팔만대장경
팔만대장경은 강화의 선원사로 옮겨졌다가 조선 시대에 경상도 합천 해인사로 옮겨져 지금까지 보존되고 있다.

고려대장경이 15년 만에 완성돼 강화도성 서문 밖 판당(板堂)에 모셔졌다(1236년 참조). 8만 1258개의 경판 안팎에 모두 글자를 새겨 16만여 쪽을 이룬다고 해서 '팔만대장경'으로도 불린다.
팔만대장경은 초조대장경(1087년 참조)을 기본으로 삼아 송과 거란의 대장경과 비교해 잘못된 것을 고치고 빠진 것은 보완해, 그때까지 동아시아에서 만들어진 대장경 가운데 가장 완성도가 높은 것으로 평가받는다. 이는 문화 국가 고려의 위신을 높이고 인쇄 출판을 발달시키는 데 큰 기여를 했다.

1253년, 1254년 **몽골이 5차, 6차 침략군을 파견하다**

1258년 **최씨정권이 무너지다**

김준, 임연, 유경 등이 야별초를 이끌고 무신 집권자 최의의 집을 습격해 그를 죽였다. 이로써 최씨정권은 4대 60년 만에 무너지고 왕정복고[1]가 이루어졌으나, 김준 등에 의한 무신의 권력은 계속된다.

1 왕정복고 | 국왕이 상대적으로 실권을 되찾음. 그러나 고려 전기와 같은 왕권을 회복한 것은 아니어서, 무신 정권은 계속되었다.

1258년 **몽골이 고려 땅에 쌍성총관부를 설치하다**

몽골군이 지금의 함경도 지방에 침입해 철령 이북의 땅을 점령하고 쌍성총관부를 두어 직접 지배하기 시작했다.

1259년 **몽골과 화의하고 전쟁을 끝내다**

고려 태자(훗날의 원종)가 몽골을 방문해 칭기즈 칸의 손자 쿠빌라이와 담판을 벌였다. 쿠빌라이는 동생 아리크부카와 카간 자리를 놓고 내전 중이었는데, 고려 태자가 자신을 방문하자 "고려[2]는 만 리 밖의 나라로 당 태종이 친히 원정하고도 굴복시키지 못했다. 그런 나라의 태자가 스스로 와서 귀부하니, 이는 하늘의 뜻이로다."라며 좋아했다.
태자는 고려가 몽골에 사대의 예를 갖추되 몽골은 고려의 주권과 풍속에 간섭하지 않는다는 '불개토풍[3]'의 합의를 이끌어 냈다. 그해에 고종이 죽자 태자는 24대 원종(재위 1259~1274)으로 즉위[4]했다.

2 고려 | 여기서 '고려'는 삼국 시대의 고구려를 가리킨다. 쿠빌라이는 고구려와 고려를 같은 나라로 여겼다.

3 불개토풍(不改土風) | 고려의 풍속은 바꾸지 않는다는 뜻

4 원종의 즉위 | 원종의 정식 즉위는 1260년 귀국 후에 이루어졌다.

유럽

1254년 신성로마제국에서 대공위 시대가 시작되다

신성로마제국 황제 콘라트 4세가 이탈리아 남부에서 죽었다. 그는 독일 내 귀족들과 대결하다 패해 이탈리아 지방으로 물러난 상태였다. 신성로마제국은 이후 19년간 뚜렷한 지도자가 없는 대공위(大空位) 시대를 맞이하게 된다.

신성로마제국 황제가 몰락한 것은 교황과 지나치게 불화를 겪은 데다 역대 황제들이 이탈리아 지방에 지나치게 집착했기 때문이다. 이러한 경향은 콘라트 4세의 전임 황제였던 프리드리히 2세 때부터 특히 심해졌다. 프리드리히 2세는 교황으로부터 무려 세 차례나 파문당하면서 권위가 떨어졌고, 이탈리아를 차지하는 데 온통 신경을 써 정작 독일 본토는 제후들에게 맡겨 버렸다. 그의 뒤를 이은 콘라트 4세는 4년의 재위 기간 내내 제후들과 대결했으나 황제의 세력을 되살리기에는 역부족이었다.

콘라트가 죽은 뒤 권력 공백이 계속되면서 신성로마제국의 봉건 제후들은 사실상 독립해 나갔다. 대공위 시대는 1273년 일단 끝나지만, 독일 지방의 정치적 분열 상태는 19세기 후반(1871년 참조)까지 끝내 해소되지 않는다.

1 한국(汗國) | '칸국'이라고도 한다. 칭기즈 칸은 아들들에게 정복지를 나눠 주었는데, 그 땅이 각각 오고타이한국, 차카타이한국, 킵차크한국으로 발전했다. 여기에 일한국이 추가되면서 4한국 체제가 완성됐다. 4한국은 형식적으로 카간의 종주권을 인정했지만 실질적으로는 자치를 했다.

아시아

1258년 몽골군이 바그다드를 점령하다

몽골군이 이슬람 문화의 중심지인 바그다드를 점령하고 칼리파를 살해했다. 이로써 507년간 이어지던 아바스왕조는 종말을 고했다. 바그다드의 수많은 문화유산은 무참히 파괴됐고 수십만 명이 학살됐다. 바그다드 몰락으로 이슬람 세계의 문화적인 중심지는 이집트 지방으로 바뀌었고, 이라크 지방에는 일한국[1]이 세워져 몽골제국의 4한국 체제가 완성됐다.

칼리파를 체포하는 몽골군

칼리파가 수많은 보물과 함께 몽골족에게 붙잡힌 모습. 유럽 화가의 그림이라 칼리파는 탐욕스런 노인, 몽골족은 당당한 영웅처럼 묘사됐다. 당시 유럽인은 바그다드의 파괴가 신이 이슬람에 내린 천벌이라 여겼다.

아시아

1260년 쿠빌라이 칸이 즉위하고 몽골제국이 분열하다

몽케 칸이 죽자 몽케의 두 아우인 쿠빌라이(훗날의 원나라 세조)와 아리크부카 사이에서 내전이 일어났다. 쿠빌라이는 몽골이 중국과 같은 문명 국가로 변해야 한다고 생각했고, 아리크부카는 초원 국가로 남아야 한다고 생각했다.

1264년 내전에서 승리한 것은 쿠빌라이였다. 쿠빌라이가 승리한 뒤에도 4한국 중 일한국을 제외한 나머지는 40년 동안이나 쿠빌라이와 전쟁을 계속한다. 이후 4한국은 쿠빌라이 칸의 종주권을 인정하면서도 정치적 독립을 유지하게 된다. 세계제국 몽골의 틀은 오랫동안 이어지나, 4한국은 점차 문화적으로 토착화의 길을 걷는다.

쿠빌라이 칸

1269년 임연이 원종을 폐하고 교정별감이 되다

무신 권력자 임연이 김준을 죽인(1268년) 데 이어 자신을 꺼리는 원종을 폐위하고 안경공 창을 왕위에 올렸다. 그리고 자신은 교정별감이 돼 정치적, 군사적 실권을 장악했다. 그러자 몽골이 경위를 조사한다면서 임연을 소환했으나 임연은 이에 응하지 않았다.

이때 몽골을 방문한 원종은 '출륙환도(내륙의 개경으로 도읍을 다시 옮김)'를 약속하고 몽골 군사들과 함께 귀국하려고 했다. 그러자 임연은 야별초를 각 지방에 보내 백성들에게 '해도입거(섬으로 들어갈 것)'를 명령하고 몽골과 끝까지 싸울 태세를 갖췄다.

1270년 삼별초가 항쟁의 깃발을 들다

무신 권력자 임연이 병으로 죽자 아들인 임유무가 권력을 계승해 몽골에 있는 원종과 맞섰다. 그러나 원종의 밀명을 받은 홍규, 송송례 등이 임유무를 죽이고 100년 무신 정권의 막을 내렸다. 원종은 개경 환도 명령을 내렸고, 그에 따라 왕족, 관료, 백성이 강화를 떠났다. 그러자 무신 정권의 호위대였던 삼별초는 장군 배중손, 지유 노영희 등의 지도로 고려 정부에 반기를 들었다. 삼별초는 강화를 떠나려는 백성을 가로막고 사흘 동안 버티다가 도망가는 군사가 많아지자 배를 타고 진도를 향해 떠났다.

용장성
기존에 있던 사찰 건물을 개조해 궁궐로 삼고, 바깥쪽 산에 돌과 흙으로 쌓아 놓은 산성을 개축하여 성곽으로 삼았다.

뒤늦게 이 사실을 보고받은 고려 조정은 황급히 정부군 60명과 몽골군 1000명으로 추격 부대를 꾸려 삼별초를 쫓아갔지만 이미 늦은 뒤였다. 진도에 도착한 삼별초는 섬 주위에 용장성을 쌓고 궁궐과 관청을 지었다(8월). 이들은 왕족인 승화후 왕온을 왕으로 내세우고 그를 중심으로 새로운 정부를 구성했다. 그리고 30여 섬을 세력권에 넣고 전라도 남부의 곡창 지대를 차지해 국가의 꼴을 갖추어 갔다.

1270년 몽골이 서경에 동녕부를 설치하고 직접 통치하다

유럽

1265년 잉글랜드에서 대회의가 소집되다

국왕과 대결하던 잉글랜드 귀족들이 자신들에 대한 폭넓은 사회적 지지를 이끌어 내기 위해 대회의를 소집했다. 대회의는 대귀족으로 구성된 기존의 의회[1]에 각 주와 도시의 대표 2명씩을 추가한 것이다. 이들 주와 도시 대표는 14세기에 영국 하원[2]으로 발전하게 된다.

1 의회 | 당시의 의회를 지금과 같은 국민 전체의 대표 기관으로 볼 수는 없다. 그보다는 지방 특권층과 부호들의 대표라 보는 것이 적절하다.

2 하원 | 영국 의회는 의원직을 세습하는 귀족들로 구성된 상원과, 일반 국민들의 대표로 구성된 하원으로 이루어져 있다. 오늘날 영국에서 상원은 실권이 없다.

아시아

1267년 쿠빌라이 칸이 대도로 천도하다

내전을 수습한 쿠빌라이 칸이 수도를 카라코룸에서 오늘날 베이징 부근의 대도로 옮겼다. 이는 중국의 선진 문화를 적극적으로 받아들이고 제국의 무게중심을 산업이 고도로 발달한 중국 본토로 옮기겠다는 뜻이었다.

쿠빌라이는 식견이 뛰어난 통치자였다. 그는 무력에만 의존하던 몽골족의 통치 방식이 한계에 이르렀다는 사실을 간파하고 오랫동안 안정된 제국을 유지한 중국으로 눈을 돌렸다. 즉위 전부터 중국인 유학자들을 불러 유교적 통치술을 익혔고, 이를 바탕으로 적극적인 중국화 정책을 추진했다.

쿠빌라이의 중국화 정책은 내분으로 흔들리던 몽골제국을 안정시키는 데 크게 기여했지만, 몽골 전통을 고수하려는 일부 몽골 지배층으로부터 강한 반발을 사기도 했다. 예컨대 아리크부카와의 내전도 몽골 지배층이 쿠빌라이의 중국화정책에 반발했기 때문에 일어난 것이었다.

원나라의 청화백자
중국 문화를 적극적으로 수용한 원나라는 도자기 제작에도 열심이었다. 청화백자의 대량 생산은 원나라 때 시작됐는데, 이는 이란으로부터 청화백자 생산에 필요한 코발트를 수입하면서 가능해졌다.

쿠빌라이 역시 몽골인을 완전히 중국인처럼 만들 생각은 없었다. 그의 중국화 정책은 어디까지나 통치술의 하나일 뿐이었다. 쿠빌라이 자신은 중국어를 배우지 않았으며 몽골의 고유 문화를 포기하지도 않았다. 이러한 성향은 그가 몽골 문자를 제정한 것에서도 드러난다.

아시아

1269년 몽골 문자가 만들어지다

쿠빌라이 칸이 새로운 몽골 문자[3](파스파 문자)를 만들었다. 거란족, 여진족 등 중국을 지배한 북방민족이 압도적인 중국 문화에 흡수될 것을 우려해 고유 문자를 만든 전통을 이은 것이다. 북방 민족은 중국인에 비해 훨씬 수가 적었으므로 지배력을 유지하기 위해 강하게 결속해야 했고, 결속을 위해서는 문화적 정체성을 유지해야 했다. 몽골족의 이러한 '소수 민족 콤플렉스'는 중국 정복 후 중국인에 대한 차별 정책에서도 드러난다(1279년 참조).

3 몽골 문자 | 몽골 문자에는 1204년경 만들어진 몽골 문자와 1269년 만들어진 파스파 문자가 있다. 파스파 문자는 몽골제국이 건국한 원나라의 공식 문자였지만 오늘날에는 쓰이지 않는다.

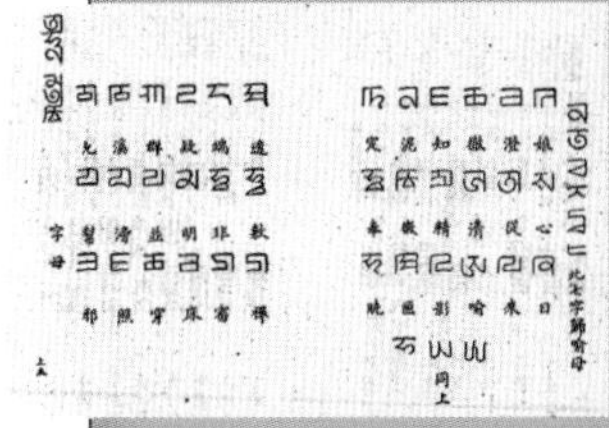

파스파 문자
중국어에 맞서 몽골족의 언어를 보존하는 것이 목적이었기 때문에 소리를 나타낼 수 있는 표음 문자로 만들어졌다.

1271년 삼별초가 진도에서 패하고 탐라로 근거지를 옮기다

삼별초가 고려의 김방경과 몽골의 흔도가 이끄는 여몽연합군의 공격을 받아 진도를 잃고 탐라(지금의 제주도)로 근거지를 옮겼다. 이에 앞서 삼별초는 일본에 사신을 보내[1] 자신들이 진짜 '고려' 정부라고 주장하며 지원군을 보내 달라고 요청했으나 실패했다.

진도전투에서 삼별초의 지도자인 배중손은 전사하고 승화후 온은 붙잡혀 참수됐다. 그러나 탐라로 이동한 삼별초는 김통정의 지도 아래 항파두성(지금의 북제주군 애월읍 소재)을 건설하고 애월항 입구에는 나무로, 해변에는 돌로 성을 쌓아 항쟁을 계속했다.

1 삼별초의 사신 파견 | 이때 몽골에 관해 삼별초가 제공한 정보는 훗날 일본이 여·원 연합군의 침공에 대비하는 데 도움을 주었다.

1273년 삼별초의 항쟁이 막을 내리다

1만 명의 여·원 연합군이 160척의 배에 나누어 타고 영산강을 출발해 추자도를 거쳐 탐라에 상륙했다. 일부는 동쪽 해안인 함덕포에 상륙하고 일부는 서쪽의 한림 해변에 상륙한 이들은 삼별초의 저항을 뿌리치며 항파두성을 향해 진군했다. 항파두성에서 격전을 벌일 때에는 화약 무기까지 동원해 삼별초를 압박했다. 항파두성을 지키던 삼별초는 김통정의 지휘 아래 끝까지 싸우다 모두 장렬히 전사했다.

항파두성
제주시 북제주군 애월읍 일대. 성 위에 재를 뿌렸다가 적이 오면 말 꼬리에 빗자루를 달고 달리게 해 재가 일어나도록 했다. 적의 시야를 흐리게 하려는 목적에서였다. 제주도 기념물 28호

원나라는 삼별초를 진압한 직후 탐라국초토사[2]를 설치해 이곳을 직접 지배하기 시작했다. 탐라는 남송과 일본을 정벌하기 위한 전진 기지로 가치가 높았으며, 목장을 설치해 말을 기르기 좋아 경제적 가치도 컸다.

2 탐라국초토사 | 향후 탐라총관부로 개편돼 원나라의 직할 기구로 기능한다.

1274년 25대 충렬왕이 왕위에 오르다

원종이 죽고 원나라에 가 있던 맏아들 왕거가 귀국해 즉위하니 충렬왕[3](재위 1274~1308)이다. 귀국한 충렬왕은 원 세조의 딸 제국대장공주와 혼인하고 몽골식 개체변발[4]에 호복을 착용해 반(半)몽골인이 돼 있었다.

3 충렬왕 | 역대 고려왕의 시호에는 중국 황제처럼 '조(祖)'와 '종(宗)'이 붙었으나, 원 간섭기에는 '왕'으로 낮아지고 '충성 충(忠)' 자를 앞에 붙여야 했다.

4 개체변발 | 앞머리와 좌우 양쪽 머리를 남기고 양쪽 귀 뒤에 2가닥으로 땋아 늘이는 양식

아시아

1271년 쿠빌라이 칸(세조)이 나라 이름을 '원'으로 고치다

쿠빌라이 칸이 몽골제국의 국호를 중국식인 '원(元)'으로 고쳤다. 아울러 황제의 묘호[1]도 중국식으로 바꿨는데, 쿠빌라이에게는 '세조'라는 묘호가 붙게 된다.

1 묘호와 시호 | 묘호는 황제나 왕이 죽은 뒤 종묘에 신위를 모실 때 붙이는 호를 가리키며, 시호는 황제나 왕 또는 사대부들이 죽은 뒤 그의 공덕을 찬양하여 바치는 호이다.

아시아

1273년 원나라 정부가 『농상집요』를 펴내다

『농상집요』
중국에서 정부가 펴낸 최초의 농업서. 몽골족의 향상된 농업 인식을 보여 줄 뿐 아니라, 당시 활발하게 전개되던 동서 무역을 반영하듯 목화나 누에 등 상품 작물에 대한 서술의 비중이 높다. 14세기에 고려에도 수입돼 우리나라의 농업 발전에 이바지했다.

유럽

1273년 토마스 아퀴나스가 『신학대전』을 쓰다

이탈리아의 스콜라 철학자 토마스 아퀴나스가 『신학대전』을 썼다. 그는 아리스토텔레스 철학과 크리스트교 신학을 결합해 신앙과 이성을 조화시키려 했다. 아퀴나스가 활약한 시기는 대학의 확산과 이슬람 세계에서 들어온 그리스 로마 고전들 덕분에 유럽에 새로운 지적 활기가 돌 때였다. 아퀴나스는 생애의 대부분을 대학에서 학생들과 토론하며 보냈고, 십자군과 재정복 운동 덕분에 유럽에 쏟아져 들어온 이슬람 서적들을 통해 아리스토텔레스를 공부했다. 스콜라철학은 『신학대전』으로 학문적 절정에 이르렀으나, 이후 지식인들 사이에서 이성을 신앙보다 중시하는 경향이 강해지자 쇠퇴한다.

토마스 아퀴나스

유럽

1273년 루돌프 1세가 합스부르크 가문[2] 최초로 신성로마제국 황제가 되다

2 합스부르크 가문 | 루돌프 1세의 신성로마 황제 등극을 계기로 유럽 정치의 전면에 떠오른 귀족 가문. 이후 정략 결혼 등을 통해 오스트리아, 에스파냐, 헝가리 등의 왕위를 차지해 유럽 최대의 명문가가 된다.

아시아

1274년 원나라와 고려가 1차 일본 침입에 나서다

원나라가 고려와 연합해 800척의 전함으로 일본을 공격했다. 원정군은 일본의 규슈에 상륙했으나 때마침 다가온 태풍으로 총 병력의 절반가량을 잃고 물러났다. 사상 처음으로 대규모 외침을 받은 일본은 크게 당황한다.

아시아

1279년 원나라가 중국을 통일하다

원나라가 남송을 멸망시키고 152년 만에 중국을 통일했다. 이로써 사상 처음으로 중국 전체가 북방 유목민의 지배를 받게 된다.

중국을 정복한 원나라는 중국인에 대한 차별 정책을 썼다. '야만족'인 몽골족에 대한 중국인의 반감이 무척 심했기 때문이다. 관리에는 주로 중앙아시아와 서아시아 출신의 색목인[3]을 임명했는데, 색목인은 중국인과 결탁해 반란을 일으킬 염려가 적다고 여겼기 때문이다.

3 색목인 | '눈에 색깔이 있는 사람'이란 뜻. 서역 사람을 가리킨다.

1281년경 일연이 『삼국유사』를 쓰다

보각국사 일연이 고대사의 여러 가지 사료를 모아 정리한 『삼국유사』를 펴냈다. 5권 2책으로 구성된 이 책은 정사(正史)인 『삼국사기』에 빠져 있는 역사와 설화, 시가 등을 포함하고 있어 한국 고대사와 고대문학사의 둘도 없는 보배로 꼽힌다.

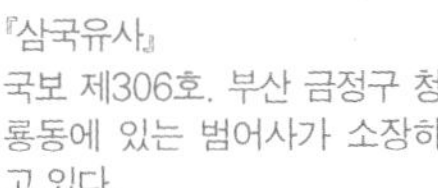

『삼국유사』
국보 제306호. 부산 금정구 청룡동에 있는 범어사가 소장하고 있다.

특히 『삼국유사』에는 『삼국사기』에 담겨 있지 않은 고조선의 역사와 단군신화가 수록돼 있어 단군을 한민족의 조상이자 상징으로 받들 수 있는 근거를 마련하고 있다. 또한 향찰로 표기된 향가 14수가 기록돼 있는 것도 『삼국유사』의 가치를 입증한다.

단군의 재발견

고조선이 멸망한 뒤 삼국이 세워졌지만, 삼국은 각자의 건국 신화를 갖고 서로 다른 정통성을 주장했을 뿐 고조선을 계승한다는 의식은 없었다. 신라가 삼국을 통일한 뒤에도 이러한 분리 계승 의식이 남아 있어서 후삼국의 분열로 이어졌다. 후삼국을 통일한 고려도 무신의 난 이후 분열의 조짐이 나타났으나, 몽골제국의 침략으로 커다란 위기에 처하면서 국론을 모으고 민심을 통합할 필요성이 나타났다. 이때 주목받은 것이 삼국 이전에 있었던 고조선과 단군신화였다. 중국과 구별되는 한반도 사람들의 정체성을 상징하는 데 단군만큼 안성맞춤인 존재가 없었던 것이다. 일연이 『삼국유사』에서 단군신화를 정리하고 1287년 이승휴가 『제왕운기』를 쓰면서 다시 단군신화를 언급한 데는 이러한 역사적 배경이 있었다.

1283년 원나라가 정동행성을 다시 설치하다

원나라가 제2차 일본 원정을 준비하기 위해 1280년 설치했던 정동행중서성(정동행성)을 다시 세우고, 이를 고려 내정에 간섭하는 상징적인 기관으로 삼았다. 고려왕은 정동행성의 좌승상이라는 굴욕적 직함을 얻었다.

안향 초상
안향이 죽은 뒤인 1318년(충숙왕 5)에 충숙왕이 원나라 화가에게 그리게 한 것을 조선 명종 때 고쳐 그렸다. 국보 제111호로 지정돼 있다. 안향은 1319년 문묘에 배향됐다.

1290년 안향이 성리학을 들여오다

충렬왕과 공주를 모시고 원나라에 들어갔던 유학자 안향이 『주자전서』를 베껴 돌아왔다. 이후 안향은 주자학(성리학)을 연구하고 가르치는 데 힘써 한국 성리학의 시조로 받들어진다.

아시아

1281년 원나라에서 수시력[1]을 만들다

아시아

1281년 원나라와 고려가 일본에 대한 2차 원정에 나서다

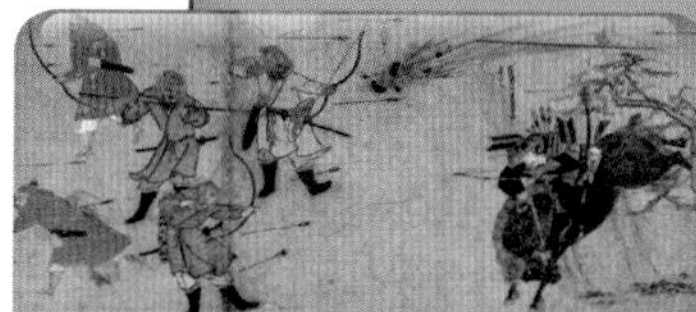

1281년 일본군과 싸우는 몽골군
몽골군이 화약을 넣은 수류탄을 던지고 있다. 이때까지 한 번도 외침을 받은 적이 없던 일본인들은 몽골군의 신식 무기와 전술에 큰 충격을 받았다.

원나라와 고려가 14만 대군으로 일본에 대한 2차 침입에 나섰다. 그러나 1차 침입 당시 단단히 혼이 난 일본은 이번에는 만반의 준비를 하고 있었다. 이 때문에 여·원 연합군은 쉽게 진격하지 못하고 규슈에서 두 달 이상 머물렀는데, 그사이 또다시 태풍이 와 연합군 함대를 침몰시켰다. 일본인들은 이 태풍을 '신이 보낸 바람'이란 뜻의 '가미카제[神風]'라 불렀다.

가마쿠라바쿠후는 힘겨운 승리를 얻었지만 막대한 전쟁 비용을 지불하면서 재정이 부족해졌다. 이 때문에 무사들에게 돈을 지불하지 못했고, 불만에 빠진 무사들이 동요하면서 가마쿠라바쿠후는 몰락의 길을 걷는다.

1 수시력 | 1년을 365.2425일로 계산하는 등 중국 역사상 가장 정밀한 역법(계절, 날짜 등의 계산법)이었다. 중국에서 명나라 때까지 약 400년간 쓰였으며 우리나라의 역법에도 큰 영향을 줬다. 역법을 연구한 이유는 주로 농사의 시기를 알기 위해서였다.

아시아

1287년 원나라가 지폐(교초)[2]인 지원통행보초를 발행하다

활발한 대외 무역으로 원나라의 금속 화폐가 부족해지자 정부가 지폐인 지원통행보초를 발행했다. 지폐는 위조나 정부의 남발로 인한 가치 하락의 우려가 있으므로, 원나라는 지폐의 가치를 은의 가치에 고정시키고 위조범을 사형에 처하는 등 강력한 지폐 안정책을 폈다. 덕분에 지원통행보초는 원나라에서 모든 거래에 쓰이는 거의 유일한 화폐가 될 정도로 활발하게 쓰였다. 이 화폐는 국제 화폐로도 쓰여 유라시아 전역에 퍼져나갔다. 지폐의 적극적 사용으로 원나라의 상업은 전례 없이 활발해졌다.

2 교초 | 금나라와 원나라에서 사용하던 지폐들의 총칭. 지폐는 원나라 때 가장 활발하게 쓰였지만 원나라 말기에 남발되면서 지폐 가치가 폭락해 대중의 신뢰를 잃는다.

지원통행보초(오른쪽)와 지원통행보초의 인쇄판

아시아

1288년 다이비엣이 원나라의 침입을 물리치다

쩐 꾸옥 뚜언이 이끄는 다이비엣군이 원나라 함대를 베트남 북부의 바익당강에서 대파했다. 강에 미리 말뚝을 박아 두고 밀물 때 몽골 함대를 유인해 썰물 때 배가 말뚝에 걸리게 하는 방법으로 몽골군 배 500척 중 400척을 침몰시키거나 나포했다. 이로써 다이비엣은 세 차례에 걸쳐 몽골의 대군을 물리친 주인공이 됐다.

몽골군은 이후 인도네시아에도 함대를 보냈다가 폭풍을 만나 궤멸한다. 일본, 베트남, 인도네시아에서 잇따라 해상 원정에 실패한 원나라는 더 이상의 해상 원정을 단념한다.

몽골의 베트남 침입을 막은 쩐 꾸옥 뚜언의 동상

1298년 26대 충선왕이 개혁 정치를 펴다

충렬왕이 지나친 원나라의 간섭과 왕비의 죽음으로 정치에 싫증을 느껴 아들 왕중앙(충선왕, 재위 1298, 1308~1313)에게 왕위를 내 주고 태상왕으로 물러나 원나라로 들어갔다.

충선왕은 즉위하자 정방(1225년 참조)을 폐지하고 권문세족[1]이 소유한 드넓은 토지를 몰수해 백성들에게 나눠 주었다. 또한 군사 제도와 조세 제도도 정비하고, 원나라에 대해서도 자주적인 태도를 취했다. 그러자 충선왕과 사이가 나빴던 그의 왕비 계국대장공주가 친정인 원나라 황실에 불만을 토로하고 원나라도 그를 괘씸하게 여겨 옥새를 빼앗는 사태가 벌어졌다. 결국 충선왕은 왕위에 오른 지 7개월 만에 쫓겨나고 아버지 충렬왕이 복귀했다.

1 **권문세족** | 무신의 난 이후 새롭게 형성된 고려 후기의 지배층. 원 간섭기에 원나라 세력에 빌붙어 부와 권력을 차지한 부원배(附元輩)들이 주류를 이루었다. 전국에 땅을 사들여 농장을 만들고 농민을 노비로 끌어들여 세금을 포탈했다. 노비는 세금을 내지 않는 신분이었기 때문이다.

몽골풍과 고려양

시중드는 사람이 변발을 하고 있다.

원종이 쿠빌라이와 '불개토풍(1259년 참조)'에 합의했지만 오랜 원 간섭기를 거치면서 몽골의 풍습이 고려에 들어와 일부는 정착되기도 했다. 변발과 호복은 대표적인 몽골 풍속이었다. 당시 들어온 몽골의 언어와 풍속은 그 일부가 고려 사회에 남아 지금까지도 전해지고 있다. '장사치', '벼슬아치' 등 무슨 일을 하는 사람을 가리키는 '치'와 임금의 음식상을 가리키는 '수라'는 몽골어에서 비롯됐다. 또한 오늘날 한국인이 즐겨 먹는 만두, 설렁탕, 소주 등도 몽골에서 들어온 것으로 추정되고 있다. 여자들의 풍속인 다리(여자의 머리숱이 많아 보이게 하기 위해 덧넣는 땋은머리), 도투락댕기, 두루마기와 저고리 같은 옷 등도 몽골의 영향을 받은 것으로 알려졌다.

신부가 뺨에 연지를 찍는 풍습이나 여성이 옷고름에 차는 장도 등도 몽골풍으로 여겨져 왔으나, 삼국 시대에도 이와 비슷한 풍습이 있었기 때문에 단정하기는 어렵다. 한편 원나라에도 고려인이 들어가 살면서 고려의 옷, 신발, 모자, 그리고 떡과 같은 고려 음식이 보급되기도 했는데, 이를 '고려양'이라고 한다.

소주를 빚는 소줏고리

유럽

1291년 스위스연방이 성립하다

스위스 주민들이 합스부르크 가문의 지배를 거부하고 스위스연방[1]을 결성했다. 대공위 시대(1254년 참조)에 자유를 만끽하던 스위스 사람들이 새로 신성로마제국을 장악한 합스부르크 가문의 스위스 장악 시도에 반발한 것이다.

스위스의 농민병들은 합스부르크 가문의 기사들에게 맞서기 위해 독특한 장창[2] 전술을 개발했다. 이 전술은 기사들이 갖고 있던 군사적 이점을 제거함으로써 봉건 기사 계급의 몰락을 앞당긴다. '빌헬름 텔[3]' 전설은 스위스의 독립전쟁을 배경으로 한 것이다.

장창으로 기사들을 무찌르는 스위스 농민병(왼쪽)

유럽

1295년 잉글랜드 왕 에드워드 1세가 '모범의회'를 소집하다

잉글랜드 왕 에드워드 1세가 귀족과 주 및 도시 대표들을 모아 정기적인 의회를 열기로 했다. 에드워드의 의회는 영국 의회의 기본 형태를 제시했다는 뜻에서 '모범의회'라 불린다.

에드워드가 의회를 연 목적은 세금을 더 원활하게 거두려는 것이었다. 대헌장 사건으로 잉글랜드 왕들은 함부로 세금을 거두면 강력한 저항에 부딪힐 수 있다는 교훈을 얻었다. 그래서 에드워드는 세금을 올리기 전 의회를 통해 귀족과 시민 대표들의 동의를 얻으려 한 것이다.

1 연방 | 자치권을 가진 여러 나라가 연합해 이룬 국가

2 장창 | 긴 창. 돌격하는 말을 원거리에서 찌를 수 있었기 때문에 기사에게 특히 효과적이었다.

3 빌헬름 텔 | 스위스 독립전쟁 때 활약했다는 전설상의 인물. 아들의 머리에 사과를 놓고 쏘았다는 일화가 유명하다. 평범한 농민으로 압제자에 맞선 그의 이야기는 시민혁명이 격렬하게 전개된 19세기의 사람들에게 많은 영감을 줬다.

아시아

1299년 오스만튀르크제국이 일어나다

셀주크왕조가 몽골의 공격으로 쇠퇴하자 아나톨리아반도에서 튀르크족 지도자 오스만 1세가 오스만튀르크제국(1299~1922)을 세웠다. 오스만튀르크제국은 동로마제국과 대결하며 아나톨리아반도 서북부에 작지만 단단한 기반을 마련한다. 그 후 15세기에는 동로마제국을 멸망시키고 발칸반도에서 모로코에 이르는 대제국으로 성장한다.

4 『동방견문록』의 신빙성 | 오늘날의 학자들은 이 책의 일부 내용이 과장되거나 왜곡됐음을 인정하면서도 대체로 신빙성 있는 자료라는 데 동의한다.

유럽

1299년 마르코 폴로가 『동방견문록』을 펴내다

원나라를 여행했던 베네치아 상인 마르코 폴로가 고향으로 돌아가 『동방견문록』[4]을 썼다. 『동방견문록』은 중국의 문물을 서양에 자세히 소개한 최초의 책 중 하나다. 중국의 발전상이 당시의 유럽에 비해 너무나 찬란하게 묘사됐기 때문에 유럽인들로부터 과장이 심한 책이라는 의심을 받았다. 그러나 동양에 대한 호기심과 환상을 자극해 훗날 대항해 시대의 개막에 큰 영향을 준다.

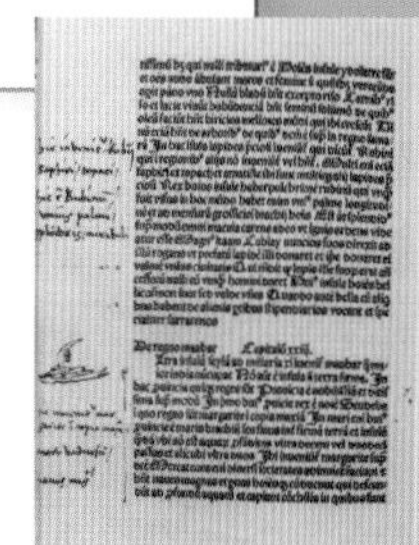
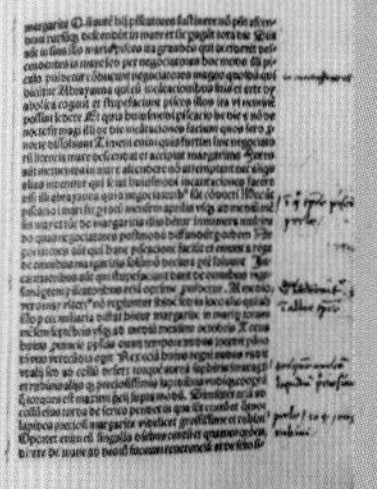
콜럼버스가 아메리카 탐험 당시 지녔던 『동방견문록』
콜럼버스의 메모가 잔뜩 적혀 있다. 콜럼버스는 『동방견문록』에 자극받아 항해에 나선 인물이었다.

꽃송이 같은 신악(神嶽)과
꽃받침 같은 영악(靈嶽),
그 꽃송이와 꽃받침에 걸쳐
날아갈 듯 솟은 것은
황실, 궁궐, 관료의 저택일세.[1]

이렇게 작은 성에서
대군을 막아 내는 것은
사람의 힘이 아니다.[2]

1 최자, 「삼도부」에서
강화로 천도한 고려의 새 도성을 묘사한 최자의 시 가운데 한 구절. 내륙에서 백성들이 몽골의 침략군에게 살육당하고 있는 동안 강화로 옮겨 간 황실과 무신 정권의 막료들이 얼마나 화려한 생활을 했는지 잘 보여 주는 글이다.

2 1231년, 김경서 장군이 이끄는 고려군이 귀주성에서 몽골의 침략군을 막아 내자 몽골 장수가 한 말

제국은 말 위에서 건설됐지만,
말 위에서 제국을 다스릴 수는
없습니다.[1]

독일 지방의 작은 도시 하멜른에서는 쥐 떼가 극성을 부려 골치를 앓고 있었다. 이에 한 사내가 나타나 상금을 주면 쥐 떼를 처치하겠다고 했다.
시장이 동의하자 사내는 피리를 불어 쥐 떼를 홀리더니 쥐 떼를 강으로 인도해 익사시켰다.
그러나 시장이 약속한 상금을 주지 않자 이번에는 피리로 마을의 모든 어린이들을 꾀어 동굴 안으로 홀연히 사라져 버렸다.[2]

1 **몽골제국 재상 야율초재가 한 말**
몽골제국의 행정적 기초를 닦은 것으로 평가받는 명재상 야율초재가 전쟁밖에 모르던 몽골제국의 지배자 오고타이에게 던진 충고다. 오고타이는 이 말에 수긍해 새로운 수도를 건설하고 중국식 행정 제도를 받아들여 안정적인 통치의 기반을 마련한다. 야율초재의 충고가 없었다면 이른바 '몽골의 평화'란 없었을지도 모른다.

2 **「하멜른의 피리 부는 사나이」 줄거리**
중세의 이 비극적인 전설은 1212년 발생한 '소년십자군' 사건을 바탕으로 꾸며진 것이라 한다. 소년십자군은 노예 상인들이 유럽의 소년들을 십자군원정에 끼워 준다고 꾀어 노예로 팔아 버린 사건이었다. 재물 획득에 눈먼 사람들의 이전투구의 장으로 변질된 당시 십자군전쟁의 타락상을 극명하게 보여 준 사건이었다.

14세기

1301~1400

르네상스의 산실인 이탈리아의 피렌체

몽골제국이 막을 내리고, 유럽에서 르네상스가 시작되다

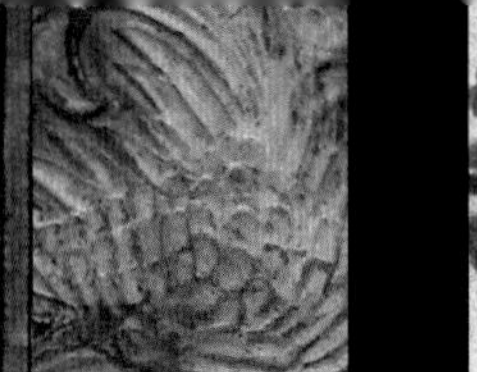

14세기의 한국과 세계

몽골제국이 막을 내리고, 유럽에서 르네상스가 시작되다

몽골제국의 중심 국가인 원나라는 100년 동안 고려에 간섭하며 많은 영향을 주었다. 음식과 의복, 생활 풍습 등에서 몽골족의 자취가 짙게 남았다. 원나라에 빌붙어 부와 권세를 누리는 권문세족은 멋대로 땅을 넓혀 가며 나라와 백성의 살림을 축냈다. 1356년 시작된 공민왕의 개혁은 밖으로는 원나라의 간섭을 물리치고 안으로는 권문세족을 제압하는 힘든 싸움이었다. 이 싸움을 끝내 승리로 이끈 신진 사대부들은 아예 고려를 무너뜨리고 새 나라를 세웠다.

원나라는 고려뿐 아니라 세계 곳곳에서 세력을 잃었다. 중국에서는 명나라가 일어났다. 이븐 바투타의 『여행기』와 이븐 할둔의 역사책이 나온 것은 바로 이 시기였다. 그런 가운데 유럽에서는 의미심장한 변화가 일어나고 있었다. 이탈리아 피렌체에서 그리스 로마 문화를 되살려 인간 정신을 한껏 드높인다는 르네상스가 시작된 것이다. 서유럽은 르네상스와 함께 근대 세계의 주인공으로 떠오르기 위한 기지개를 펴고 있었다.

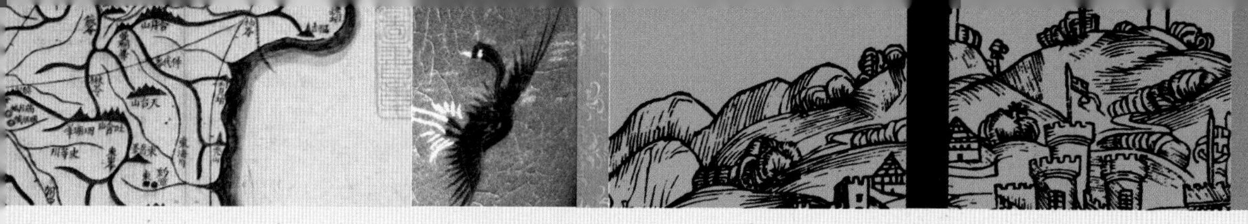

한국사	연도	세계사
고려 가요 「쌍화점」 유행	1301년	
	1302년	프랑스 최초의 삼부회 개최
	1309년	교황청, 아비뇽으로 옮김
	1313년	서유럽에 화약 전래
충선왕, 연경에 만권당 설치	1313년	
	1321년	단테, 『신곡』 집필
평양에 기자 사당 건립	1325년	
	1333년	일본, 가마쿠라바쿠후 붕괴
	1337년	잉글랜드-프랑스, 백년전쟁 시작
이제현, 『역옹패설』 저술	1342년	
왜구 침입 본격화	1350년	타이, 아유타야왕조 개창
	1351년	보카치오, 『데카메론』 집필
	1355년	이븐 바투타, 『여행기』 집필
공민왕, 반원 개혁 개시	1356년	
	1358년	프랑스, 자크리의 난
홍건적 침입	1359~1360년	
문익점, 목화씨 반입	1363년	
신돈의 개혁 정치	1366년	
	1368년	명나라 건국
	1369년	티무르제국 건국
	1370년	『수호전』 집필
최영의 홍산대첩	1376년	
금속활자로 『직지심체요절』 인쇄	1377년	이븐 할둔, 『역사서설』 집필
이성계의 황산대첩	1380년	
	1381년	와트 타일러를 중심으로 한 농민 반란
이성계의 위화도 회군	1388년	
박위의 대마도 정벌	1389년	
과전법 반포	1391년	
정몽주 피살. 고려 멸망	1392년	일본, 무로마치 시대 시작

고려 가요 「쌍화점(雙花店)」이 유행하다

"쌍화점에 쌍화 사러 갔더니 / 회회(回回) 아비 내 손목을 쥐더라.
이 말이 점(店) 밖에 나며 들면 / (……) /조그만 새끼 광대 네 말이라 하리라."

남녀의 애정 행각을 노래한 가요 「쌍화점」이 궁궐에서 무용과 어우러져 성황리에 공연되곤 했다. 술과 잔치를 즐기는 충렬왕의 취향에 맞아 이미 1279년(충렬왕 5)에 공연이 시작됐다는 설도 있다. 『고려사』 악지에 따르면 개경과 전국에서 뽑힌 기생들에게 남자 옷을 입히고 이 노래를 공연했다.[1]

'쌍화'는 만두를 가리키고 회회 아비는 위구르인을 가리킨다. 원 간섭기를 맞아 몽골을 통해 만두도 들어오고 서역인도 들어온 시대상을 보여 주는 동시에 혼란스럽고 퇴폐적인 사회상을 보여 주는 노래라는 평을 듣고 있다. 이어지는 2, 3, 4절에서는 절의 주인, 우물의 용, 술집 아비가 등장해 애정 행각을 펼친다. 그래서 고려 가요를 기록한 조선 시대 사람들은 유교적 잣대를 들이대 이런 노래를 '남녀상열지사'[2]라고 폄하했다.

1 남장별대 | 이 공연단을 '남장별대'라고 한다.

2 남녀상열지사 | 남녀가 애정 행각을 벌이는 모습을 노래한 가요

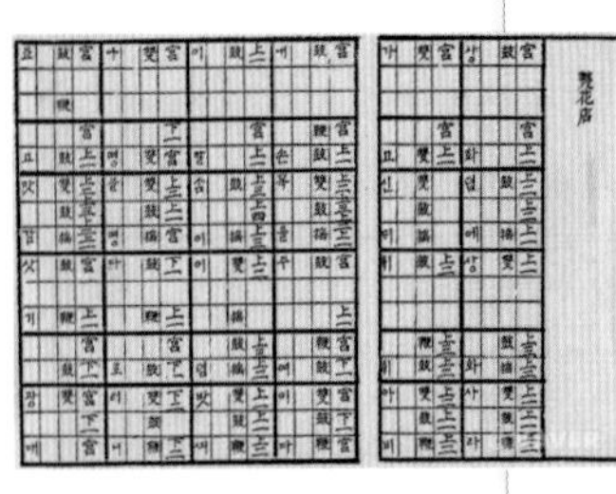

「쌍화점」 악보
1759년(조선 영조 35)에 편찬된 『대악후보』에 실려 있다.

1308년 **충선왕이 심양왕에 책봉되다**

아버지인 충렬왕에게 왕위를 반납하고 원나라에 들어가 머물던 충선왕이 원나라 황제인 무종에 의해 심양(지금의 중국 랴오닝성 선양)을 다스리는 심양왕에 봉해졌다. 무종이 황제 자리에 오르기까지 충선왕의 도움을 받은 데 대한 보답이었다.

심양 일대에는 전쟁 포로, 몽골에 항복한 자, 유민 등 다양한 고려 사람이 살고 있었다. 그래서 원나라는 몽골에 볼모로 갔던 영녕공[3]에게 '안무고려군민총관'이란 벼슬을 주어 이 지역의 고려인을 다스리게 했다. 이번에 충선왕을 심양왕에 봉하면서는 더 많은 권한을 주었다.

그러나 7월에 충렬왕이 사망함에 따라 충선왕은 고려로 들어와 다시 왕위에 올랐다. 이후 심양왕은 심왕(瀋王)으로 칭호가 바뀌고 충선왕의 조카인 연안군과 연안군의 손자인 탈탈불화가 차례로 계승한다. 이들 두 심왕은 군대를 동원해 고려의 왕위를 노리기도 한다.

3 영녕공 | 1241년(고종 28) 몽골의 3차 침략 때 왕자로 가장해 몽골에 갔으나 가짜인 것이 탄로 났다. 그러나 원만한 성격으로 도리어 몽골의 신임을 얻어 큰 벼슬을 하게 됐다.

유럽

1302년 **프랑스 왕 필리프 4세가 최초의 삼부회를 열다**

교황과의 무력 대결을 준비(1309년 참조)하고 있던 필리프 4세[1]가 왕에 대한 국가적 지지를 끌어내기 위해 삼부회를 열었다. 삼부회란 성직자, 귀족, 그리고 평민의 대표로 구성된 일종의 의회였다. 여기서 주목할 부분은 평민 대표인데, 당시 농촌의 대부분은 귀족들이 장악했으므로 평민 대표는 사실상 도시 대표를 뜻했다. 삼부회에 도시 대표가 포함된 것은 필리프 4세가 부유한 도시민들로부터 재정적 지원을 얻고자 했기 때문이다.

삼부회는 이후 왕이 전쟁 등으로 급히 세금을 거둬야 할 때 종종 소집된다. 잉글랜드의 의회와 달리 아무런 권한이 없었고, 주로 왕의 정책을 각계각층에 전달하기 위한 수단으로 쓰였다. 이 때문에 삼부회는 왕권을 제한했던 잉글랜드 의회와는 반대로 프랑스의 왕권 강화에 기여한다.

템플기사단 단원들의 처형
필리프 4세는 왕권 강화를 위해서라면 무슨 일이든 서슴지 않았다. 유럽 최대의 기사단 중 하나였던 템플기사단은 기사단의 막대한 재산을 노린 필리프 4세에 의해 이단으로 몰렸고, 수많은 기사들이 고문 끝에 거짓 자백을 하고 화형당했다.

1 필리프 4세(재위 1285~1314) | 카페왕조의 왕들 중 가장 정력적으로 왕권 강화에 힘썼다. 잉글랜드와 대결해 대륙 내의 잉글랜드 땅을 대부분 점령했고, 북유럽의 경제 중심지 플랑드르 지방을 제압했다. 제후들에 맞서기 위해 도시 시민들과 손을 잡는 한편, 행정 및 사법 제도를 정비해 왕의 정치적 권한을 강화했다.

유럽

1309년 **교황청이 아비뇽으로 옮겨지다**

교황 클레멘스 5세가 프랑스 왕 필리프 4세의 강권으로 교황청을 프랑스 남쪽에 있는 도시 아비뇽으로 옮겼다(아비뇽 유수). 프랑스 출신인 클레멘스 5세는 1305년 필리프 4세의 지원으로 교황이 될 때부터 이미 프랑스에 머물고 있었다. 교황들은 이후 1377년까지 아비뇽에서 사실상 프랑스 왕의 포로로 지내게 된다.

필리프 4세가 교황을 프랑스에 데려온 것은 왕권 강화에 필요한 자금을 마련하기 위해서였다. 필리프 4세는 국왕의 영지를 넓히기 위해 잉글랜드 및 플랑드르 지방의 도시들과 끊임없이 전쟁을 벌여 왔다. 따라서 막대한 돈이 필요했는데, 이를 위해 성직자들에게 세금을 부과하며 교황과 대립했다. 1303년에는 이 문제를 둘러싸고 교황 보니파키우스 8세를 납치하기도 했다. 보니파키우스는 이때 받은 고문으로 곧 죽었고 교황과 프랑스 왕의 힘겨루기는 프랑스 왕의 완승으로 끝났다. 이로써 교황이 유럽 정치를 좌우하던 시대는 막을 내렸다.

아비뇽 교황청

1313년 **27대 충숙왕이 즉위하다**

왕위에 다시 오른 뒤 정치에 흥미를 느끼지 못하던 충선왕이 끝내 아들 강릉대군(충숙왕, 재위 1313~1330, 1332~1339)에게 왕위를 물려주고 연경(원나라 수도 대도의 다른 이름)으로 들어갔다. 충선왕은 왕위에 있는 동안에도 정치에 싫증을 느껴 원나라에 들어가 왕명을 전달하는 방식으로 국정을 처리하곤 했다. 그러면서도 각염법을 제정해 소금을 국가가 전매토록 한 것은 사원과 권문세족이 소금을 독점하며 폭리를 취하던 관행을 막은 쾌거였다. 또한 공직 사회의 기강을 확립하고 귀족의 횡포를 억제하는 등 과감한 개혁 정치를 펼치기도 했다.

1314년 **전왕 충선왕이 연경에 만권당을 설치하다**

이제현 초상
이제현이 원나라에 갔을 때 원나라의 유명한 화가 진감여가 그린 작품. 국보 110호. 안향의 초상화인 회헌영정(국보 제111호)과 함께 현재까지 전해지는 고려 시대 원본 초상화 두 점 가운데 하나이다.

연경에 들어간 충선왕이 개인 도서관인 '만권당(萬卷堂)'을 세우고 고금(古今)의 진귀한 책들을 수집했다. 충선왕은 본래 성품이 학문과 예술을 사랑하는 데다 상왕으로서 재정이 넉넉해 원하는 대로 책을 모을 수 있었다. 이미 1298년에 충선왕을 따라 연경에 들어갔던 백이정이 책을 수집하고 학문을 연구하는 데 큰 도움을 주었다.

충선왕은 만권당에 당대의 내로라 하는 학자들을 초청해 함께 책을 읽고 토론하며 학문의 즐거움을 만끽했다. 원나라의 유명한 학자인 조맹부, 우집 등을 불러 중국 고전과 성리학을 연구하도록 했고, 고려에서도 이제현, 박충좌 등을 불러들여 백이정으로부터 성리학을 배우게 했다. 이처럼 만권당에 모여든 학자들은 학문 연구뿐 아니라 서예와 그림 등 예술을 함께 즐기고 골동품을 수집하는 등 다양한 취미 활동을 함께 하면서 고려와 원나라의 문화 교류에 핵심적인 역할을 했다.

백이정이 이제현에게 전수한 성리학은 목은 이색, 도은 이숭인, 포은 정몽주 등 '삼은'으로 불리는 학자들에게 전해져 고려의 학문으로 정착하게 된다.

아시아

1311년 원나라 황제 무종이 죽고 인종이 즉위하다

원나라 3대 황제인 무종이 죽자 아우인 인종이 새 황제가 됐다. 그는 유학자들을 등용하고 오랫동안 중단됐던 과거제를 부활시키는 등 중국 문화를 수용하는 데 적극적이었다. 이러한 정책은 몽골 전통을 중시하는 몽골파와 중국 문화 수용에 적극적인 한지파(漢地派) 사이의 갈등을 낳았다. 인종의 중국 문화 수용 정책에도 불구하고 중국인에 대한 차별은 계속됐다.

서유럽 최초의 대포 복원 모형

1313년경 서유럽에 화약이 전해지다

유럽 전설에 의하면 신성로마제국의 연금술사 베르톨트 슈바르츠가 화약을 발명했다고 한다. 그러나 오늘날의 학자들은 화약이 중국에서 몽골족에 의해 러시아로 전해진 후 이 무렵 서유럽에 알려진 것으로 보고 있다. 비슷한 시기에 나침반도 중국으로부터 유럽에 전해졌다. 화약과 나침반은 유럽에서 거듭 개량돼 15세기부터는 유럽 역사의 흐름을 바꾸게 된다(1048년 참조).

유럽

1315년경 유럽에 대흉작이 일어나다

유럽 전역에 한파[1]가 몰아치면서 사상 유례 없는 대흉작이 일어났다. 대흉작은 3년간 계속됐는데, 이후에도 크고 작은 흉작이 계속됐다. 굶주린 수많은 농민들이 부유층을 약탈하면서 사회가 혼란해졌고 심지어 사람 고기를 먹는 일도 있었다. 이 시기에 유럽 인구가 10퍼센트가량 줄었다고 짐작된다. 대흉작은 얼마 뒤 대유행하는 흑사병과 함께 중세 유럽의 봉건 질서를 뿌리째 흔들게 된다.

「헨젤과 그레텔」의 삽화
중세 설화에서 유래한 「헨젤과 그레텔」 이야기는 먹을 것이 부족해 부모가 아이들을 숲에 내버린다는 내용이다. 이러한 풍경은 대흉작 당시 흔하게 볼 수 있었다고 한다.

아시아

1320년 원나라 황제 인종이 죽고 정치 혼란이 시작되다

인종이 죽자 아들이 제위를 이었다. 그러나 인종은 본래 형 무종의 아들에게 제위를 물려주기로 했었기 때문에 권력 싸움이 일어났다. 결국 원나라는 14년간 황제가 일곱 번 바뀌는 극심한 혼란기에 접어든다.

원나라의 제위 계승이 이처럼 불안정했던 것은 몽골족에게 확고한 황제 계승 원칙이 없었기 때문이다. 황제들은 형식적이긴 하지만 부족 회의인 쿠릴타이의 승인을 받아 제위에 올라야 했다. 따라서 몽골족 사이에는 황제 신분이 타고나는 것이 아니라는 관념이 강했다. 황제의 권위에 대한 도전이 끊이지 않았고, 황제들은 자신의 지위를 확고히 하기 위해 주변에 막대한 돈을 뿌려야 했다. 이를 위해 교초(1287년 참조)가 남발되면서 물가가 폭등하고 백성들의 불만이 높아진다.

1 14세기의 기후 변화 | 오늘날 일부 학자들은 대흉작이 당시의 세계적인 기후 변화와 관계가 있었다고 짐작한다. 9세기부터 계속된 이른바 '중세의 온난기'가 14세기에 끝나면서 세계적으로 기온이 떨어졌다는 것이다. 장기 기근 현상은 비슷한 시기의 중국(1333년 시작된 대기근)에서도 나타난다.

1 **기자동래설** | 기자가 동쪽으로 와서 왕이 됐다는 가설. 일연이 쓴 『삼국유사』에 실린 단군신화에도 단군이 말년에 기자를 왕으로 봉한 뒤 아사달에 들어가 산신이 됐다는 말이 실려 있다. 이를 입증하는 고고학적 자료가 전혀 발견되지 않아 지금은 허구로 여겨지고 있다.

1325년 **평양에 기자의 사당을 세우다**

서경(지금의 평양)에 기자의 위패를 모시는 사당인 기자사(箕子祠)와 이 사당의 본전인 숭인전을 세웠다. 기자는 중국 상나라의 현자로 역사 기록에 등장하는 인물이다. 주나라 무왕이 상나라를 멸망시킨 뒤 기자[1]에게 자신을 도와 달라고 요청했으나, 기자는 이를 거부하고 동쪽으로 와서 고조선의 왕이 됐다고 한다. 그 후 기자는 고조선 사람들에게 양잠과 농사를 가르치고 법을 만들어 주었다는 기록도 있다.

이처럼 중국의 현자가 오랜 옛날 동방에 와서 문명을 전했다는 이야기는 중국 문명을 사모하는 유학자들에 의해 자랑거리로 여겨졌다. 서경에 기자의 사당을 세운 것은 그만큼 고려에 유학이 뿌리내렸음을 보여 준다. 이로써 고조선의 건국자인 단군은 중국에 대한 한반도의 독자성을 보여 주는 상징으로, 기자는 중국에서 비롯된 문명을 한반도가 누리고 있다는 보편성을 보여 주는 상징으로 자리 잡게 됐다.

1330년 **28대 충혜왕이 즉위하다**

충숙왕이 눈과 귀가 멀어 정사를 돌보지 못한다고 조적 등이 원나라에 모함하자 충숙왕은 정치에 환멸을 느끼고 아들 왕정에게 왕위를 넘겨주니 이가 충혜왕(재위 1330~1332, 1339~1344)이다. 충혜왕은 방탕하고 술과 여자를 탐해 2년 뒤 왕위에서 쫓겨났다가 1339년 아버지인 충숙왕이 세상을 떠나자 왕위에 다시 오른다. 그러나 방탕한 삶을 계속하며 백성을 괴롭히다가 이운 등이 원나라에 상소를 올리는 바람에 1343년 쫓겨나 귀양을 떠난다.

기자의 사당인 숭인전
북한의 국보 문화유물 제5호. 정면 3칸(12.97미터), 측면 3칸(8.72미터)의 팔작지붕 건물이다. 평양에서 가장 오래된 건축물로, 창건 당시에는 10여 동의 건물이 있었으나 현재는 본전만 남아 있다. 1430년(조선 세종 12) 다시 지은 뒤 기자전이라 불리다가 1612년(광해군 4)에 숭인전으로 바뀌었다. 현재의 숭인전은 1977년 길 건너편에서 숭령전 옆으로 옮겨 놓은 것이다.
잘 다듬은 화강암의 긴 댓돌로 정연하게 쌓은 기단 위에 배흘림기둥을 세우고, 네 모서리의 기둥은 8센티미터 정도 안쏠림을 주었다. 소박하고 은근한 느낌을 주며, 서까래와 덧서까래, 추녀와 덧추녀들이 정연하고 규칙적으로 배열돼 있어 고려 시대 건축의 전형을 보여 준다.

유럽

1321년 단테가 『신곡』을 쓰다

『신곡』의 삽화인 〈지옥문〉에 묘사된 단테의 초상

이탈리아의 시인 단테가 장편 서사시 『신곡』을 썼다. 『신곡』은 단테가 고대 로마의 시인 베르길리우스와 자신의 첫사랑 베아트리체의 안내를 받아 지옥·연옥·천국의 영혼들을 방문한다는 내용을 담고 있다. 종교적인 문제를 주로 다뤘던 중세의 문학 작품과 달리 저자의 개인적인 감상과 생각들을 자유롭게 펼치고 있어 르네상스의 장을 열어젖힌 것으로 평가받는다. 단테는 『신곡』을 유럽의 공용어인 라틴어가 아니라 이탈리아 국민의 언어인 이탈리아어로 썼는데, 이 때문에 국민 문학[1]의 선구자라 불리기도 한다.

르네상스

르네상스란 중세 유럽의 크리스트교 문화에서 벗어나 그리스·로마의 고전 문화를 부활시키자는 문화 운동이었다. 고전 문화를 부활시키자는 것은 크리스트교가 인간을 속박하기 전의 자유로웠던 시절로 돌아가자는 뜻이었다.

그리스·로마의 신들은 완벽하고 전능한 크리스트교의 신과 달리 인간처럼 사랑하고 슬퍼하는 존재였다. 당시 유럽 지식인들은 인간의 욕망과 지적 활동을 저속하거나 불경한 것으로 간주한 중세 교회의 독단에 지쳐 있었다. 이들에게 십자군이 아랍에서 들여온 그리스·로마의 고전들은 새로운 활력소가 됐다.

르네상스는 이탈리아 북부의 도시들에서 제일 먼저 일어났다. 이 지역은 이슬람 지역과의 교류, 물질적 풍요, 그리스·로마 전통의 보존, 느슨한 봉건 질서 등 르네상스 운동이 일어나기에 최적의 조건을 갖추고 있었다. 르네상스를 계기로 유럽의 학문과 예술은 종교의 속박에서 벗어나 비약적인 발전을 하게 된다.

유럽

1328년 프랑스에 발루아왕조가 들어서다

카페왕조의 마지막 왕 샤를 4세가 아들 없이 죽자 왕의 사촌이었던 발루아 백작이 새 왕(필리프 6세)으로 뽑혔다.[2] 이로써 카페왕조가 끝나고 발루아왕조(1328~1589)가 시작됐다. 발루아왕조는 카페왕조의 왕권 강화 사업을 계승해 프랑스를 중앙 집권적인 국민 국가로 발전시켜 나간다.

1 국민 문학 | 개별 국가 또는 민족의 언어, 문화, 가치관을 반영하는 문학. 14세기경 유럽에 통일성을 부여하던 교황권이 몰락하고 프랑스, 잉글랜드 등 각국이 국민 국가로 발전하면서 문학도 점차 라틴어에서 벗어나 자국어로 쓰이기 시작했다.

2 발루아 백작의 즉위 | 사실은 발루아 백작보다 샤를 4세의 조카였던 잉글랜드 왕 에드워드 3세가 왕위 계승 서열에서 앞섰지만, 잉글랜드 왕이 프랑스를 지배하는 것이 싫었던 귀족들이 발루아 백작을 왕으로 뽑았다. 이 사건은 1337년 백년전쟁의 발단이 된다.

왕의 타락과 왕권의 추락이 극에 달하다

고려 불화 속의 여인들
〈관경서분변상도〉에 나오는 슬픈 시녀들의 모습과 〈미륵하생경변상도〉에 나오는 시집가는 여인의 모습.

충숙왕과 충혜왕 부자가 대를 이어 향락에 탐닉하고 정사를 돌보지 않는 바람에 왕의 위신이 땅에 떨어지고 기강이 느슨해졌다. 충숙왕은 일찍이 1326년 심양왕에게 왕위를 내줄 계획까지 세웠다가 한종유 등이 반대해 취소한 적이 있었다.

1330년 왕위를 넘겨받은 충혜왕은 방탕한 성품으로 술과 여자를 즐기고 사냥을 일삼으며 정사를 돌보지 않았다. 이를 보고받은 원나라는 1332년 '황음무도[1]'하다는 이유로 충혜왕을 폐위했다. 왕위에 복귀한 충숙왕은 원나라에 바치는 공물을 줄이고 공녀(貢女)의 선발을 중지하도록 원나라에 요청하는 업적을 세웠다. 그러나 잔치와 사냥을 좋아하는 습성은 바뀌지 않았다.

1339년 충숙왕이 죽자 왕위에 복귀한 충혜왕은 전과 다름없이 마음에 드는 여인은 귀천을 가리지 않고 농락하는 방탕한 생활을 계속했다. 충혜왕이 욕을 보였던 경화공주가 원나라에 그 사실을 일러바치는 바람에 원나라에 잡혀 가서 취조를 받고 돌아오기도 했다. 충혜왕은 정사를 돌보지 못한 죄를 쓰고 1343년 원나라 사신들에 의해 계양(지금의 중국 산둥성)으로 귀양 갔다가 이듬해 죽는다(1344년 참조).

1 황음무도(荒淫無道) | 술과 여자에 빠져 사람으로서 마땅히 할 도리를 돌아보지 않음

공녀(貢女)

고려와 조선이 중국의 원나라, 명나라에 바치던 여인들. 1225년 몽골 사신 저고여가 살해된 뒤 몽골이 고려를 침공하면서 화의 조건으로 어린 남녀 각 500명씩을 바치라고 한 데서 비롯됐다. 전쟁이 끝난 뒤에도 원나라는 계속 공녀를 요구하면서 두 나라 사이의 화친을 위해서라는 이유를 내걸었다. 그러나 진짜 이유는 원나라 황실에 여자가 부족한 데 있었다. 고려가 바치는 공녀는 원나라 황실과 고관 댁에 보내졌으며, 때로는 집단 혼인의 대상이 되기도 했다.

1274년 원나라가 공녀 140명을 요구하자 고려는 과부처녀추고별감을 설치해 미혼 여성을 찾아 나섰다. 그러나 딸을 둔 백성들이 징발에 응하지 않자 정부는 공녀를 보내는 집에 후한 보상을 해 주겠다고 약속했으나 효과가 없었다. 정부는 하는 수 없이 역적의 처나 파계한 승려의 딸 등을 징발해 원나라의 무리한 요구를 들어 주었다. 공녀들은 대부분 궁녀나 황후, 왕비 등의 심부름꾼으로 일했다. 원나라 순제의 사랑을 받아 황후 자리를 차지한 기황후도 공녀 출신이었다. 이 같은 기황후의 영향으로 원나라 귀족과 고관들은 고려 여인을 아내로 맞아야 명문가에 드는 것으로 생각하는 풍조도 생겼다. 이처럼 고려 여인들이 원나라 황실과 귀족 사회에 들어가면서 의복, 신발, 음식 등 고려 풍습이 원나라에서 유행하기도 했다. 공녀는 처녀 중에서 선택했기 때문에 이를 피하려고 고려 사회에서는 딸을 일찍 시집보내는 조혼 풍속이 생겨났다.

아시아

1333년 원나라의 마지막 황제 순제가 즉위하다

원나라 마지막 황제인 순제[1]가 13세의 나이로 즉위했다. 그는 어릴 때 원나라의 실세였던 엔터무르로부터 견제를 받아 고려와 광시[廣西] 지방을 오가며 불우한 생활을 했다. 우여곡절 끝에 즉위한 순제는 한지파(1311년 참조)였던 엔터무르 세력에 맞서기 위해 극단적인 몽골파였던 바얀을 등용했는데, 바얀은 과거제를 폐지하고 중국인들을 가혹하게 탄압했다. 이에 중국인들의 반란이 각지에서 일어났고, 원나라는 기울기 시작했다.

1 순제와 기황후 | 순제는 고려 출신 공녀였던 기씨를 황후로 맞이했다. 기황후는 자신의 세력을 키우기 위해 고관들에게 고려 공녀들을 하사했는데, 이 때문에 원나라 상류층 사이에서 공녀들이 만든 고려 음식 등이 유행했다.

아시아

1333년 가마쿠라바쿠후가 무너지고 남북조 시대가 시작되다

천황의 실권 회복을 노리던 고다이고 천황이 가마쿠라바쿠후에 맞서 반란을 일으켰다. 몽골의 침입(1281년 참조) 이후 몰락의 길을 걷던 바쿠후는 패배했고 고다이고 천황이 일본의 실권을 장악했다(1333년).

그러나 이때 고다이고 천황을 도왔던 아시카가 다카우지가 천황의 냉대에 불만을 품고 반란을 일으켰다. 고다이고 천황은 나라 부근의 요시노로 달아났고, 아시카가는 교토의 무로마치에서 고곤을 새 천황으로 세웠다(1336년).[2] 이후 일본은 고다이고 천황가의 북조와 아시카가 가문의 남조로 분열돼 1392년까지 격렬하게 대립한다.[3]

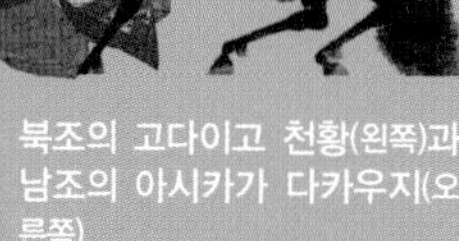

북조의 고다이고 천황(왼쪽)과 남조의 아시카가 다카우지(오른쪽)

2 무로마치 시대 | 1392년 아시카가 세력은 남북조를 통일하고 무로마치바쿠후를 연다.

3 가마쿠라바쿠후의 몰락과 14세기 왜구의 급증 | 가마쿠라바쿠후는 몽골족의 침입에 대비해 대륙과 가까운 규슈 지방에 많은 무사들을 집중시켰다. 가마쿠라바쿠후가 몰락하고 일본이 남북조 시대의 혼란기에 접어들자 이들 무사는 생활이 어려워졌고 대규모 해적질에 나서기 시작한다.

유럽

1337년 백년전쟁이 일어나다

프랑스의 왕위 계승권 문제를 두고 갈등하던 잉글랜드와 프랑스가 결국 전쟁을 시작했다. 두 나라는 한 세기 넘게 전쟁과 휴전을 반복하며 대결하는데, 이 대결을 백년전쟁(1337~1453)이라 한다.

전쟁의 표면적인 이유는 왕위 계승 문제에 있었지만 실제로는 경제적인 이유가 컸다. 14세기 초 유럽 모직물[4] 공업의 중심지 플랑드르 지방이 프랑스에 종속되자 플랑드르에 양모[5]를 수출하던 잉글랜드 경제가 타격을 받았던 것이다. 두 나라는 전쟁 기간 내내 플랑드르를 둘러싸고 치열하게 힘을 겨룬다.

백년전쟁 초반에는 잉글랜드군의 우세가 계속됐다. 전쟁터가 된 프랑스는 황폐해졌고 몰락한 농민들이 늘어나면서 프랑스의 농노제는 위기를 맞이한다(1358년 참조).

4 모직물 | 털실로 짠 물건

5 양모 | 양의 털. 잉글랜드는 전통적으로 유럽의 주요 양모 생산국이었다.

백년전쟁

1342년 **이제현이 『역옹패설』을 펴내다**

고려 말의 문호인 이제현이 옛날부터 내려오는 시와 글에 비평을 단 문집 『역옹패설[1]』을 냈다. 이 책은 이인로의 『파한집』, 최자의 『보한집』과 아울러 고려의 3대 문학 비평서로 꼽힌다.

1 역옹 | 역옹은 이제현의 호이다.

1344년 **29대 충목왕이 즉위하다**

원나라 땅으로 귀양 간 충혜왕이 1월에 죽고 아들인 왕흔이 8세의 나이로 즉위하니 충목왕(재위 1344~1348)이다. 충목왕은 어머니의 섭정을 받으며 권문세족이 독점하던 녹과전[2]을 본래 소유자에게 돌려주고, 토지에 올바로 세금을 매기기 위한 양전을 실시하는 등 나름대로 올바른 정치를 하려고 노력했다.

2 녹과전 | 고려 중기 이후 관리에게 주는 녹봉(綠俸)을 보충하기 위해서 대신 나누어 준 토지

1349년 **30대 충정왕이 즉위하다**

충목왕이 아들 없이 죽자 충혜왕의 서자인 왕저가 12세의 나이에 왕위를 계승하니 충정왕(재위 1349~1351)이다. 2년간 재임하면서 외척의 세도와 왜구의 침입에 시달린다.

1350년 **왜구의 침입이 본격화되다**

경상도 거제도와 합포(지금의 경상남도 창원시 마산합포구), 고성 등에 왜구(일본인 해적)가 나타나 노략질을 했다. 천호 최선, 도령 양관 등이 왜구 300여 명을 죽이거나 사로잡았다. 고려에 왜구가 나타난 기록은 1223년(고종 10) 금주(지금의 경상남도 김해)에 침입한 것이 처음이지만, 이후 100여 년 동안 10여 차례에 그쳐 큰 피해를 주지는 않았다. 본격적인 왜구의 침입이 시작된 것은 이해의 일로, 이를 '경인의 왜구'라고 한다. 이듬해에는 왜선 50여 척이 합포에 나타나 노략질을 한다. 1392년 고려가 멸망할 때까지 왜구는 무려 519회나 쳐들어왔다.

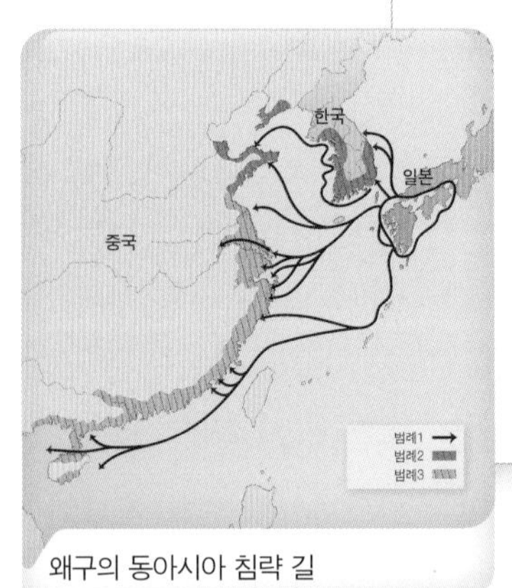

왜구의 동아시아 침략 길

유럽

1341년 **영국 의회가 상하 양원으로 나뉘다**

잉글랜드 왕이 왕권 강화를 위해 중소 지주들과 손을 잡자 이에 반발한 귀족·성직자 등의 기득권층이 의회에서 상원을 구성했다. 상원에 끼지 못한 도시와 중소 지주 대표들은 하원으로 분류됐다. 이후 잉글랜드 의회는 상원이 주도하다가 15세기에 가서야 하원에도 상원과 동등한 권리가 인정된다.

유럽

1342년 **페트라르카가 서정시집 『칸초니에레』를 쓰기 시작하다**

이탈리아의 시인이자 고전 연구가인 페트라르카가 서정시집 『칸초니에레』를 쓰기 시작했다. 서정시란 개인의 주관적인 감정을 담은 시를 가리키는데, 이런 종류의 시는 인간의 자연스런 감정이나 욕망을 속되다고 배척한 중세에는 거의 지어지지 않았다. 페트라르카는 인간성을 처음으로 긍정한 중세 학자였기 때문에 '최초의 인문주의[1]자'라 불린다.

유럽

1346년 **크레시전투에서 영국이 프랑스를 무찌르다**

프랑스 북서부의 크레시에서 잉글랜드의 장궁[2] 부대가 수적으로 월등한 프랑스 기사들을 물리쳤다. 잉글랜드군에게 무작정 돌격하던 프랑스 기사들은 갑옷을 뚫어 버리는 장궁의 위력 앞에 참패하고 말았다.

크레시전투는 기사들의 시대가 끝났음을 알렸다. 장궁과 석궁[3] 등 신무기가 등장하고 새로운 전술들이 개발되자 평민으로 이뤄진 군대도 기사들에게 얼마든지 맞설 수 있게 됐다. 기사들이 힘을 잃으면서 봉건 질서에 대한 농민들의 저항이 거세졌고 이는 대규모 농민 반란으로 이어진다(1358년 참조).

유럽

1347년 **유럽에 흑사병[4]이 유행하다**(~1351)

아시아

1350년경 **타이에 아유타야왕조가 세워지다**

타이족 지도자 라마티보디 1세가 오늘날의 타이 중부 차오프라야강 유역에 아유타야왕조(1350년경~1767)를 세웠다. 아유타야왕조는 수코타이왕조, 앙코르왕조와 대결하며 14세기 말까지 동남아시아의 최대 세력으로 성장한다. 해상 무역의 요지인 말레이반도를 장악해 무역으로 번성했고 쌀을 중국에 수출해 많은 부를 쌓았다. 왕들은 중국, 아라비아, 인도 등의 상인들과 손을 잡고 적극적인 해외 교류에 나섰는데, 이 덕분에 아유타야 상인들은 조선과 일본까지 진출한다.

아유타야왕조 때 지어진 왓차이왓타나람 사원 유적

1 인문주의 | 신 중심의 세계관으로부터 인간을 해방시키고자 하는 사상으로 휴머니즘이라고도 한다. 대학에서 그리스·로마 고전을 연구하던 인문학자들로부터 이름이 유래됐다.

2 장궁 | 대형 활. 잉글랜드군이 썼던 장궁은 당시 유럽의 일반적인 활보다 강력해서 기사들의 갑옷을 뚫을 수 있었다.

3 석궁 | 기계식 활. 특별한 훈련 없이도 쏠 수 있고 갑옷을 뚫을 정도로 강력했다. 중국에서 발명된 것으로 추정되며 유럽에는 12세기에 널리 보급됐다.

4 흑사병 | 14세기 대유행한 흑사병으로 유럽 인구의 3분의 1 가량이 줄었다. 교역 중심지들이 궤멸적인 타격을 받았을 뿐 아니라 농노들이 병을 피해 도망가면서 중세의 장원 경제 체제가 붕괴했다. 일손이 부족해지면서 임금이 높아지자 이를 둘러싼 귀족과 농민, 노동자 사이의 갈등도 심해졌다. 본래 중국에서 발행했던 흑사병은 몽골제국이 닦아 놓은 동서 교역로 때문에 전 세계를 거의 동시에 강타했는데, 중국·인도·이집트 등지에서도 피해가 극심했다.

공민왕과 노국대장공주
공민왕도 관례에 따라 원나라에 들어가 원나라 황녀인 노국공주와 혼인했다. 노국공주는 평생 흔들림 없이 공민왕의 반원 개혁을 지지하고 힘이 돼 주었다.

1351년 **31대 공민왕이 즉위하다**

밖으로는 왜구의 침범, 안으로는 외척의 세도로 나라가 어지러워지자 윤택, 이승로 등이 나이 어린 충정왕을 폐위시켜 달라고 원나라에 요청했다. 원나라는 이를 받아들이고, 안팎의 신망을 받던 강릉대군(27대 충숙왕의 둘째 아들)이 왕위에 오르니 공민왕(재위 1351~1374)이다.

1356년 **공민왕이 반원 개혁을 실시하다**

공민왕이 원나라 세력을 물리치고 부패한 권문세족을 처단하는 개혁 정치의 칼을 빼 들었다. 즉위 다음해인 1352년 호복과 변발을 금지한 데 이어 원나라의 연호를 폐지하고 원나라식 관직 제도도 없애 11세기 문종 때의 정치 체제[1]로 돌아갔다. 이에 대해 부원배를 중심으로 한 권문세족이 저항하자, 부원배의 지도자인 기철[2]을 달래는 척 연회를 베풀다가 밀명을 내려 죽였다.

나아가 공민왕은 원나라가 100년 가까이 차지하고 있던 쌍성총관부를 되찾기 위해 동북면병마사 유원우를 보냈다. 이때 쌍성총관부에서 원나라 벼슬인 천호로 있던 이자춘[3]은 고려군과 내통하여 쌍성총관부를 함락시키는 데 공을 세운다.

1 문종 때의 정치 체제 | 문종의 치세는 고려 전기의 귀족 문화가 활짝 꽃피었던 시기였다.

2 기철 | 기철은 원나라에 공녀로 갔다가 황후가 된 기황후의 친오빠였다. 기황후는 오빠의 복수를 위해 공민왕을 폐하려고 1364년 고려 출신 최유에게 군사 1만 명을 주어 고려를 공격하도록 했다. 그러나 최유는 고려의 명장 최영에게 크게 패하고 말았다.

3 이자춘 | 이자춘은 조선 태조 이성계의 아버지이다.

1359, 1360년 **홍건적이 쳐들어오다**

원나라에 쫓긴 홍건적이 압록강을 건너 고려를 침공했다. 1359년 12월에는 4만여 명이 쳐들어왔다가 70여 일 만에 대부분의 병력을 잃고 압록강을 건너 도망갔다. 그러나 1360년 9월에는 20만 명이나 되는 대군이 쳐들어와 개경을 함락시키기까지 했다. 이방실 등이 이끄는 고려군은 반격을 펼쳐 1362년까지 10만여 명을 죽이고 적군을 격퇴한다. 이 과정에서 이성계 등 신흥 무인 세력이 성장하게 된다.

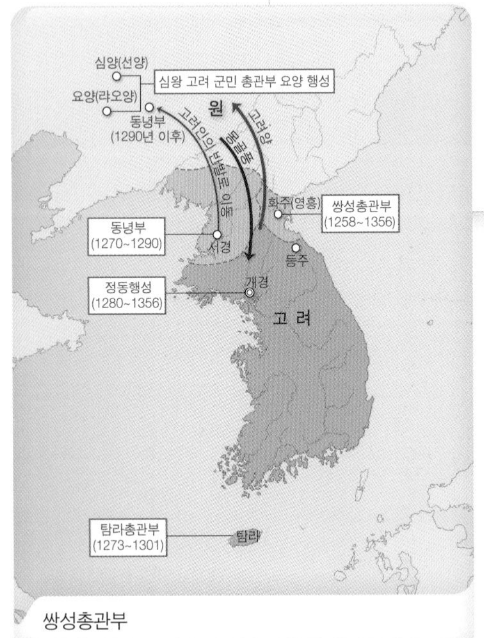

쌍성총관부

유럽

1351년 보카치오가 『데카메론』을 쓰다

『데카메론』
흑사병이 이탈리아를 휩쓸고 있을 때 쓰였다. 당시의 참혹한 현실을 잊기 위해 남녀가 한데 모여 여러 가지 이야기를 나눈다는 내용이다. 인간적인 감정을 잔뜩 담은 100편의 이야기가 실려 있어 르네상스 문학의 선구적인 작품 중 하나로 꼽힌다.

아시아

1351년 홍건적의 난이 일어나다

원나라의 강압적인 통치에 불만을 품은 농민들이 반란을 일으켰다. 당시 농민들은 장기간의 기근, 지배층의 수탈[1], 물가 폭등 등으로 큰 어려움을 겪고 있었다. 반란군은 머리에 붉은 두건을 썼는데, 이 때문에 '홍건적(紅巾賊)'이라 불린다.

홍건적은 농민들의 지지를 바탕으로 세력을 크게 떨쳤다. 1357년에는 원나라 수도가 있는 북쪽으로 진격했으나, 지도부의 내분과 원나라의 반격으로 세력이 한풀 꺾였다. 이후 홍건적은 분열돼 중국 각지로 흩어진다.

홍건적의 북벌이 실패하자 홍건적 장수였던 주원장(1368년 참조)은 독자적인 길을 걷기 시작했다. 본래 홍건적과 적대 관계에 있던 강남 지주들과 손을 잡은 것이다. 주원장은 강남 지주들의 재력을 바탕으로 다른 홍건적 무리들 및 원나라 토벌군을 물리치며 중국의 패권을 장악해 나간다.

1 지배층의 수탈 | 정치에 서툰 원나라 황제들은 재상 및 관리들에게 정치의 많은 부분을 맡겼는데, 이에 관리들이 마음 놓고 부정부패를 저지르면서 백성들의 삶이 어려워졌다.

아프리카

1355년 이븐 바투타가 『여행기』를 쓰다

평생을 여행으로 보낸 모로코의 여행가 이븐 바투타가 자신이 보고 겪은 세계의 풍물을 정리해 『여행기』를 펴냈다. 그는 아프리카의 말리제국에서 인도, 동남아시아, 그리고 중국에 이르기까지 무려 12만 킬로미터나 되는 거리를 여행했다. 『여행기』는 14세기의 세계 모습을 알려 주는 귀중한 자료로 꼽힌다.

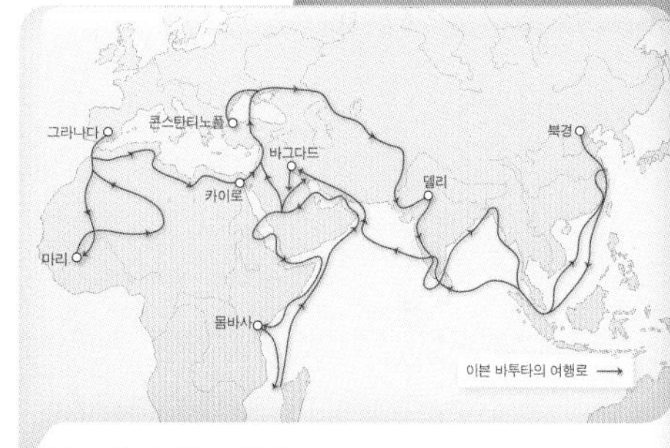

이븐 바투타의 여행로

유럽

1358년 자크리의 난이 일어나다

백년전쟁에서 패배를 거듭하던 프랑스가 포로가 된 귀족들의 몸값을 지불하기 위해 농민들에게 무거운 세금을 부과했다. 전쟁으로 잔뜩 피폐해 있던 농민들은 이를 견디지 못하고 대규모 반란을 일으켰다. 이 반란을 '자크리의 난'이라 하는데, 자크리는 당시 프랑스 농민을 낮춰 부르던 말이었다.

자크리의 난은 흑사병 이후 깊어지던 농민과 봉건 귀족의 갈등이 터진 사건이었다. 귀족들은 농민을 외부의 침략자로부터 지켜 줄 능력도 없으면서 농민에 대한 통제만 강화하려 했다. 분노한 농민들은 귀족들을 닥치는 대로 살해하고 영주들의 성을 불태웠다. 반란은 몇 주 만에 진압됐지만, 이후 비슷한 반란이 계속 일어나면서 프랑스의 봉건 질서는 큰 타격을 받는다.

자크리의 난

1364년 **문익점이 목화씨를 갖고 들어오다**

서장관[1]으로 원나라에 갔던 문익점이 목화씨를 가지고 돌아왔다. 문익점은 고향인 단성 마을(지금의 경상북도 산청)에서 장인 정천익과 함께 목화를 재배하는 데 성공했다.[2] 이후 정천익은 원나라 승려 홍원에게 직조법을 익혀 목화에서 나온 실로 면을 짜게 된다.

1 서장관 | 정사, 부사와 더불어 3사로 불리던 사절단의 고관

2 목화 재배의 성공 | 문익점과 정천익이 목화 재배와 직조에 성공한 것이 우리나라에 면이 보급된 최초의 사례로 여겨져 왔으나, 최근에는 삼국 시대에도 면제품을 사용한 증거가 나오기도 했다.

목화

1365년 **신돈이 과감한 개혁 정책을 펴다**

공민왕의 신임을 받고 권력의 중심에 선 승려 신돈이 권문세족에 대한 공세를 전면적으로 펼쳐 나갔다. 공민왕은 1363년 5월에 20여 가지의 개혁 정책을 제시한 바 있으며, 1365년 신돈을 기용해 이 정책을 추진토록 했다. 신돈은 먼저 정부에서 권문세족을 몰아내고 신진사대부를 등용했다. 1366년에는 전민변정도감이라는 개혁 기구를 설치해 토지 제도를 중심으로 사회 경제 분야의 개혁을 펼쳐 나간다.

권문세족은 전국의 토지를 사들여 드넓은 농장을 소유하고, 토지를 잃은 농민을 노비로 삼아 농장을 경작토록 했다. 홍건적의 침입 이후 사회가 혼란한 틈에 농장은 더욱 늘어났다. 노비는 세금을 내지 않아도 됐기 때문에 권문세족의 농장에서 걷히는 세금은 갈수록 줄어들었다. 따라서 나라 살림이 점점 어려워져 어떻게든 개혁이 필요하던 때였다. 신돈은 전민변정도감을 통해 권문세족이 사들인 농장을 원래의 주인에게 돌려주고, 농장에 속한 노비를 원래대로 양인이 되게 하는 정책을 밀어붙였다.

신돈의 개혁은 백성과 신진사대부의 지지를 받았다.[3] 그러나 권문세족은 개혁을 비난하는 상소를 올리고 암살 음모를 꾸미는 등 수단과 방법을 가리지 않고 신돈을 제거하려 했다. 이처럼 정세가 개혁 세력에게 유리하지만은 않은 상황에서 신돈이 돈과 여자에 관련된 추문에 휩싸이자 공민왕도 신돈을 의심하게 됐다. 1370년 공민왕이 직접 정사를 돌보겠다고 선언하면서 신돈은 권력을 잃고 그의 개혁도 끝이 났다.[4]

3 신돈에 대한 신진사대부의 지지 | 1367년 신돈은 승려면서도 성균관을 새로 지어 이색, 정몽주, 정도전 등 신진사대부들의 깊은 신뢰를 받았다.

4 신돈의 최후 | 1371년 신돈이 역모를 꾀한다는 투서가 날아들자 공민왕은 신돈을 귀양 보냈다. 그 후 신돈은 유배지에서 처형당한다.

장생표
권문세족과 결탁한 고려 후기의 사찰은 이처럼 사찰에 딸린 토지를 표시하기 위해 장생표를 세울 정도로 넓은 장원을 가지고 있었다. 사진은 경상남도 양산에 있는 통도사의 장생표. 통도사는 모두 12곳의 장생표를 절 밖에 세웠다.

아시아

1368년 **주원장이 명나라를 세우다**

강남 지방을 통일한 주원장이 남경에서 황제로 즉위했다(명 홍무제[1]). 그는 즉위하자마자 대도에 군대를 보내 원나라 황제를 북쪽으로 쫓아냈다. 이로써 명나라(1368~1644)가 들어서고 원나라는 몽골 고원에 자리 잡은 북원으로 축소됐다.

명나라는 몽골족에 대한 중국인들의 반감 위에 세워진 나라였다. 주원장은 '야만스런' 몽골족의 관습을 뿌리 뽑고 중국의 전통적인 유교 문화를 회복하고자 했다. 이 때문에 일반 백성들을 상대로 한 유교 교육이 활기를 띠었는데, 이 과정에서 남녀 차별 등 지나치게 경직된 유교 원칙들이 강요되기도 했다. 이러한 명나라의 중화사상[2]은 대외 정책에도 반영돼 주변국에 대한 명나라의 우위를 확고히 하고자 하는 경향이 강해졌다.

명나라 초기 집권층에는 강남 지주들이 많았다. 주원장이 건국 과정에서 지주들의 도움을 많이 받았기 때문이다. 그러나 주원장은 본래 가난한 고아 출신으로 지주 계급에 적대감을 갖고 있었다. 그는 지주 관료들의 세력이 커지는 것을 무척 경계했는데, 이 때문에 수많은 개국공신을 처형하고 황제 독재 체제를 구축하게 된다(1380년 참조).

아시아

1369년 **티무르가 티무르제국을 세우다**

칭기즈 칸의 후예를 자처하던 티무르가 지금의 우즈베키스탄 일대에서 티무르제국(1369~1508)을 세웠다. 그는 몽골식 기마 전술의 달인으로 순식간에 중앙아시아, 인도 북부, 서아시아를 아우르는 대제국을 건설한다. 이 과정에서 인도 북부와 이란 지역이 황폐해지지만 수도 사마르칸트는 이슬람 문화의 중심지 중 하나로 발전한다.

유럽

1370년 **한자동맹[3]이 덴마크를 제압하고 슈트랄준트의 강화를 맺다**

독일 지방의 도시 동맹인 한자동맹이 북유럽의 강국 덴마크와의 전쟁에서 승리했다. 이로써 1358년 결성된 한자동맹은 북해 상권을 장악한다.

한자동맹은 떠돌이 상인인 '한자(hansa)'들의 길드를 바탕으로 결성됐다. 독일 북부[4]의 상업 도시들은 사실상 한자 길드들이 지배했다. 한자들이 장악한 도시들은 상업적 이권을 지키기 위해 동맹을 맺었는데, 14세기 후반 동맹에 가입한 도시 수는 약 100개에 이르렀다.

아시아

1370년경 **『수호전』이 쓰이다** (1120년 참조)

1 명청 시대 황제들의 칭호 | 명나라 이전의 황제들은 '~조', '~종' 같은 묘호로 불리는 경우가 많다. 그러나 명나라 이후 황제들이 재위 기간 중 단 하나의 연호만 사용하는 관습이 생기면서 '(연호)제' 식으로 연호를 황제 이름으로 삼는 경우가 많아졌다.

2 중화사상 | 중국이 세계 문화의 중심이라는 사상

3 한자동맹 | 한자동맹의 상인들은 잉글랜드에서 러시아에 이르는 광대한 지역에서 무역을 하며 길드에 소속되지 않은 상인들을 배척했다. 이에 각지의 상인들이 국왕과 결탁해 한자동맹에 저항하는데, 이는 국민 국가의 등장을 촉진시킨다.

4 독일 북부 | 독일 북부는 북유럽의 주요 교역로였던 라인강과 북해가 만나는 곳이어서, 인접한 플랑드르 지방과 함께 북유럽 상업의 중심지였다.

현재의 우즈베키스탄

한자동맹의 활동 범위

1374년 **32대 우왕이 즉위하다**

공민왕이 시해당하고 공민왕과 신돈의 시녀인 반야 사이에서 태어난 강령부원대군이 왕위에 오르니 우왕(재위 1374~1388)이다.[1] 공민왕은 1365년 노국공주가 죽은 뒤 변태적인 생활에 빠져 자제위라는 기구를 두고 젊고 잘생긴 청년들을 끌어들여 시중을 들게 했다. 자제위에 속한 홍륜이 공민왕의 새 왕비인 익비를 범해 임신을 시키자[2] 환관인 최만생이 공민왕에게 이를 밀고했다. 공민왕은 홍륜과 최만생을 다 죽이려다가 도리어 그들의 역공을 받아 비명에 가고 말았다.

1 우왕의 즉위 | 공민왕이 신돈의 집에서 몰래 반야와 정을 통해 우왕을 낳았다는 것이 정설이지만, 우왕의 진짜 아버지는 신돈이라는 설도 있다.

2 익비의 임신 | 노국공주가 죽은 뒤 아들이 없는 것을 걱정한 공민왕이 익비로 하여금 홍륜과 동침하게 했다고도 한다.

1376년 **최영이 홍산대첩을 거두다**

7월 왜구가 홍산(지금의 충청남도 논산)에 있는 개태사에 침입해 원수 박인계를 죽이고 행패를 부리자, 최영이 출정해 왜구를 전멸시켰다. 최영은 몸에 적의 화살을 맞고도 끝까지 부하들을 진두지휘하는 투혼을 보였으며, 승리한 공으로 시중 벼슬을 제수받았으나 끝내 사양했다.

『직지심체요절』
금속 활자인 주자로 찍어낸 것으로 프랑스 국립도서관에 소장돼 있다. 현재 남아 있는 세계 최고(最古)의 금속 활자본으로, 2009년 유네스코 세계기록유산으로 지정됐다.

1377년 **청주 흥덕사에서 금속활자로 『직지심체요절』을 인쇄하다**

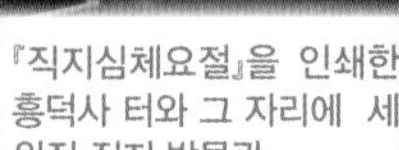

『직지심체요절』을 인쇄한 흥덕사 터와 그 자리에 세워진 직지 박물관

1380년 **이성계가 황산대첩을 거두다**

홍산대첩에서 혼이 난 왜구가 500여 척의 대함대를 동원해 진포(지금의 금강 하구)로 쳐들어와 남부 지방을 휩쓸었다. 이때 최무선이 화포[3]를 사용해 진포에 주둔한 왜구의 배들을 모조리 불태워 버렸다.

배를 잃고 퇴로가 없어진 왜구가 발악을 하자, 정부는 이성계를 보내 황산(지금의 전라북도 남원 운봉)에서 이들을 대파하도록 했다. 황산대첩은 홍산대첩과 더불어 고려 말 왜구를 물리친 양대 승리로 기록된다.

군산 앞바다에 세워진 진포대첩의 영웅들
금강 하구에 자리 잡은 군산항에는 진포대첩과 황산대첩을 기리는 기념물과 인형 등이 전시돼 있다.

3 화포 | 최무선은 왜구를 물리치기 위해서는 화약 무기를 개발해야 한다고 믿었다. 원나라 사람 이원에게 화포 제조법을 배운 뒤 1377년 화통도감을 설치해 화포를 만들었다.

아시아

1375년 명나라에서 전국에 학교를 세우다

주원장이 몽골족에 의해 훼손된 중국의 유교 문화를 회복하기 위해 전국에 학교를 세웠다. 학생들은 입학 시험을 통해 뽑았는데, 입학 시험에 통과해야만 보다 높은 등급의 과거 시험[1]을 치를 수 있었다. 입학 시험 합격자들은 평생 동안 부역 면제 등의 특권을 받아 명나라의 지배층인 신사[2]층이 된다.

명청대 중국의 지배층이었던 신사

아시아

1377년 이븐 할둔이 『역사서설』을 쓰다

중세 이슬람 최대의 역사가로 꼽히는 이븐 할둔이 대표작 『역사서설』을 썼다. 여기서 그는 역사에 대한 과학적이고 체계적인 분석을 시도했는데, 오늘날의 경제학, 지리학, 사회학 등에서 사용하는 연구 방법을 이미 쓰고 있어 시대를 한참 앞선 책으로 평가받는다.

이븐 할둔

유럽

1378년 가톨릭교회가 분열기를 맞다

교황 우르바누스 6세가 로마에서 즉위하자 프랑스 추기경들이 이를 인정하지 않고 클레멘스 7세를 새 교황으로 세웠다. 이에 1417년까지 두 교황이 대립하는데 교회의 권위는 이 사건을 계기로 더욱 떨어진다.

아시아

1380년 명나라 황제가 중서성을 폐지하고 정치 일선에 나서다

주원장이 재상 호유용과 그의 일당 1만 5000명을 모반죄로 처형했다. 부하들을 믿을 수 없다고 여긴 주원장은 내친김에 중서성[3]을 폐지하고 직접 정사를 보기 시작했다.

재상은 원나라 때 황제로부터 많은 권한을 위임받으면서 막강한 권한을 휘둘렀다. 황제가 내리는 명령이나 황제에게 올리는 정보가 전부 재상의 손을 거쳤다. 따라서 재상은 정치를 좌우할 수 있는 위치에 있었다. 이 때문에 재상을 중심으로 한 파벌이 생겨났고, 재상에게 많은 뇌물도 건네졌다.

주원장은 원나라가 망한 이유가 이와 같은 재상 제도의 타락 때문이었다고 생각했다. 그는 정치 질서를 바로잡기 위해서는 황제가 직접 정치의 중심에 서야 한다고 여겼다. 이에 수많은 공문서를 직접 처리하기로 했는데, 이러한 관행은 청나라 때까지 이어져 황제의 권력이 크게 강해진다.

1 과거 시험 | 명나라의 과거 시험에는 4가지 등급이 있었다. 지방 학교의 입학시험인 동시(童試)가 가장 낮았고, 향시(鄕試), 회시(會試), 전시(殿試) 순으로 등급이 높았다. 동시 합격자는 생원, 회시 또는 전시 합격자는 진사라 불렀다.

2 신사 | 벼슬을 지냈거나, 과거 시험을 통해 학위를 받은 사람을 가리킨다. 명·청대의 신사들은 관직이 없는 경우에도 각종 특권을 누리며 지방의 실질적인 지도자 역할을 했다.

3 중서성 | 재상들이 정치를 하던 기구

1388년 이성계가 위화도에서 회군하다

신진사대부와 가까운 이성계가 권문세족 편인 최영과 우왕의 명령에 따라 명나라 정벌에 나섰다가 5월 압록강 위화도에서 군대를 돌렸다. 이성계는 저항하는 최영을 죽이고 우왕을 강화도로 유배 보낸 뒤, 우왕의 아들을 33대 창왕(재위 1388~1389)으로 세우고 고려의 실권을 장악했다.

지금의 위화도

고려가 명나라 정벌군을 보내게 된 것은 명나라가 과거에 원나라 땅이었던 곳은 명나라 땅이라면서 옛 쌍성총관부 지역에 철령위라는 기구를 두고 직접 다스리겠다고 했기 때문이다. 우왕이 즉위한 이래 고려가 공민왕 때의 반원·친명 정책을 바꿔 다시 원나라(북원)와 친하게 지낸 데 대한 반격이었다. 그러자 최영은 명나라의 요동 지역을 정벌하자고 주장해 이성계와 조민수를 지휘관으로 하는 명나라 정벌군을 꾸렸던 것이다.

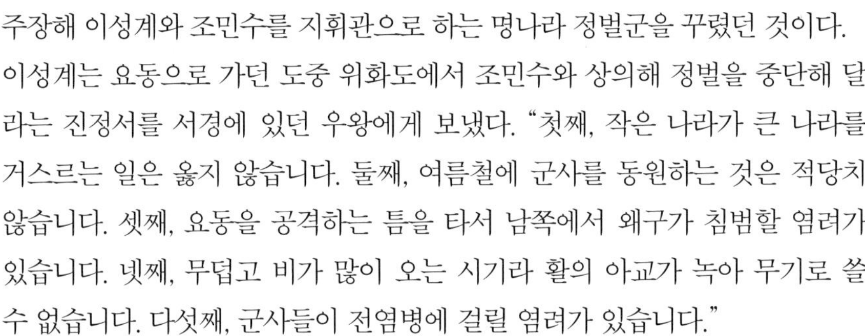

이성계는 요동으로 가던 도중 위화도에서 조민수와 상의해 정벌을 중단해 달라는 진정서를 서경에 있던 우왕에게 보냈다. "첫째, 작은 나라가 큰 나라를 거스르는 일은 옳지 않습니다. 둘째, 여름철에 군사를 동원하는 것은 적당치 않습니다. 셋째, 요동을 공격하는 틈을 타서 남쪽에서 왜구가 침범할 염려가 있습니다. 넷째, 무덥고 비가 많이 오는 시기라 활의 아교가 녹아 무기로 쓸 수 없습니다. 다섯째, 군사들이 전염병에 걸릴 염려가 있습니다."

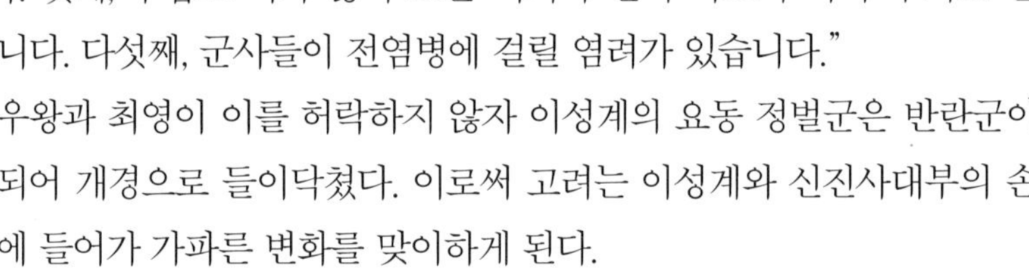

우왕과 최영이 이를 허락하지 않자 이성계의 요동 정벌군은 반란군이 되어 개경으로 들이닥쳤다. 이로써 고려는 이성계와 신진사대부의 손에 들어가 가파른 변화를 맞이하게 된다.

1389년 박위가 대마도를 정벌하다

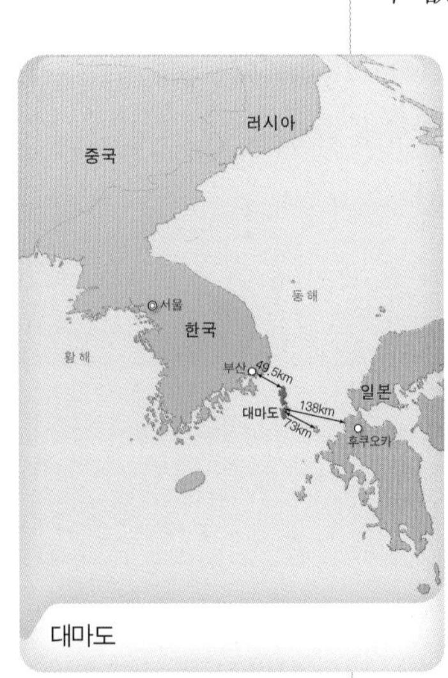

대마도

이성계를 도와 위화도에서 회군했던 박위가 경상도 도순문사로서 왜구의 근거지인 대마도(지금의 쓰시마)를 공격했다. 함선 100여 척을 이끌고 정벌에 나선 박위는 적선 300여 척을 불태우는 전과를 올리고 왜구를 뿌리 뽑는 데 커다란 기여를 했다.

1389년 34대 공양왕이 즉위하다

이성계가 창왕을 폐위하고 20대 신종의 7대손인 왕요를 왕위에 올리니 고려의 마지막 왕 공양왕(재위 1389~1392)이다.

공양왕릉
경기도 고양시 원당동

유럽

1381년 와트 타일러가 농민 반란을 일으키다

백년전쟁으로 재정난에 빠진 잉글랜드가 세금을 늘리자 농민들이 와트 타일러를 중심으로 봉기했다. 이는 잉글랜드 최초의 대규모 농민 반란이었다. 5만 명의 농민들은 런던으로 진입해 왕궁을 위협하며 농노제 폐지 및 노동자법[1]의 철폐를 요구했다. 왕이 부득이하게 농민들의 요구를 받아들였으나 와트 타일러가 왕과의 추가 협상 자리에서 살해되자 반란군은 급속히 무너졌다. 반란 진압에 성공한 왕은 약속을 깨고 농노제 폐지 등 농민과의 합의 사항을 지키지 않았다. 그러나 농민들은 이후에도 농노제에 저항하며 산발적인 투쟁을 계속한다.

와트 타일러의 난

1 노동자법 | 흑사병으로 인구가 줄면서 일손이 부족해지자 영주들은 많은 돈을 주고 노동자를 구해야 했다. 이에 1351년 노동자의 임금을 강제로 낮추기 위해 만든 법이 노동자법이었다.

유럽

1381년경 잉글랜드의 종교개혁가 위클리프가 성서를 영어로 번역하다

교회 비판에 앞장섰던 잉글랜드의 종교개혁가 위클리프가 라틴어로 돼 있던 성서를 영어로 번역했다. 타락한 성직자들이 라틴어에 대한 지식을 앞세워 영국 민중의 종교적 지도자 노릇을 하는 것을 두고 볼 수 없었기 때문이다.

당시 잉글랜드에서는 성직자들이 나라 재산의 3분의 1을 차지할 정도로 위세가 막강했다. 위클리프는 성직자들의 탐욕을 비판하고 종교적 구원은 성직자가 아니라 신으로부터 나온다고 주장했다. 이러한 주장은 교황의 노여움을 샀지만 성직자들에게 맞서 왕권을 강화하려 했던 국왕으로부터 큰 환영을 받았다. 위클리프의 사상은 15세기의 종교개혁 운동에 큰 영향을 준다.

존 위클리프와 그가 번역한 영어 성서

아시아

1387년 명나라에서 토지대장인 『어린도책』을 펴내다

주원장이 전국에 관리를 파견해 토지를 측량하고 이를 바탕으로 토지 대장인 『어린도책(魚鱗圖冊)』을 펴냈다. 『어린도책』은 책에 그려진 토지의 모양이 마치 물고기 비늘(어린)처럼 생겼다 해서 붙여진 이름이다.

『어린도책』을 펴낸 결과 중국의 농지 면적은 건국 당시보다 5배 늘어난 것으로 파악됐다. 이는 부분적으로 그동안 탈세 목적으로 보고되지 않았던 농지가 적발됐기 때문이지만, 주원장의 농업 장려책도 한몫했다. 주원장은 원나라 말기에 황폐해진 농업을 부흥시키기 위해 개간을 장려하고 대지주의 땅을 실제로 농사를 짓는 이들에게 나눠 줬다. 이에 농민 생활이 안정되고 세금 수입도 늘어났다.

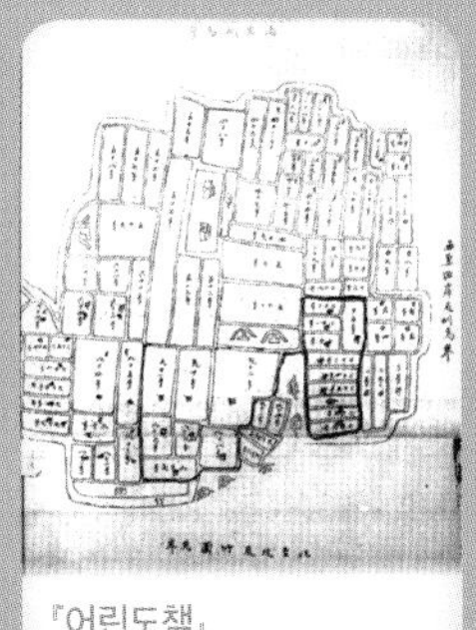
『어린도책』

1391년 **과전법을 반포하다**

위화도 회군으로 권력을 차지한 이성계와 조준, 정도전 등 신진사대부가 권문세족의 경제적 기반을 파괴하고 고려 전기의 전시과 체제로 돌아가는 토지 개혁을 단행했다. 이를 위해 온건한 개혁을 원하는 조민수, 이색을 물러나게 하고, 권문세족이 가지고 있던 토지 소유 문서를 모조리 불살라 버렸다.

새로운 토지 제도는 '과전법'으로 불리며 '경자유전(농사짓는 사람이 토지를 갖는다)'을 원칙으로 삼았다. 전국의 토지는 원칙적으로 농사짓는 농민에게 주고,[1] 국가가 수확물의 10퍼센트를 '조(租, 일종의 세금)'로 받도록 했다. 그리고 국가는 다시 각 관청과 양반 관리들에게 등급에 따라 수조권을 나눠 주었다. 고려 전기의 전시과와 달라진 점은 시지(땔나무를 얻을 수 있는 임야)를 나눠 주지 않고, 조의 비율을 병작반수(50퍼센트)에서 10퍼센트로 낮추었다는 것이다.

과전법이 선포됨에 따라 권문세족과 신진사대부의 오랜 대결은 신진사대부 쪽으로 결정적으로 기울어지게 됐다.

1 경작권의 분배 | 이때 농민은 토지에 대한 '경작권'을 갖는다고 한다.

선죽교
개성시 선죽동에 있는 다리. 본래 이름은 '선지교'였으나 정몽주가 죽던 날 밤에 다리 옆에서 참대가 솟아났다고 해 이름을 바꿨다고 한다.

1392년 **정몽주가 선죽교에서 살해되다**

고려를 무너뜨리고 새 나라를 건설하자는 정도전 등의 주장에 반대하던 정몽주가 이성계의 아들 이방원에 의해 살해됐다. 정몽주와 정도전은 신진사대부의 양대 산맥으로 함께 고려 사회를 개혁해 왔으나, 정몽주는 고려 왕조만은 끝까지 지키려 했다. 명나라에서 돌아오는 세자를 마중 나갔던 이성계가 말에서 떨어져 다리를 다치자 정몽주는 이 기회를 틈타 이성계 세력을 몰아내려 했다. 정몽주는 상황을 탐색하러 이성계의 병문안을 갔다가 집으로 돌아가는 길에 이성계의 아들 이방원이 보낸 조영규 등이 휘두른 철퇴를 맞고 쓰러져 죽었다.

정몽주 초상

1392년 **고려가 멸망하다**

고려 왕조를 지켜 주던 정몽주가 죽자 이성계는 덕이 없고 어리석다는 이유로 공양왕을 폐위했다. 이성계는 공양왕의 세자를 왕위에 올리지 않고 스스로 '권지고려국사'[2]라는 최고 권력자의 자리에 올랐다. 나라 이름은 1393년까지 '고려'를 유지하고, 1394년 한양으로 천도할 때까지 개경을 수도로 유지한다.

2 권지국사 | 임금이 즉위해 중국의 승인을 받기 전까지 사용한 임시 칭호. 고려 태조 왕건은 '권지고려국왕사'였고, 연산군을 폐위시키고 왕위에 오른 중종은 '권지국사'였다. 선조도 명종이 죽었을 때 잠시 '권지국사'의 칭호를 썼다. 권서국사·권지국왕사라고도 한다.

아시아

1392년 무로마치 시대가 시작되다

무로마치바쿠후(북조의 실권자)의 3대 쇼군 아시카가 요시미쓰가 남조 천황에게 양위를 권하자 남조 천황이 이에 응해 물러났다. 이로써 남북조 시대가 끝나고 무로마치 시대[1](1392~1467)가 시작된다.

요시미쓰는 강력한 통치력을 발휘해 혼란스러웠던 일본의 정치를 일시적으로 안정시켰다. 원나라 때부터 한동안 끊어졌던 중국과의 교류를 회복하고 중국에서 새로운 농업 기술을 받아들이면서 경제가 활기를 띠기도 했다.

그러나 이러한 안정은 오래가지 못했다. 남북조 시대의 전란기를 거치면서 지방 무사인 슈고다이묘[2]의 세력이 너무 강해졌기 때문이다. 요시미쓰가 죽자 슈고다이묘들의 반란이 빈번해지면서 바쿠후의 힘은 급속도로 위축된다.

긴카쿠지[金閣寺]
남북조를 통일한 아시카가 요시미쓰가 1397년에 세운 절

1 무로마치 시대 | 아시카가 다카우지가 북조 정권을 세운 1336년이나 그가 무로마치바쿠후를 연 1338년부터 무로마치바쿠후가 멸망한 1573년까지를 가리킨다. 좁은 의미로는 남북조가 통일된 1392년부터 센고쿠 시대가 시작된 1467년까지를 가리킨다.

2 슈고다이묘(守護大名) | 무로마치 시대에 권력이 크게 강해진 지방 영주들을 가리킨다.

아시아

1393년 명나라에서 성리학에 기초한 도덕 규범인 「육유」가 반포되다

명 홍무제(주원장)가 유교적 통치 질서를 강화하기 위해 교육 지침인 「육유(六諭)」를 반포했다. 부모에 효도하고, 윗사람을 존경하며, 마을 사람들과 화목하고, 자손을 교육하고, 분수를 알고, 그릇된 일을 행하지 말라는 6개 조항으로 이뤄져 있으며, 가족 윤리와 위계질서를 강조하는 성리학적 도덕관에 기초했다. 황제들은 노인들이 마을 안에서 「육유」를 큰 소리로 외치고 다니게 하는 등 전파에 힘썼다. 유교적 도덕이 일반 백성들의 생활 속에 깊숙이 들어간 데에는 「육유」의 영향이 컸다. 「육유」는 조선과 일본에도 전해져 유교 문화의 확립에 기여한다. 그 영향은 군국주의 일본의 「교육칙어」나, 한국의 「국민교육헌장」 등 근대에도 미쳤다.

열녀문
'정절'이라는 글씨가 크게 적힌 청나라 때의 열녀문. 「육유」의 영향으로 민간에 충효사상이 널리 퍼지면서 여성에게도 정절이 강조됐다.

아시아

1396년 오스만튀르크제국이 크리스트교 연합군을 격파하다

아나톨리아반도를 석권하고 유럽 대륙에 진출한 오스만튀르크제국의 바예지드 1세가 불가리아의 니코폴리스에서 크리스트교 연합군을 대파했다. 이 전투로 오스만튀르크제국의 위상은 크게 높아지고 바예지드 1세는 술탄 칭호를 받게 된다.

아시아

1400년 『삼국지연의』의 저자 나관중이 사망하다

『삼국지연의』의 저자 나관중이 사망했다. 『삼국지연의』는 명나라 때 크게 발달한 서민 문학의 대표작 중 하나다. 명나라 때 대중적으로 확산된 충효 이념에 충실해 널리 사랑을 받았다. 조선에는 1569년 전파됐는데, 사대부에서 부녀자에 이르기까지 폭넓게 애독됐다고 한다.

『삼국지연의』의 영웅들
왼쪽부터 조운, 마초, 황충, 장포, 제갈량, 관흥. 1919년 상하이에서 인쇄된 『삼국지연의』의 삽화

이런들 엇더며 져런들 엇더료
만수산(萬壽山) 드렁츩이 얼거진들 엇더리
우리도 이가치 얼거져
백년(百年)까지 누리리라.[1]

이 몸이 죽고 죽어 일백 번 고쳐 죽어
백골이 진토되여 넋이라도 잇고 없고
님 향댮 일편단심이야 가실 줄이 이시랴.[2]

1 이성계를 도와 고려를 멸망시키고 조선을 건국하는 데 큰 공을 세운 이방원이 고려의 충신 정몽주의 진심을 떠보고 그를 끌어들이기 위해 읊은 시조
1728년(영조 4) 김천택이 엮은 고시조집 『청구영언』에 실려 전한다.

2 정몽주가 이방원의 시조에 답하여 부른 노래
이미 기울어 가고 있던 고려이지만 끝까지 굳은 결의를 지키려는 유학자의 자세와 두 왕조를 섬기지 않는 일관된 신념이 잘 나타나 있다. 『청구영언』에 실려 전한다.

부모님께 효도하고,
노인과 조상을 공경하며,
자식들을 가르치고,
생계를 평화롭게 추구하라.[1]

책임감 있고 조직된 상인들이 소유한
기업들은 결국 부유한 지배자들을
압도하게 될 것이다.[2]

1 명나라 태조 주원장의 「육유」 중에서
명나라 태조 주원장은 중국사에서 가장 철저한 독재 정치를 추구한 인물 중 하나로 꼽힌다. 그런 그가 「육유」를 통해 충성을 강조하는 유교 이념을 가장 구석진 시골까지 주입하려 한 것은 자연스럽다. 주원장이 구축한 황제 독재 체제는 청나라 말기까지 이어진다.

2 이븐 할둔, 『역사서설』 중에서
자본가 권력의 등장을 예감하기라도 한 듯한 위의 인용구는 이븐 할둔의 탁월한 선견지명을 보여 준다. 그러나 할둔의 예언은 그가 속했던 이슬람 세계보다 이방인 크리스트교 세계에서 보다 구체화됐다. 중세 말기부터 자본가 계급의 성장은 유럽사의 지속적인 경향으로 자리 잡았던 것이다.

찾아보기

ㅈ

자료 제공 및 출처

Alexander Noskin
diaz
Henri e Anne Sterlin
Ipaat
Jim Gordon
Lauren Heckler
Massimo Finizio
Michael Busselle / Corbis
PericlesofAthens
PHGCOM
PHGCOM

고려대학교박물관
국립경주박물관
국립제주박물관
국립중앙박물관
문화재청
북앤포토
서울대학교규장각
중국변강민족지구문물집체
카포디몬테 국립박물관
『雅樂への招待』
『민족21』
『조선고적도보』
『한국 무기 발달사』

※ (주)다산북스는 이 책에 실린 모든 자료의 출처를 찾기 위해 최선을 다했습니다.
누락이나 착오가 있으면 다음 쇄를 찍을 때 꼭 수정하도록 하겠습니다.